소설로 읽는 경제학 **2**

효용함수의 치명적 유혹

소설로 읽는 경제학

효용함수의 치명적 유혹

마셜 제번스 지음 | 형선호 옮김

경제학
The Fatal Equilibrium

2

북&월드

등장인물

· 헨리 스피어맨 : 하버드 대 경제학 교수. 살인사건을
주도적으로 해결해나가는 주인공.

· 데니스 고센 : 교수 임용심사에서 탈락한 후 자살한
젊은 경제학자.

· 멜리사 섀넌 : 데니스 고센의 약혼녀. 모리슨 벨과 포스트
배렛, 두 교수를 살해한 혐의로 체포된다.

· 모리슨 벨 : 조류 관찰이 취미인 하버드 대 수학과 교수.

· 올리버 우 : 하버드 대 사회학과 교수. 동료 교수인
모리슨 벨과 앙숙관계.

· 발레리 단치히 : 하버드 대 심리학과 여교수. 데니스 고센이
죽기 전 그와 친분관계가 있었다.

· 포스터 배렛 : 하버드 대 고전학과 교수. 하버드의 전통에
충실한 그는 백인 중심의 엘리트주의적인
가치관의 소유자.

· 크리스톨프 부르크하르트 : 우표 거래인으로 멜리사
섀넌을 좋아한다.

· 소피어 우스티노프 : 개를 끔직이도 좋아하는, 러시아에서
이민 온 하버드 대 화학과 여교수.

· 덴턴 클레그 : 하버드 대학의 학장. 학장이자 학자로서
뛰어난 능력을 갖춘 인물.

도대체 쌀은 무엇인가?
쌀이 무엇인지 나는 아는가?
누가 아는지 내가 어떻게 아는가?
쌀이 무엇인지 나는 모른다.
내가 아는 것은 가격뿐이다.

도대체 솜은 무엇인가?
솜이 무엇인지 나는 아는가?
누가 아는지 내가 어떻게 아는가?
솜이 무엇인지 나는 모른다.
내가 아는 것은 가격뿐이다.

도대체 인간은 무엇인가?
인간이 무엇인지 나는 아는가?
누가 아는지 내가 어떻게 아는가?
인간이 무엇인지 나는 모른다.
내가 아는 것은 가격뿐이다.

− 베르톨트 브레히트, 「상품의 노래」에서

차 례

비합리성 속에 미스터리가 있다

위대한 탐정에게는 누구나 자신의 활동 무대가 있다. 코넌 도일의 셜록 홈스에게는 그것이 에드워드 시대 잉글랜드의 거리와 저택들이다. 애거사 크리스티의 미스 마플의 경우에는 그것이 영국의 시골 마을이다. 조르주 심농의 메그레 경감에게는 그것이 파리의 신작로이다. 이들 탐정들은 그런 곳을 지리적으로만 아는 것이 아니다. 이들은 그 곳의 기관들과 사람들에 대해서도 잘 안다. 이들은 자신들의 활동 무대에서 상황이 어떻게 돌아가는지, 그리고 사람들은 어떻게 행동하는지 이해한다.

이 책의 경제학자 탐정인 헨리 스피어맨은 활동 무대

가 사뭇 다르다. 그것은 어느 특정한 시간이나 공간에 구애받지 않는다.

스피어맨의 활동 무대는 합리적인 인간들, 즉 특정한 목표를 달성하는 두 가지 길을 선택할 수 있을 때 늘 비용(cost)이 덜 드는 길을 선택하는 인간들의 머리 속에 있다. 그런 인간들이 어떻게 행동하는지 이해하고, 모든 인간들은 그런 측면에서 합리적이라는 가정하에, 스피어맨은 사건을 풀어나간다.

우리의 탐정은 경제학자이다. 그는 합리적인 행동과 효용 극대화의 행동을 믿는 사람이다. 그리고 자신도 늘 그런 식으로 생각하고, 얘기하고, 행동한다. 뿐만아니라, 이 책의 저자인 마셜 제번스(Marshall Jevons)도 경제학자이다. 그래서 스피어맨이 자신의 생각을 경제학적으로 적절하게 설명하는 것을 게을리 할 때는 저자 자신이 그 일을 한다.

스피어맨은 (그리고 저자는) 사건을 풀어나가는 과정에서, 합리성(rationality)의 변종인 여러 경제학적 개념들을 소개한다. 이를테면 이런 것들이다. 합리적인 인간은 소득을 벌어들이는 일과 여가 사이에서 어떤 선택을 하는가? 그들은 책을 팔 때 최적의 가격을 어떻게 정하는가? 왜 사람들은 다른 사람들과 특정한 관계를 유지하는가? 공급되는 제품의 양과 팔리는 제품의 양은 어떻게 균형을 이루는 가? 서로 다른 사람들의 효용(utility)을 비교하는 것은 왜 불가능한가?

하지만 이 모든 것은 살인사건이 일어났는데 범인을 모른다는 사실에 비하면 별것이 아니다. 스피어맨은 아주 간단한 경제학적 명제들을 치밀하게 적용시키고 날카로운 관찰력을 사용해 범인을 알아낸다. 이 소설의 요체는 미스터리가 있다는 데 있다. 다시 말해, 누군가 투명하지 않은 방식으로 행동하고 있는데, 그것이 누구인지 우리는 알지 못한다. 스피어맨은 누군가 비합리적으로 '보이는' 방식, 자신의 목표를 달성하는 최저 비용의 방식이 아닌 방식으로 행동하는 것을 볼 때, 그 사람에게 무언가 미스터리가 있음을 안다. 그 사람에게는 겉으로 드러나지 않은 어떤 목표나 비용이 있는 것이다. 그리고 스피어맨은 비합리적으로 보이는 행동을 충분히 관찰할 때 그 사람이 노리는 것이 무엇인지 추론할 수 있다.

이 소설의 대단원을 훼손시키지 않으면서, 나는 이 책에 나오지 않은 우습지만 간단한 예를 보여줄 수 있다. 가령 당신이 어느 호텔의 식당에서 아침을 먹고 있는데, 각각의 사람들은 똑같이 보이는 도넛 2개를 선택할 수 있다 하자. 그런데 하나는 가격이 50센트이고 다른 하나는 1달러이다. 그럼에도 어떤 사람은 가격이 1달러인 도넛을 선택한다. 그렇다면 당신은 그 사람에게 50센트와 1달러짜리의 도넛은 같은 것이 아니라고 추론할 수 있다. 이번에는 이런 상황을 가정해보자. 즉, 그 사람은 당신들이 묵고 있는 그 호텔에서 조간 신문 모두를 사기도 했다. 합리적인 인간이라면 모두가 아니라 한 부만 있어도 되는데 말이다. 그런데 알고보니 그 신문들의 1면에 한 인디언 인형의 이마에 있던 루비가 사라졌다는 기사가 나와 있었다. 그렇다면 당신은 그 1달러짜리 도넛에 그 인디언 인형의 루비가 들어 있다고 추론할 수 있다.

이 책은 경제학의 개론 수업에서 보충 교재로 많이 사용되고 있다. 이 책은 초보자들이 경제학에 대해 호기심을 느끼도록 만든다. 이 책은 강의자들이 보다 공식적인 강의에 학생들을 참여시키는 계기를 제공한다. 이 책을 읽는 전문적인 경제학자들은 친숙한 개념들이 익숙하지 않은 상황에서 사용되는 것을 보며 즐거움을 얻을 수 있다. 한편 경제학에 대해서 잘 모르는 사람들은 경제학이 무엇이고 경제학자들이 무슨 생각을 하는지 통찰력을 얻을 수 있다.

하지만 이 책은 경제학 교과서가 아니다. 그리고 당신은 이 책을 읽음으로써 경제학에 대해 많은 것을 알 수도 없다. 그것은 코넌 도일의 추리소설을 읽는다고 담뱃가루의 화학적 성분에 대해, 혹은 애거사 크리스티의 소설을 읽는다고 독살과 해부학에 대해 많은 것을 알 수는 없는 것과 같다. 이 책은 단지 경제학에 대해서 맛배기만 보여줄 뿐이다.

이 소설은 탐정 소설의 모든 요소를 담고 있는 훌륭한 소설이다. 누군가가 사람을 죽였는데, 우리는 그것이 누군지 알 수가 없다. 사람이 죽은 것은 안된 일이지만, 그렇다고 호기심을 억제할 수는 없다. 의심이 가는 사람들은 여럿 있다. 당연히 단서들도 있는데, 그것들은 수많은 상황과 사건들 속에 감추어져 있다. 상당한 추리력과 논리력, 그리고 열성이 있는 독자라면 저자보다 앞서 범인을 찾아낼 수도 있다. 하지만 그런 독자는 극히 드물 것이다. 주인공인 탐정이 대단한 관찰력과 분석력, 그리고 용기로써 범인을 지목할 때, 독자들은 주인공과 저자의 주장에 공감하면서 고개를 끄덕일 것이다. 당신이 경제학자가 아니더라도 그 모든 이야기를 즐길 수 있다.

이 책에는 범인에 대한 미스터리 외에도 책 자체에 대한 미스터리가 있다. 이 책의 저자는 처음부터 다음과 같은 점을 분명히 하고 있다. "이 책은 픽션이며, 이 책에 등장하는 모든 인물과 사건들은 가상적인 것이다. 혹시라도 실제적인 인물과 닮은 데가 있다면, 그것은 전적으로 우연의 일치이다." 하지만 그런 경고의 말은 책의 내용이 현실과 너무 비슷해서 그런 말을 하지 않으면 독자들이 현실로 받아들일 수도 있을 때에만 필요하다. 따라서 우리는 이 책에서 어떤 부분이 독자들로 하여금 픽션이 아니라고 생각할 수도 있게 만드는지 알아볼 필요가 있다.

첫번째 미스터리는 이 책의 저자 '마셜 제번스'의 정체에 관한 것이다. 상황적인 증거로 볼 때 그는 경제학자임에 틀림이 없다. 하지만 경제학자 중에 그런 이름을 가진 사람은 없다. 앨프레드 마셜(Alfred Marshall)은 위대한 경제학자였고 윌리엄 제번스(William Jevons) 역시 그러했다. 하지만 한 사람은 1924년에 죽었고 다른 한 사람은 1882년에 죽었다. 따라서 우리는 이 책이 1978년에 처음 출간되었으므로, 앨프레드 마셜과 윌리엄 제번스의 합작품은 아니라고 결론 내릴 수 있다.

그런 미스터리는 이제 해결이 되었다. 두 사람의 저자는 윌리엄 브라이트와 케네스 엘징거이다. 엘징거는 버지니아 대학의 경제학 교수이고, 브라이트는 (전에 버지니아에서 일하다가) 샌 안토니오에 있는 트리니티 대학의 경제학 교수로 재직하고 있다. 브라이트와 엘징거는 뛰어난 경제학자로서, 우수한 경제학 논문과 강의 실적을 쌓고 있다. 뿐만아니라 두 사람은 경제학자들 중에서 상상력과 창의력이 뛰어난 사람들이다.

브라이트와 엘징거는 '재미삼아' 탐정소설을 썼다고 얘기한다. 이런 생각은 경제학자들에게 어려움을 야기시킨다. 그 모든 경제학자들 중에서 왜 하필 이들만이 탐정소설을 썼는지 당신이 묻는다면, 그들만이 탐정소설을 쓰면서 자신들의 가용(可用)한 시간에서 더 많은 효용을 얻었기 때문이라고 경제학자들은 답할 것이다. 하지만 이것은 쉬운 얘기를 어렵게 하는 것에 불과하다.

그보다 더 깊은 미스터리는 헨리 스피어맨이 누구인가 하는 것이다. 많은 독자들은 그가 밀턴 프리드먼이라고 즉시 결론을 내리곤 했다. 그들이 그렇게 생각하는 이유는 스피어맨이 훌륭한 경제학자이고, 키가 작고, '대머리가 까졌기' 때문이다. 하지만 스피어맨은 여러 중요한 측면에서 프리드먼이 아니다. 스피어맨은 하버드에서 가르치고, 그의 아내는 경제학자가 아니며, 그녀의 이름은 '피지'라는 희한한 이름이다. 2만 명쯤 되는 미국의 경제학자들 중에서, 뛰어난 경제학자이고 키가 작고 '대머리가 까진' 사람은 여럿 있을 것이다. 따라서 스피어맨의 진짜 모델이 있다 해도, 그 사람의 정체는 (적어도 나에게는) 여전히 미스터리이다.

마지막으로 헨리 스피어맨이라는 등장 인물과 그를 둘러싼 세계가 얼마만큼 사실이고 얼마만큼 허구인지, 그리고 저자들은 우리가 그것에 대해 어떻게 생각하기를 원하는지에 대한 문제가 있다. 코넌 도일과 애거사 크리스티는 자신들의 탐정 세계가 완전히 현실적인 세계라고 주장하지 않았을 것이다. 하지만 스피어맨과 저자들이 묘사하는 완전한 경제적 합리성의 세계가 어느 정도까지 현실적인 세계인지는 여전히 경제학자들에게 논란의 대상이다.

　　이 '소설로 읽는 경제학' 시리즈 1권에 다음과 같은 이야기가 나온다. 즉, 춤을 좋아하지 않는 한 여자가 왜 춤을 좋아하는 자기 남편과 춤을 추는가? 혹자는 그녀가 자기 남편을 사랑하기 때문이라고 얘기한다. 스피어맨은 이에 대해 보다 '합리적인 경제학적(rational economic)' 설명을 하는데, 그것은 두 사람이 상호의존적인 효용함수(utility functions)를 가지고 있기 때문이고, 그녀는 남편의 즐거움에서 즐거움을 얻기 때문이라는 것이다. 우리는 그런 식으로 말하는 사람이 있는지, 그리고 그런 설명이 그 여자가 자기 남편을 사랑한다는 말보다 더 정확한 것인지 궁금할 수밖에 없다. 재미삼아 이 책을 쓴 저자들은 경제학을 제물삼아 재미를 보고 있는 것일까?

　　어느 경제학자가 (아마 J. M. 클라크일 터인데) 언젠가 냉소적으로 이렇게 말한 적이 있다. "비열정적 합리성에 대한 합리적 열정(rational passion for dispassionate rationality)." 정도를 넘어선 합리성은 쓸데없는 짓일 수도 있고, 저자들의 표현을 빌리면 삶에서 '재미'를 앗아가는 것일 수도 있다. 현실적인 세계에 비합리성이 숨어 있다는 사실은 스피어맨에게 문제를 야기시킨다. 그는 누군가 비합리적으로 보이는 행동을 할 때 거기에는 반드시 숨은 합리성이 있다고 믿으며, 그것이 무엇인지 알아냄으로써 미스터리를 해결하려고 한다. 그런 비합리성이 정말로 비합리적인 것이라면(프로이트의 예에서 보듯이, 시가는 결국 시가에 불과한 것이라면) 스피어맨의 사건 해결 방식은 먹혀들지 않을 것이다.

따라서 이 책에는 풀어야 할 수수께끼가 두 가지 있다. 하나는 누가 사람들을 죽였는가이다. 다른 하나는 이야기가 전개되는 합리적인 경제학의 세계가 현실적인 세계와 얼마나 닮았는가이다. 두 번째 수수께끼는 첫번째 수수께끼의 즐거움을 (줄이는 것이 아니라) 높인다.

허버트 스타인

인간은 끊임없이 재화를 생산하고, 소비한다.
우리의 일상 생활 자체가 경제 그 자체라고 해도 과언이 아니다.
특히 경제 문제가 가장 큰 화두로 등장하고 있는 요즘,
'경제 마인드'를 갖는 것이 무엇보다도 중요해지고 있다.
본문 속에서 글씨가 흐리게 처리된 부분에 주목하면,
하버드 대 경제학과 교수처럼 일상 생활을
'경제 마인드'로 바라볼 수 있는
안목을 키울 수 있을 것이다.

한밤중의 방문객

작은 주사기가 자단목(紫檀木) 책상 가운데에 놓여 있었다. 스탠드의 부드러운 불빛만이 주위를 비추고 있었다. 만년필 몇 개와 편지 개봉용 칼, 확대경, 그 밖에 잡다한 클립, 파스너(서류를 철하는 기구―옮긴이), 지우개, 그리고 핀셋 등이 그 투명한 기구를 에워싸고 있었다. 그 주사기는 붉은 바탕에 검은색 줄무늬가 있는 반지르르한 나무 책상의 표면과 어울리지 않았다. 사실 그 주사기는 방 자체와도 조화를 이루지 못했다.

갈색 양탄자가 책상 밑바닥에 깔려 있었다. 더욱 진한 갈색의 커튼이 거리가 내려다보이는 높은 창문을 감싸고 있었다. 벽난로에서 장작들이 불타며 우윳빛 벽지에 어두운 그림자를 드리웠다. 작은 동물 형상의 유리조각들이 벽난로 위의 대리석 받침대에서 책상에 앉아 있는 그 사람을 무심하게 바라보았다. 몇 분이 흘렀다. 주사기는 이제 주인의 손에 들어갔다. 그는 천천히, 세심하게, 실린더를 뒤로 빼면서 주사기 속에 5cc의 무색 액체를 집어넣었다. 방에는 거친 숨소리만 들렸다.

빈 약병은 서랍 뒤쪽에 숨겨졌다. 그것은 서랍 속의 잡다한 물건들과 뒤섞였다. 그는 주사기를 눈높이로 들어올려 스탠드 불빛에 비추었다. 이 정도 분량이면 의도한 결과를 달성하기에 충분했다.

"그렇게 어리석을 수가… 왜 그렇게 고집을… 이래서는 안 되는 거였어." 하지만 결정은 이미 내려졌다. 오늘 밤 그는 그 모든 것을 끝낼 단계들을 밟을 것이었다. 거의 11시가 되었다. 날짜는 1월 10일이었다. 예전의 안정적인 생활이 망가지기 시작한 지 꼭 한 달이 되었다. 실크 스카프와 두툼한 외투를 걸치고 추운 날씨의 외출에 대비했다. 이 모든 것은 전에 연습한 대로였다.

사그라지는 장작불을 내버려둔 채, 주사기의 주인은 계단을 내려가 아래층으로 향했다. 현관문 옆의 스탠드가 최후의 결정적인 행동을 위한 불빛을 제공했다. 한

컬레의 느슨한 면장갑이 외투 주머니에서 나왔다. 그 면장갑은 춥고 눈이 많은 뉴잉글랜드의 밤에는 너무 얇았다.

왼쪽 장갑을 손에 꼈다. 주사기를 장갑의 천과 집게 손가락 사이에 조심스럽게 넣었다. 주사기 바늘은 장갑의 손가락 끝을 뚫고 아주 조금 밖으로 삐져나왔다. 면장갑의 천은 주사기 바늘에 아무런 저항도 하지 않았다. 그 동안 몇 차례 연습했던 동작이 이 모든 것을 끝낼 것이었다. 이제 손바닥을 접기만 하면 주사기 바늘이 그 일을 할 것이었다.

*　　*　　*

하버드 대학의 젊은 교수들은 대개 케임브리지에서 살고 싶어했다. 그 곳은 미국에서 가장 유명한 교육의 중심이었다. 그 곳에는 지적인 분위기가 흘러 넘쳤다. 케임브리지에는 하버드와 MIT의 도서관이 있었고, 그 밖에도 풍부한 지적 자원들이 있었다. 게다가 그 곳에는 상점, 식당, 그리고 서점들과 다양한 문화적 기회들도 있었다. 강연, 공연, 그리고 전시회가 일 년 내내 끊이지 않고 열렸다.

물론 이 곳에서 사는 데는 적지 않은 돈이 들었다. 대체적으로, 안정적인 정교수들만이 학교의 북서쪽에 있는 단독 주택들에서 살았다. 그렇지 못한 젊은 교수들은 동쪽에 있는 아파트(셋집)와 작은 집들에서 사는 것이 일반적이었다.

데니스 고센은 그런 아파트에 살 수 있는 것을 다행으로 여겼다. 그는 5년 전 하버드에 도착하던 날부터 그 집에 편안함을 느꼈다. 그리고 이제는 이 곳을 떠나야 할지도 모른다는 우울한 생각도 사라졌다. 이제는 느긋하게 즐길 시간이었다. 그 동안 고센은 하버드에서 계속 일할 수 있을지 걱정했었다.

하지만 지금 그의 손에는 그런 걱정을 불식시킬 만한 봉투가 있었다. 임용심사위원회를 맡고 있는 학장은 총장이 심사 결과를 재가(裁可)하는 바로 그 날 모든 후보자들에게 즉시 통보했다. 때로는 아주 늦은 저녁 시간에 도착하기도 했다. 중요한 소식은 전령이 전달했다. 고센의 결과는 방금 도착했지만, 그는 서둘러서 열어보지 않았다.

대신 그는 안에 들어 있는 내용을 생각하며 기쁨을 만끽했다. 여기까지 오는 데는 여러 해 동안의 힘든 노력이 필요했다. 따라서 충분한 시간을 갖고 승리의 순간을 음미하고 싶었다. 굳이 서둘러서 봉투를 열어볼 필요는 없었다.

고센은 하버드에서 하는 일에 나름대로 적응하게 되었다. 하지만 외모만큼은 대부분의 동료 교수들과 여전히 다른 모습이었다. 30세의 나이에도 불구하고 동안인 그는 체격이 작고 말랐으며, 햇볕에 그을린 건강한 피부는 매사추세츠에서 겨울을 다섯 번이나 보냈음에도 여전했다. 그가 즐겨 입는 옷도 학생 시절의 캘리포니아풍으로서, 케임브리지의 젊은 학자들이 흔히 입는 그 우중충한 색깔과 크게 대조를 이루었다.

대학에서 화학을 전공한 고센은 4학년이 되어서야 경제학 강의를 들었다. 그 후 화학은 취미가 되었고 경제학은 천직이 되었다. 고센은 학부에서 경제학을 제대로 공부하지 못했음에도 5년 전 스탠퍼드에서 최고의 성적으로 대학원 과정을 마쳤다. 대학원을 졸업했을 때 고센은 여러 대학에서 탐내는 학자 가운데 하나였다. 그리고 고센은 하버드의 제의를 거절할 수 없었다.

그렇다고 하버드의 제의를 받아들이는 데 망설임이 없었던 것은 아니었다. 그를 탐내는 다른 기관들은 더 많은 임금을 제의했다. 그리고 하버드에서는 정교수로 임용되는 것이 아주 어렵다는 얘기도 들었다.

하버드는 정교수로 채용할 때 전국에서 후보자들을 물색했다. 따라서 승진을 원하는 하버드의 젊은 교수는 같은 대학교의 동료 교수들뿐 아니라 다른 곳의 유능한 학자들과도 경쟁을 벌여야만 했다. 고센은 자신이 그런 그룹에 속함을 알고 있었다. 하버드뿐 아니라 다른 곳에서도 지적으로 그를 능가하는 경쟁자는 거의 없었다. 그리고 그가 발표한 논문들도 학계에서 이미 인정받고 있었다.

고센이 선택한 분야는 비교적 새로운 정보경제학(economics of information)이었다. 이 새로운 학문은 시카고 대학에서 시작되어 미국의 주요 대학들에 상당한 영향을 끼쳤다. 정보 이론은 원래 소비자들과 공급자들이 경제 거래를 할 때 필요한 정보를 구하고 얻는 과정을 다루었다. 그리고 경제 거래는 결국 경제학이 다루는 주제이다. 즉, 구매자들과 판매자들이 상품과 서비스를 교환하는 과정인 것이다.

거래—비용(transaction-cost) 분석을 하는 고센과 그의 동료 학자들은 그런 과정을 탐구하고 정립하는 데 몰두했다. 그리고 이들의 연구 결과는 많은 경제학자들을 놀라게 했다. 정보경제학이 제품의 품질, 선물시장, 실업 정책, 광고의 역할, 그 밖의 여러 경제 문제들에 새로운 빛을 비추었던 것이다.

대부분의 경제학자들은 경제 모델을 만들 때 정보 비용이 영(zero)인 것처럼 다루었다. 하지만 정보는 이제 유용한 상품으로 인식되었다. 그것은 냉장고나 소시지처럼 그 소유자에게 가치가 있는 무언가를 제공했다. 즉, 그것은 지식이었다. 그리고 여느 상품처럼 정보도 그것을 얻는 비용(cost)보다 그 가치(value)가 더 크면 계속해서 얻고자 했다.

고센은 노동시장의 정보에 초점을 맞추었다. 노동시장에서 사람들이 구하는 정보는 더 높은 임금 수준의 존재 여부이다. 당연히 정보를 얻는 데 들어가는 비용은 더 높은 임금의 일자리를 구하는 데 투여하는 시간, 노력, 그리고 수고이다. 하지만 고센은 여기에서 흔히 간과되는 새로운 사실을 발견했다.

고센은 학생들에게 이렇게 얘기했다. 즉, 그들이 첫 번째 일자리를 찾아 나설 때, 임금 수준이 다양한 일자리를 찾는 사람들은 더 오랫동안 애써서 일자리를 찾는 것이 유리하다.

왜 그럴까? 취업을 위한 면접을 새로 할 때마다 먼젓번의 면접에서보다 더 좋은 제안이 나올 수 있기 때문이다. 반면에 고용주들이 비슷한 임금을 제시하는 경우에는 취업 면접을 더 많이 본다고 해서 더 높은 임금의 일자리를 찾을 가능성이 높아지는 것은 아니다. 그리고 두 경우 정보를 찾는 비용은 같기 때문에, 임금이 다양한 직종에서 일자리를 찾는 사람들은 더 오래 일자리를 알아보는 경향이 있다.

그렇다면 둘 중에서 실업률이 더 높은 곳은? 고센은 임금 수준이 다양한 직종에서 더 높은 실업률이 나타난다고 결론 내렸다. 그리고 통계 자료도 그의 주장이 옳음을 증명했다(이를 결혼에도 적용시킬 수 있지 않을까? 가령 학력이 높을수록 미혼율이 높지 않을까?—옮긴이).

통계 자료들을 모으고 그것을 경제 이론의 렌즈로 해석하는 고센의 능력은 그의 동료들이 부러워하는 것이었다. 그리고 박사학위 논문을 쓰는 데 그와 같은 능력이 필요한 대학원 학생들은 자주 고센에게 자문을 구했다. 고센의 연구 능력은 그 동안 아주 좋은 성과들을 낳았다.

그의 교수법에는 다소 문제가 있었던 것도 사실이었다. 고센은 20년 동안 강의실의 뒷자리에만 앉아 있다가 앞에 서는 데 적응하는 시간이 필요했다. 하지만 이제 그의 정보경제학에 관한 대학원 강의에는 많은 학생들이 참석했다. 그리고 학부에서 가르치는 경제학 원론 시간에도 참석하는 학생들이 점점 더 늘어났다.

하버드로 오기로 한 그의 결정에는 또다른 이유가 있었다. 그녀의 이름은 멜리사 섀넌이었다. 그 이름을 생각할 때마다 고센의 얼굴에는 화색이 돌았다. 그녀를 처음 만난 것은 고센이 동료 교수와 함께 연극을 보러 간 어느 날 저녁이었다. 그 곳에서 그녀를 소개받은 후, 고센은 다른 모든 사람들과의 관계를 잊게 되었다.

멜리사는 하버드 대학과 관련이 없었다. 그리고 고센은 그 점을 좋아했다. 둘이 같이 있을 때면 일을 생각할 필요가 없었다. 그녀와 있을 땐 긴장을 풀 수 있었던 고센은 혹시라도 실언을 해서 자신의 지적 능력이나 사실의 진위를 의심받을까, 염려할 필요가 없었다. 멜리사는 그 모든 걱정에서 잠시 벗어나 편안한 시간을 보낼 수 있도록 해주었다. 고센은 6개월 전에 그녀에게 청혼을 했다. 그리고 많은 우여곡절 끝에, 멜리사는 마침내 결정을 내렸다. 그녀는 얼마 전에 고센의 청혼을 받아들였다.

하버드의 젊은 경제학자는 페이엇 거리에 있는 셋집의 의자에서 일어나, 나무 바닥재가 깔린 마루 건너편의 작은 부엌으로 들어갔다. 고센이 연 싱크대 옆의 캐비닛에는 약간의 위스키, 포도주, 그리고 보드카가 있었다.

곧 찾아올 방문객은 함께 건배를 들고 싶어할 것이었다. 흥분한 고센은 이 늦은 밤의 랑데부를 기다렸다. 두 사람 사이의 관계가 늘 좋았던 것은 아니었다. 하지만 그 모든 것은 이제 지나간 일에 불과했다.

고센은 두개의 잔을 들고 거실로 걸어 나와 작은 커피 테이블에 그것들을 놓았다. 탁자 앞에는 천으로 된 낡은 소파가 있었다. 고센은 셋집의 다른 가구들도 못마땅한 표정으로 바라보았다.

고센이 자랑으로 여기는 유일한 가구는 바르셀로나 의자였다. 그 의자의 세련된 모습은 다른 가구들과 전혀 어울리지 않았다. 그 바르셀로나 의자는 고센의 부모님이 졸업 선물로 준 것이었다. 고센의 부모님은 둘 다 샌타바버라에서 건축가로 일했고, 바르셀로나 의자가 고센에게 세련된 이미지를 주는 데 도움이 될 것이라고 생각했다.

고센은 거실의 한쪽 끝으로 천천히 걸어갔다. 그 곳에 놓여진 바르셀로나 의자는 이 셋집의 입구와 마주보고 있었다. 옆에 있는 큰 책장에서 아무 책이나 골라든 후, 고센은 검은색의 우아한 바르셀로나 의자에 몸을 묻었다. 그리고 별 생각 없이 책장들을 넘겼다. 이리저리 움직이던 그의 두 눈은 갑자기 동쪽 벽에 걸린 포스터에

멈췄다. 그것은 국립 미술관의 로댕 전시회 때 만들어진 것으로서, 단테의 「연옥」에 나오는 지옥문을 표현한 것이었다. 고센은 지옥문의 입구에 새겨진 글귀를 떠올렸다. "이 곳에 들어오는 자는 모든 희망을 버릴지니." 그 말은 하버드에 온 대부분의 젊은 교수들이 즐겨 사용하는 말이었다.

다른 젊은 교수들은 임용되지 못하는 것에 크게 괘념치 않았다. 그리고 고센도 승진을 못한다 해도 그것이 불명예는 아니라고 생각했다. 사실 많은 교육기관들은 하버드에서 곧 떨어져 나올 유능한 학자들을 채용하기 위해 기를 썼다. 하지만 고센은 이번 승진에서 탈락하면 아주 힘든 시간을 보내야만 한다고 느꼈다. 그는 하버드 대학의 교수라는 명예를 유지하고 싶었다. 그리고 혹시라도 케임브리지를 떠난다면 자발적으로 떠나고 싶었다.

*　　*　　*

난간을 꼭 붙잡은 면장갑이 천천히 위쪽으로 이동했다. 그 넓은 현관에서 들리는 소리는 숨소리뿐이었다. 그 숨소리는 눈길을 힘들게 걸어온 탓에 평소보다 다소

27

거칠었다. 그 동안 내린 눈이 케임브리지의 거리와 인도에 쌓여 있었다. 바로 몇 분 전부터는 눈이 더욱 줄기차게 내리기 시작해 걷는 것을 점점 더 어렵게 만들었다.

위쪽으로, 위쪽으로, 느리게 위쪽으로, 그러다가 잠시 주저했다. 아직도 돌아갈 시간은 있었다. 지금 돌이킨다 해도 안 될 것은 없었다. 하지만 잘못되기라도 한다면……

계단 위쪽에서 새어 나오는 불빛은 희미했다. 복도 역시 어슴푸레해서 왼쪽 장갑의 어색한 모습을 숨기기에 충분했다. 왼손은 몸에 붙이고 있기 때문에 더 편했다. 오른손은 아직도 난간을 꼭 붙잡고 있었다.

그는 갑자기 걸음을 멈추었다. 1층에 있는 어느 셋집의 문이 열려 있었다. 그리고 문간 사이로 누군가가 바라보고 있었다. 문고리가 아직도 문에 연결되어 있었다. "거기 누가 있나요?" 하지만 어둠 속에서는 아무 대답도 들리지 않았다.

누군가 다시 문을 급하게 닫았다. 문고리가 제자리로 돌아가면서 낸 날카로운 금속성 소리가 복도에 울려 퍼졌다.

계단에 있는 사람은 여전히 그 곳에 서 있었다. 잠시 그렇게 있다가 다시 위로 올라가기 시작했다. 숨소리가 정상으로 돌아왔기 때문에 사방은 더욱 고요해졌다. 다행히도 계단에서는 별 소리가 나지 않았다. 그리고 양탄자는 비록 낡기는 했어도, 이 방문객의 발자국 소리를 조용하게 흡수했다. 방문객이 신은 장화에서 눈이 녹은 물이 흘러 내렸다.

장갑을 낀 손의 그림자가 셋집의 벽에 붙은 작은 명패 위에 드리워졌다. 집게손가락이 그 곳을 더듬으며 주인의 이름을 확인했다. 차가운 눈동자가 어두운 빛을 발하며 작은 명패 위에 꽂혔다. 이제 사냥은 끝났다.

마지막으로 손에 든 주사기를 점검했다. 장갑의 집게손가락 끝에서 바늘이 작은 빛을 발했다. 그 손을 다시 제자리로 옮겨 외투의 중간 부분에 밀착시켰다.

데니스 고센은 집안에서 불안하게 걷고 있었다. 아직까지 손님이 도착하지 않아서였다. 갑자기 초인종 소리가 들렸다. 그는 즉시 문 쪽으로 몸을 돌렸다. 입가에 엷은 미소가 스쳤다. 마지막 순간, 문을 열기 전에 그는 왠지 불안함을 느꼈다. 이윽고 고센은 조심스럽게 문을 열었다. 그리고 미소로 방문객을 맞았다. 그는 들어오라는 손짓을 한 후에 다시 문을 닫았다.

"포도주를 준비했는데……." 고센은 그렇게 말하면서 방문객보다 앞서 커피 테이블로 향했다. 하버드의 젊은 경제학자는 테이블에 놓인 포도주 병과 유리잔을 보고 있었다. 그러다 갑자기 어깨에 바늘이 꽂히는 통증을 느꼈다. 그가 방금 집어든 포도주 병이 허공에서 잠시 멈추었다. 그리고 그는 아무것도 보지 못했다. 고센의 몸은 마른 장작처럼 바닥에 쓰러졌다.

데니스 고센의 갑작스런 방문

　　"마음에는 질서가 있는데 책상 위에는 질서가 없구나." 헨리 스피어맨은 혼자서 중얼거리며 앞에 있는 서류들을 뒤졌다. "그 메모가 어디 있지?" 잠시 후 그 메모는 지난 학기의 강의 노트 밑에서 발견되었다. 스피어맨은 다시 의자에 앉아 그 메모 내용을 훑어보았다.

　　수신: 임용심사위원회의 위원들
　　발신: 덴턴 클레그 학장
　　우리 위원회의 심사 일정은 다음과 같습니다.

1월 8일 화요일 : 오후 1시부터 오후 7시까지
1월 9일 수요일 : 오전 9시부터 오후 2시까지
그때까지는 임용 대상 후보들에 관한 자료를 숙지했을
것으로 믿습니다. 이 자료들과 심사 과정은 대외비 사항
임을 다시 한 번 강조합니다.

스피어맨은 윗주머니에서 수첩을 꺼내 내용을 간단
하게 적었다. 임용심사위원회의 위원들에게 성탄절 연
휴는 쉬는 기간이 아니었다. 마땅히 해야 할 일이 있기
때문이었다. 스피어맨은 아직 읽지 않은 자료들을 생각
하면서 얼굴을 찡그렸다. 게다가 추천서 같은 것들은 행
간까지 읽어 숨은 의미를 찾아내야만 했다. 직설적인 편
지는 이제 지나간 시대의 것이었다. 진짜 편지에서는 종
종 말하지 않은 것이 말한 것보다 더 중요했다. 하지만
말한 것은 말하지 않은 것이 무엇인지 힌트를 제공했다.
가령 어떤 후보가 성격이 좋다고 말했을 때, 그것은 그
사람이 학문적으로 결함이 있다는 뜻이었다. 그리고 어
떤 사람이 강의를 잘한다는 말은 연구를 못한다는 뜻을
담고 있었다. 스피어맨은 그런 편지뿐 아니라 관련 자료
들도 읽는 데 곤혹스러움을 느꼈다.
　하버드 대학의 임용심사위원회는 문·이과 계열의

모든 분야에서 후보들을 평가하는 일을 맡았다. 스피어맨은 자신과 전공 분야가 다른 후보자들을 평가하는 데 불편함을 느꼈다. 자신의 전공은 경제학으로, 사학자나 생화학자를 평가하는 데는 적절하지 않았다. 하지만 그는 그런 일을 해야만 했고, 당연히 위원회의 다른 위원들도 같은 입장이었다.

전화벨 소리가 스피어맨의 생각을 중단시켰다. 아내인 피지였다.

"아니," 그가 아내에게 말했다. "오늘 저녁은 구내식당에서 간단하게 먹을 거야. 임용심사와 관련해 해야할 일이 있어서 말이야." 스피어맨은 수화기를 내려놓았다. 그는 클레그 학장이 퇴근하기 전에 후보자들의 나머지 자료를 받고 싶었다. 그래서 스피어맨은 클레그 학장의 사무실로 향했다. 오늘 밤에는 해야 할 일이 많았다.

피지 스피어맨은 수화기를 내려놓으며 생각했다. "애덤 스미스는 자신이 무엇을 시작했는지 알고 있었을까?" 경제학의 창시자인 그 사람은 노동의 분업, 보이지 않는 손, 그리고 자유로운 교역의 이점들에 대해 얘기했다. 아마도 스미스가 시작했던 것은 하나의 학문 분야, 사회과학의 일부인 경제학에 불과했을 것이다. 그러나 경제학 교수의 아내인 피지에게 있어서, 스미스가 시작한 것은 학문의 단순한 한 분야를 훨씬 뛰어넘는 것이었다. 그는 그 분야의 많은 연구자들이 완전히 몰입하는 하나의 생활방식을 만든 것이기도 했다. 거기에는 나름의 행동규칙, 나름의 우선순위, 그리고 나름의 관습이 있었다. 피지 스피어맨의 남편은 바로 그런 규칙과 관습을 좇는 사람이었으며, 현재 자신의 우선순위 중에서 가장 우선적인 일을 하고 있었다.

피지 스피어맨은 어린 시절을 학구적인 가정에서 보냈다. 하지만 그것이 경제학자와의 결혼 생활을 더 쉽게 해주지는 않았다. 그녀가 어렸을 때 주위에 있었던 학자들, 그리고 그녀가 남편과 함께 즐겁게 어울렸던 하버드의 다른 학과 교수들도 진지하게 일에 몰두했다. 하지만 그들은 삶의 사소한 것들까지 학문적인 연구 대상으로 삼지는 않았다.

피지는 거실로 들어가 커튼을 내렸다. 12월의 케임브리지에는 밤이 일찍 찾아왔다. 그래서 집 근처의 가로등은 이미 켜져 있었다. "어쩌면 차라리 잘된 일인지도 몰라." 그녀는 혼자 생각했다. "남편이 바쁠 때 제시카를 만나서 그 얘기를 해봐야겠어." 하지만 그 결정은 초인종 소리 때문에 미뤄질 수밖에 없었다.

"뒷문에서 나는 소리네." 그녀는 혼자서 말했다. "대개는 헨리만이 저 문으로 들어오는데." 피지는 망설이면서 부엌으로 향했다. 그녀가 헨리와 함께 사는 케임브리지의 이 주택은 정문 쪽에 고급 주택들이 있었다. 그 곳의 집들은 화려한 빅토리아풍 건물들로서 오래전에 지어진 것이었다. 하지만 그 집들의 뒤쪽에 있는 골목길은 깔끔하고 단정한 잔디밭과 너무나도 달랐다. 허름한 차고, 쓰레기통, 잡동사니, 그리고 흙더미 등이 그 길 양쪽에 늘어서 있었다.

그렇지만 피지는 뒷문으로 가지 않을 수 없었다. 문의 창을 덮고 있는 얇은 커튼 때문에 어슴푸레한 실루엣만이 보였다. 피지는 그 실루엣의 주인공이 누구인지 알 수 없었다. 그녀는 조심스럽게 커튼을 젖히고 밖을 내다보았다. 젊은 남자가 문간에 서 있었다. 추운 날씨 때문에 입김이 뽀얗게 피어 올랐다. 젊은 남자의 옷은 겨울 날씨에 입기엔 부적절한 것이었다. 얇은 겉옷에 장갑이나 장화도 신지 않았고, 다만 영국식 모자만이 머리를 보호하고 있었다.

피지는 그 사람이 남편의 젊은 동료임을 알았다. 학과 사무실에서 본 적은 있었지만 인사는 나눈 적이 없는 사람이었다. 잘 모르는 사람에게 문을 열어줘도 되는 걸까? 사나이의 떨고 있는 모습이 그런 질문에 답을 해주었다.

"갑자기 찾아와서 죄송합니다." 젊은 남자가 말했다. "저는 데니스 고센이라고 합니다." 고센은 당혹스런 표정을 지으며 애써 피지의 눈길을 피하려 했다. "서로 인사를 나눈 적은 없지만, 저는 스피어맨 교수님과 같은 학과에서 일하고 있습니다. 교수님은 집에 계신지요? 꼭 만나고 싶어서 말입니다." 고센이 재빨리 미소를 지어 보였다.

"죄송하지만, 남편은 지금 집에 없습니다." 피지가 말했다. "하지만 들어와서 몸을 좀 녹이시죠. 헨리는 늦게야 집에 돌아올 것 같습니다. 학교에서 위원회와 관련해 해야 할 일이 있다고 하더군요. 학교에 가면 만날 수 있겠지만, 아마 방해받고 싶지 않을 겁니다. 물론 아주 중요한 일이라면……."

"예, 아주 중요한 일입니다." 고센이 말했다. "그리고 남에게 알려져서도 안 되는 일입니다. 그래서 제가 뒷문으로 들어온 것입니다. 교수님은 지금 임용심사위원회의 일을 준비하고 있을 겁니다. 저도 이번에 심사 대상에 올랐습니다. 그래서 사실은 교수님과 개인적으로 만나서는 안 됩니다. 하지만 반드시 알려야 할 일이 있기에……."

"차를 좀 끓일게요. 따뜻한 걸 마시는 게 좋겠군요." 피지는 고센이 남편을 찾으러 떠나기 전에 잠시 머물도록 권유했다.

데니스 고센은 조용히 차를 마시며 생각에 잠겼다. 이 곳에 온 것을 본 사람은 아무도 없을 것이었다. 그가 학교에서 스피어맨 교수를 찾는다면 얘기하기가 더 어려워질 것이었다. 학교에서는 지금도 교수들과 대학원 학생들이 공부를 하거나 무언가 작업을 할 것이었다. 고센은 피지에게 스피어맨이 돌아올 때까지 기다려도 좋은지 물었다.

"몇 시간을 더 기다려야 할 거예요." 피지가 말했다. "하지만 전화를 해서 당신이 이 곳에 있다고 얘기하겠어요. 그러면 집에 더 일찍 올 수도 있으니까요."

고센은 잠시 피지의 제안을 받아들일 것인지 망설였다. 보통 때라면 선배 교수의 일을 방해하고 싶지 않았을 것이었다. 하지만 지금은 다른 대안이 없다고 느꼈다. 그는 피지에게 전화를 걸어달라고 부탁했다.

바로 그때 스피어맨은 하버드 대학교의 본관에 들어서고 있었다. 그 곳에서 그는 계단을 올라 2층에 있는 클레그 학장의 사무실로 향했다. 잠시 후 그는 클레그 학장의 사무실에서 한아름이나 되는 서류들을 받았다.

그 서류들은 스피어맨이 오늘 밤과 이후 며칠 동안 해야 할 숙제였다. 서류는 승진 후보자들이 쓴 책, 논문, 서평, 그리고 의견서 등이었다. 바로 그 서류들에 적힌 단어, 숫자, 공식들을 근거로, 그리고 기본적으로 그것들에만 의존해, 후보자를 정교수로 임명할 것인지 심사할 것이었다. 작은 키의 이 대머리 교수는 무거운 짐을 들고 낑낑대며 계단을 내려왔다.

"헨리, 내가 좀 도와줄까? 아주 무거워 보이는데."

"그렇게 무겁지는 않아. 다만 성가실 뿐이지." 스피어맨은 경쾌하게 대답했다. "게다가 자네도 그 곳에 갔다 오면 나처럼 성가신 짐을 날라야만 할 거야."

스피어맨에게 선한 사마리아인을 자처한 사람은 수학과의 모리슨 벨 교수였다. 그리고 그도 임용심사위원회의 위원이었다. 따라서 벨이 이 곳의 계단을 오르는 이유도 스피어맨과 같았다.

모리슨 벨은 수학과의 별이었다. 우선순위로 따져볼 때, 그가 차지하고 있는 지위는 스피어맨과 비슷했다. 하지만 그 점을 빼면 두 사람은 거의 모든 측면에서 닮은 점이 없었다. 모리슨 벨은 스피어맨보다 30cm는 족히 컸고, 성격과 분위기도 확연히 달랐다. 스피어맨은 옷을 사는 데 시간을 쓰는 법이 없었지만, 벨은 케임브리지에 있는 남성복 옷가게를 섭렵했다. 벨의 곧고 짙은 머리는 매끄럽게 뒤로 넘겨져 목덜미 부근에서 말아 올려져 있었다. 그는 파르스름한 까만 눈을 하고 있었고 그의 날렵한 얼굴은 건강한 구릿빛이었다. 말은 또박또박 했지만, 입술의 움직임보다 약간 늦게 발음이 형성되는 묘한 부조화를 보였다. 그 결과 벨의 말을 듣는 사람들은 말소리와 화면이 일치하지 않는 영화를 보는 듯한 느낌을 받았다. 그의 강의를 듣는 벨의 학생들은 처음에 무언가가 잘못되었다는, 왠지 자신들의 눈과 귀가 일치를 이루지 못한다는 착각에 빠졌다.

모리슨 벨은 도와주겠다는 자신의 제안이 거절당한 데 안도감을 느꼈다. 사실은 그도 같은 자료들을 받아 힘든 숙제를 해야 한다는 생각에 부담감을 느끼고 있었다. 더구나 금년에는 스피어맨이 심사위원회에 참여함으로써 심사 과정이 전보다 더 까다로울 것이었다. 보다 전통적인 학자들은 스피어맨이 까탈스럽고 논쟁적인 사람이라고 생각했다. 하지만 그들은 자기 눈의 들보는 보지 못하고 있었다.

어찌 되었든 벨은 논리의 화신인 헨리 스피어맨을 소중하게 여겼다. 그가 눈을 부릅뜨고 있다면 심사 기준은 완화되지 않을 것이었다. 사실 스피어맨은 고전학과의 포스터 배럿 교수에게 좋은 균형추가 될 것이었다. 배럿이 생각하는 승진 기준은 순수하게 학문적인 것이 아니었다. 그는 후보자의 사회적 지위에도 큰 비중을 두었다. 평범한 후보 교수라 할지라도 유명한 사교 클럽에 속해 있다면, 포스터 배럿은 그 사람에게 후한 점수를 줄 것이었다. 벨은 스피어맨의 족보를 알고 있었다. 그는 가난한 유대인 이민의 후손이었다. 따라서 스피어맨은 그따위 기준을 기준으로 삼지 않을 것이었다.

이윽고 벨도 클레그 학장의 사무실로 향했다. 스피어맨은 반대쪽 방향으로 계단을 내려가 연구실로 향했다. 그가 연구실 문 앞에 도착했을 때, 아무도 받지 않는 전화벨 소리가 끈질기게 울리고 있었다.

단치히의 반대표

저무는 저녁 햇살에 집 밖의 나무들이 큰 그림자를 드리우며 발레리 단치히의 서재를 어둡게 했다. 해질녘의 잿빛은 서재의 밝고 깨끗한 가구들과 뚜렷한 대조를 이루었다. 거실의 동쪽과 서쪽 벽은 간명(簡明)한 백색이었지만, 인접한 벽들을 천장에서 바닥까지 덮고 있는 수백 권의 책들은 다양한 색조를 자랑했다. 거실에 있다가 다른 방으로 들어가는 방문객은 완전히 다른 집으로 들어가는 느낌을 받을 수도 있었다. 각각의 방들은 저마다 독특하게 장식되어 있었다. 바우하우스의 현대식부터 고풍스런 전원 분위기까지, 그리고 빅토리아풍부터 지중해식까지, 단치히가 사는 집은 그 모든 것을 수용하고 있었다. 그래서 이 집의 주인은 단조로운 분위기에 지루함을 느낄 필요가 없었다.

"말이 안 돼, 이건 말이 안 돼." 그녀는 혼자서 중얼거리며 스탠드의 스위치를 껐다. 단치히 교수는 읽고 있던 논문을 한쪽으로 치웠다. 하버드 대학의 젊은 사회학자가 쓴 논문이었다. 그녀는 프로이트 이론을 피상적으로 사용해 관료적인 의사결정을 심리학적으로 설명하는 그 젊은 학자의 글이 마음에 들지 않았다.

"위원회에 사회학자가 있던가?" 단치히는 그것을 알아보기 위해 클레그 학장에게서 받은 서류철을 뒤져보았다. 그 곳에 들어 있는 메모엔 임용심사위원회의 구성과 단치히 자신의 위원 임명을 알리는 내용이 적혀 있었다. 위원들의 명단을 훑어보니 사회학과의 올리버 우가 포함되어 있었다.

"우라면 자기 학과 출신의 후보자를 지지하겠지?" 임용심사위원회에 추천된 후보자는 이미 그 사람이 속한 학과에서 검토한 사람이었다. 후보자가 쓴 모든 논문, 모든 책, 모든 서평, 그리고 출간되지 않은 모든 글까지 해당 학과에서 동료 교수의 검토 과정을 거쳤을 것이고, 그런 후에도 더 자세한 평가를 받아야만 했다. 그리고 외부의 권위자들이 내리는 평가도 있었다.

　그 분야의 고참 교수들이 만장일치로 지지하지 않는 경우는 해당 학과 내에서 임용심사위원회의 심사 대상에 오른 후보자의 인간성, 이데올로기, 그리고 방법론 등에 대해 내부적으로 상당한 이견을 보일 때뿐이었다. 하지만 대체로 존경받는 정교수가 거부 의사를 표명하면 후보자는 임용심사 대상에 오를 수가 없다. 단치히는 올리버 우를 개인적으로 알지 못했다. 하지만 그의 명성만큼은 잘 알고 있어서, 그가 업적을 인정하지 않는 젊은 학자는 임용심사에 오를 수 없음을 이해했다.

　하지만 우는 교묘한 방식으로 그런 목표를 달성할 수도 있었다. 임용심사위원회의 위원은 젊은 동료 교수의 운명을 결정할 때 학과의 동료 교수들보다 엄청난 우위를 차지하고 있었다. 우는 후보자의 지지자들, 나아가 후보자 자신과 좋은 관계를 유지하기 위해 학과의 심사 과정에서는 속내를 내보이지 않을 수도 있었다. 그러다가 나중에 정식으로 임용심사가 시작되면 위원회에서 비밀리에 거부권을 행사할 수도 있었다.

　하지만 올리버 우의 입장이 어떤 것이든, 단치히 자신은 이 후보자에게 반대표를 던질 것이었다. 이 후보자는 너무도 당돌하게 프로이트를 엉터리로 해석했다. 단치히는 즉시 자신의 반대 의견을 적었다. 그녀는 그 후보자가 케임브리지에서 떠나기를 원했다.

하루 종일 서류를 검토하느라 피곤했기 때문에, 발레리 단치히는 한 후보자의 서류만 더 보고나서 늦은 저녁을 먹기로 결심했다. "가장 얇은 서류철을 봐야겠어." 그녀는 낮은 소리로 중얼거리며, 각 후보자의 연구 결과와 추천서들이 놓여 있는 바닥으로 시선을 돌렸다. 아직도 십수 명의 후보자 서류철을 더 봐야만 했다. 가장 짤막한 서류철은 금방 발견되었다.

"이 정도 분량으로 결정을 내릴 수 있을까?" 단치히는 궁금하게 여기며 서류철을 무릎 위에 놓았다. 하버드의 이 심리학자는 단순하게 쪽수만 세어 판단을 내려서는 안 된다는 것을 잘 알고 있었다. 심사위원들은 비록 힘들고 피곤하기는 해도, 내용을 충분히 읽은 후에 결정을 내려야만 했다. 그렇지만 그 서류철의 얇은 두께는 단치히에게 다소 놀라운 것이었다. 그 후보자가 속해 있는 경제학과는 하버드 내에서 아주 유력한 학과에 속했기 때문이었다. 그래서 그 곳 출신의 후보자는 덜 유력한 학과 출신의 후보자보다 더 경쟁력이 있어야만 했다.

"데니스 고센." 놀랍게도 그 사람은 임용대상 후보 중에서 그녀가 알고 있는 학과 밖의 유일한 사람이었다.

이 사람을 여기서 만나다니. 묘한 미소가 그녀의 입가에 스쳤다. 단치히는 의자에 몸을 묻으며 전에 고센을 만났던 기억들을 떠올렸다. 어쩌면 그녀는 이번 임용심사위원으로 부적격자일 수도 있었다. 하지만 그럴 필요가 어디 있는가? 심사위원들 중에서 자신들의 관계를 아는 사람은 아무도 없었다. 어쨌거나 그런 일은 예상하기 어려운 것이니까. 하버드 대학과 같은 기관에서 정교수로 일할 수 있으려면 자기 분야에 대한 헌신적 노력이 필요했다. 그래서 자신의 전공과 무관한 사람과의 사교는 극히 힘든 일이었다. 하버드의 교수진으로 일한 15년 동안 단치히가 심리학 외의 분야에서 빈번하게 교류했던 교수들의 수는 양손으로 꼽을 수 있을 정도였다.

더구나 다른 학과의 정교수가 아닌 사람을 아는 경우는 더욱 드물었다. 아이비리그에는 마치 인도와 같은 계급제도가 있었다. 정교수들은 상층계급이었고 그 밑의 교수들은 하층계급이었다. 물론 그것이 인도의 카스트만큼 극심하지는 않았지만, 이런 사회적 질서를 깨뜨리려면 적어도 간디 같은 사람이 필요했다.

고센의 서류철에는 여섯 편의 얇은 논문 사본이 들어 있었고, 그의 업적에 대한 고참 교수들의 평가를 요약한 경제학과 학과장의 편지가 붙어 있었다. 그리고 맨

끝에는 고센의 자격을 평가해달라고 부탁받은 하버드 밖의 경제학자 세 사람과 경제학과가 교환한 서신이 첨부되어 있었다.

지금까지 늘 그랬듯이, 발레리 단치히는 외부 인사들의 편지부터 읽었다. 그 편지들은 한결같이 임용을 강력히 추천하는 내용이었다. 하지만 단치히는 그것들을 중요하게 여기지 않았다. 자신의 학과에서의 경험에 비추어볼 때, 외부 인사들의 평가에 의존하는 것은 적절하지 않았다. 후보자의 학과에서 외부 인사들에게 편지를 보낼 때, 선정된 인사들은 종종 그 학과에 유리한 결론을 내려줄 수 있는 사람들이었다.

이어서 단치히는 고센이 속한 경제학과의 학과장인 레너드 코스트의 긴 편지를 훑어보았다. 그것은 고센에 대한 정교수들의 평가를 간략하게 요약한 것으로서, 특히 고센과 전공 분야가 같은 학자들의 평가를 자세하게 소개했다. 그런 평가들은 예외 없이 긍정적이었다.

단치히가 읽은 최초의 사본은 짙은 빨간색 표지로 제본되어 있어서, 첫눈에 그것이 미국의 주요 경제학 저널에서 뽑은 것임을 알 수 있었다. 단치히는 결론을 먼저 읽은 후에 그것을 도출한 공식들을 살펴보았다.

"고센은 사람들이 정말로 이렇게 행동한다고 믿는

걸까?" 발레리 단치히는 혼자서 중얼거렸다. 이제 그녀는 짧은 논문을 거의 절반 정도 소화했다. 그것들은 점점 더 분명한 패턴을 보였다. 각각의 그 논문들에서 고센이 제시하는 인간상은 현대 심리학이 파악하고 있는 인간상과 크게 달랐다. 심리학자들이 보는 인간은 복잡한 존재이고 여러 모순적인 충동에 따라 움직였다. 비합리성도 냉철한 이성 못지않게 인간의 행동을 결정했다.

그럼에도 고센은 사람들이 오직 한 가지 목표만을 염두에 두고 모든 행동을 한다는 가정하에 그 모든 연구를 수행했다. 단치히가 볼 때 사람들은 언제 어디서나 행복만을 추구하는 것 같았다. 그녀는 고센의 그런 주장을 받아들일 수 없었다.

발레리 단치히 자신의 연구 분야는 영재들의 심리 행태였다. 러시아의 심리학자 비고츠키의 제자인 그녀는 『천재의 영감과 열정』이란 책을 써 그 분야의 권위자가 되었다. 교수로 일한 대부분의 기간 동안 단치히는 거의 모든 월요일, 수요일, 그리고 금요일에 보스턴-케임브리지 지역에서 가장 똑똑한 아이들과 만났다. 그녀가 부모들에게 얘기한 표면적인 목적은 그 아이들을 정규 학교의 수준보다 훨씬 높은 수준의 책과 지식에 노출시키는 것이었다. 그녀가 얘기하지 않은 본래의 목적은 그런 영재들이 적분, 통계적 추론, 그리고 음악적 이론 같은 고급 지식에 노출될 때 어떤 학습 패턴과 자극-반응의 메커니즘을 보이는지 알아보는 것이었다.

단치히는 어린아이들을 연구함으로써 성인들의 사고방식을 알아낼 수 있다고 믿었다. 그리고 가장 똑똑한 아이들만 연구함으로써 가장 높은 수준의 성인의 행동을 이해할 수 있다고 오래전에 결론 내렸다. 어쨌거나 어른이란 아이가 자란 것에 불과하니까.

그가 임상적으로 연구한 아이들은 얌전하면서도 쾌활하고, 순수하면서도 교활하고, 영리하면서도 순진하고, 명랑하면서도 까탈스런 특성을 보였다. 쉽게 감명받지 않으면서도 극히 감수성이 예민한 그 아이들은 세속적인 것과 예술적인 것 모두에 영향을 받았다. 그럼에도 날카로운 인식의 소유자인 그 아이들은 종종 혼란을 느꼈다. 단치히는 이와 같은 영재들의 사고방식, 나아가 그들이 나중에 커서 될 어른들의 사고방식에 고센의 그 차가운 합리성을 어떻게 적용시킬 수 있을지 상상할 수 없었다.

발레리 단치히는 짜증이 날 때면 냉장고로 달려가 위안을 얻었다. 이 저명한 심리학자는 조그만 자극에도 쉽게 반응하기 때문에 배가 많이 나왔다. 저녁을 먹기 전에 간단하게 간식을 먹어야지, 그녀는 그렇게 생각하며 냉큼 부엌으로 달려갔다. 냉장고에서 꺼낸 것은 빵과 마요네즈, 그리고 얇게 썬 칠면조 고기였다. 그것으로 재빨리 샌드위치를 만들면서 그녀는 깡통에 든 콜라를 낚아챘다. 그리고 책상으로 돌아와 읽던 것을 다시 읽기 시작했다.

"경제인(economic man)이라구?" 그녀는 비웃었다. "또 시작이네. 소스타인 베블런이 얘기한 즐거움과 고통의 그 빠른 계산기가 소위 현대 사회과학자의 글에서 부활했군." 그녀는 베블런이 조롱한 그 경제인, 다른 곳도 아닌 경제학계 내부에서 나온 바로 그 비판이 왜 아직도 그런 모델의 사용을 끝내지 못했는지 궁금했다. 단치히는 샌드위치의 마지막 부분을 씹어 삼키고 콜라를 목구멍으로 밀어 넣었다.

그녀가 연구하는 심리학의 분야는 이미 오래전에 효용주의(utilitarianism)의 뿌리에서 벗어나 독자적으로 발전해왔다. 오늘날 현대 심리학자 가운데 어떤 사람도 인간이 모든 활동 분야에서 자신의 개인적 효용(utility)만을 극대화하려 한다고 믿는 사람은 없었다. 단치히가 볼 때 효용은 행복, 즐거움, 만족, 혹은 그 밖에 비슷한 감정을 뭉뚱그려 표현하는 낡은 단어였다. 그 말에는 실체가 없었다. 당신이 무엇을 하든, 그것은 효용을 극대화시킨 것이라고 얘기했다. 당신이 남편에게 키스를 했든 남편을 속였든, 당신이 개를 쓰다듬었든 못살게 굴었든, 혹은 쌈빡한 새 차를 샀든 낡은 중고차를 샀든, 그 모든 것은 상관없는 일이었다! 당신이 어떤 선택을 했든, 그것은 당신에게 최대의 효용을 제공한 것이었다. 왜냐하면 당신이 바로 그런 선택을 했으니까. 그러면 당신은 왜 그런 선택을 했을까? 왜냐하면 그것이 최대의 효용을 제공했으니까. 단치히 같은 심리학자가 볼 때, 이것은 순환논법이었다. 그런 이론은 사실상의 동어반복이었다. 경제학은 사람들이 그렇게 하니까 그렇게 한다고 말하는 것에 불과했다.

이윽고 발레리 단치히는 자신이 해야 할 것을 준비했다. 고센의 서류철에 메모를 첨부했다. 그 짧은 메모에는 세 글자밖에 없었다. '반대표.' 그녀는 고센의 서류철을 다른 후보자들의 서류철과 함께 다시 바닥에 내려놓으면서 이렇게 중얼거렸다. "데니스 고센, 천국과 지상에는 당신이 주장하는 것보다 더 많은 것들이 있어."

고센이 말하고자 했던 것

스피어맨은 연구실에 도착했을 때 전화 벨 소리가 울리는 것을 들었다. 그는 안고 있던 책들과 서류들을 복도 바닥에 내려놓고 외투 주머니를 뒤졌다. 열쇠를 꺼내 연구실 문을 연 스피어맨은 잽싸게 전화기가 있는 곳으로 달려갔다. 집어든 수화기에서 아내인 피지의 목소리가 들렸다. "헨리, 또다시 방해해서 미안해. 오늘 저녁에 할 일이 있다는 건 알지만, 여기 당신을 만나고 싶어하는 사람이 있어."

"패티가 벌써 집에 왔어?" 스피어맨이 물었다.

"아니, 패티는 오더라도 밤늦게 올 거야. 여기 있는

사람은 데니스 고센이야. 당신과 같은 과에서 일하는 젊은 교수 말이야. 지금 거실에 있는데 당신을 꼭 만나고 싶어해. 당신이 일하는 중이라고 내가 말했지만, 너무 중요한 문제라서 학교로 갈 수가 없다는 거야."

"무엇 때문인지 고센이 얘기했어?"

"아니, 그냥 급한 볼일로 당신을 만나야 한다고만 얘기했어. 정말로 급한 일인 모양이야. 이렇게 추운 날씨에 이 곳까지 온 걸 보면 말이야."

"글쎄, 아직은 집에 갈 생각이 없는데……. 여기 일을 끝내야 하거든. 그리고 그 사람을 만나야 하는지도 확실히 모르겠어. 내가 집에 갔으면 좋겠어?"

"나는 당신이 왔으면 좋겠어. 그 사람은 당신을 꼭 보고 갈 생각인 것 같고, 나도 패티가 오기 전에 밖에 가서 살 것이 좀 있거든."

헨리 스피어맨은 마지못해 집에 가겠다고 대답했다. 작은 키의 대머리 교수는 뿔테 안경을 벗어 손수건으로 안경에 낀 성에를 닦았다. 그는 다른 사람의 방해를 능숙하게 다루지 못했다. 하지만 그것은 자신의 선택이었다. 경제학자인 스피어맨이 볼 때, 사람들은 상품을 선택하듯 태도를 결정한다. 그러니까 비용과 효용을 비교하는 것이다. 전에는 이런 종류의 방해에 기꺼이 응했다. 하지만 그때만 해도 그가 누군가의 방해를 받을 때 포기해야 하는 소득은 지금보다 더 적었다. 다시 말해, 방해와 관련된 비용은 적었다.

이제 그는 하버드 대학 경제학과에서 유명한 교수였다. 그리고 역설적으로, 그는 소득이 높아질수록 다른 일이나 다른 사람의 방해가 반갑지 않았다. 그는 대중 강연, 인쇄 매체에의 기고, 저서 판매 등으로 많은 돈을 벌었다. 지금 집에 가면 임용심사와 관련된 일에 4시간을 투자해야만 했고, 그 시간을 보충하려면 강연 등에서 얻는 그 시간만큼의 소득을 포기해야만 했다. 그래서 이번 방해로 인한 비용은 그런 활동에서 얻어지는 소득일 것이었다. 경제학에서는 이렇게 포기하는 비용을 기회비용(opportunity cost)이라고 얘기했다. 이런 기회비용은 소득이 높아질수록 더 커질 수밖에 없었다. 스피어맨은 종종 학생들에게 다음과 같이 말하곤 했다. 즉, 시간당 수임료가 아주 높은 변호사와는 날씨 얘기를 하지 말라. 바꿔 말하면, 그런 변호사는 기업의 법률고문으로 일하는 변호사보다 휴가를 가는 경우가 더 드물다. 후자의 기회비용보다 전자의 기회비용이 더 높기 때문이다.

바로 이와 같은 역설을 알고나서 스피어맨은 경제학을 공부하게 되었다. 대학에서 가르치는 어떤 학문도 다양한 인간의 행태를 그렇게 잘 설명하는 것 같지 않기 때문이었다. 심리학은 일탈행동을 설명하고 범죄자들의 범행 동기를 분석할 수 있었다. 사회학은 생활방식이나 문화의 특성을 설명하려 애썼다. 인류학은 원시인들의 신화에 초점을 맞추었다. 하지만 스피어맨은 경제학에 매력을 느꼈다. 무엇보다 그는 경제학이 일상적인 삶의 다양한 측면들을 다루는 데 매료되었다.

그것은 자신의 아버지를 보면 잘 알 수 있었다. 스피어맨은 경제학을 공부하고나서야 아버지를 정말로 이해할 수 있게 되었다. 스피어맨의 아버지는 그가 소유한 양복점에서 늘 고객들에게 친절했고 세심했다. 그 분은 사실 그럴 수밖에 없었다. 그렇지 않으면 양복점을 운영해나갈 수가 없었다. 하지만 2층에 있는 자신의 집으로 돌아오면, 아버지의 태도는 갑자기 변했다. 집에 온 스피어맨의 아버지는 친절한 사람이 아니라 성마른 사람이었다. 아버지는 아내와 아이들의 욕구에 관심을 기울이지 않았다. 헨리 스피어맨은 어머니가 이렇게 말하는 것을 기억하고 있었다. "벤, 나는 당신을 이해할 수가 없어. 가게에서 당신은 늘 모두에게 친절하게 대해. 하지만 집에 오기만 하면 당신은 왠지 짜증만 부리는 것 같아. 당신은 실버먼 씨가 옷소매에 대해서 얘기할 때 아주 세심하게 듣지. 하지만 집에 와서는 딸아이의 결혼식 예복에 대해서조차 별 신경을 쓰지 않아."

헨리 스피어맨은 이제 아버지의 그런 이상한 태도를 하나의 이론으로 설명할 수 있었다. 그렇다고 스피어맨의 아버지가 자신의 아내나 딸보다 실버먼 씨를 더 좋아한 것은 아니었다. 오히려 그와는 정반대였다. 스피어맨의 아버지는 자기 가족을 끔찍이도 생각했다. 하지만 경제학을 공부한 스피어맨은 그것을 또다른 관점에서 볼 수 있었다. 아버지의 양복점은 다른 양복점들과 경쟁 관계에 있었다. 그리고 그와 같은 경쟁은 치열했다. 교육을 많이 받지 않아도, 자본이 별로 없어도 그 사업에 진출할 수 있었다. 그리고 아버지가 제공하는 서비스의 가격은 아버지를 부자로 만들기에는 턱없이 낮은 것이었지만, 기다리는 고객이 많지 않았던 것을 보면 그렇게 높은 가격은 아니었다. 이것을 경제학 용어로 설명하면, 공급량과 수요량이 같은 것이었다. 만일 아버지의 서비스를 기다리는 사람들이 긴 줄로 서 있었다면, 아버지는 일부 고객에게 무례하거나 차별적인 대우를 해도 경제적인 비용을 부담할 필요가 없었을 것이다. 하지만 시장의 요인들이 가격을 결정하는 상황에서, 고객을 확보하고 유지하려면 친절과 봉사가 중요했다. 그렇지 않으면 고객은 떨어져 나갈 것이고, 그 결과 스피어맨의 아버지는 소득 감소라는 벌칙을 받을 것이었다.

이렇게 스피어맨에게 이런 현상이 이해되자, 갑자기 수많은 다른 행동들도 이해되기 시작했다. 예를 들면 다음과 같은 것들이었다. 당국의 규제 때문에 임대료가 시장가격에 미치지 못할 때 임대인이 임차인들에게 무례하게 구는 현상, 2차대전 당시 정부가 쇠고기 가격을 통제할 때 푸줏간 주인들이 고객들에게 친절하지 않았던 현상, 같은 시기 다른 상인들이 제멋대로 행동해 고객들이 이른 아침부터 길게 줄을 서야만 그나마 양말 한 컬레라도 살 수 있었던 상황 등등.

스피어맨은 몇 년 전 연방정부가 휘발유 가격에 상한선을 정했을 때 이 이론이 현실화되는 것을 생생하게 경험했다. 스피어맨이 전부터 케임브리지에서 자주 들르던 주유소의 직원들은 늘 그에게 친절하게 대했다. 하지만 가격 상한선이 정해지자 그들의 태도는 돌변했다. 가격 통제로 휘발유 공급이 부족해지자 더 이상 친절하게 대해야 할 필요성이 없어진 것이었다. 주유소 직원들의 성격까지 바꾼 것만 같았다. 고객들이 제한 가격으로 휘발유를 사려고 길게 줄을 선 상황에서, 주유소 직원들의 친절한 태도는 눈에 띄게 줄어들었다. 하지만 가격

통제가 철폐되자 이 모든 것은 다시 변했다. 이제는 다시 직원들이 손님들을 친절하게 대하기 시작했다.

헨리 스피어맨은 남들이 알지 못하는 무언가를 알고 있었다. 그리고 그것을 공개적으로 표현했다면 오해를 받았을 수도 있었다. 즉, 자신의 아버지는 고객들에게 아주 친절했지만, 가족들에게는 주유소의 그 직원들처럼 친절하게 대할 필요가 없었다. 그것은 아버지의 성격 때문이 아니었다. 그것은 어쩔 수 없는 경쟁적 상황 때문이었다. 그리고 그런 상황이 바뀌면 아버지의 태도도 바뀔 것이었다.

가정에서는 소위 시장가격이 자원의 할당을 결정하지 않았다. 그래서 스피어맨의 아버지는 다정하게 굴지 않아도 비용을 부담할 필요가 없었다. 그러나 바로 밑층의 양복점에서는 상황이 완전히 달랐다. 그 곳에서는 불친절한 행동이 경제적인 비용으로 이어졌다. 자신의 아버지는 그런 상황에 적절한 태도를 선택한 것이었다. 그리고 스피어맨 자신도 그 이론에 바탕해 태도를 선택한 것이었다. 즉, 그는 오늘 밤 자신의 일을 포기하고 뜻밖의 손님을 만나러 가야 한다는 사실 때문에 짜증이 났다.

스피어맨은 교직원 주차장에 있는 자신의 자동차를 향해 터벅터벅 걷기 시작했다. 그때 두 학생이 그를 향해 걸어오는 것이 보였다. "안녕하세요, 스피어맨 교수님." 화려한 색상의 성탄절 스카프를 머리에 두른 학생이 반갑게 인사했다. 두 학생이 가까이 다가올 때, 스피어맨은 머리에 스카프를 두른 학생이 자신이 가르치는 대학원 학생임을 알았다. 그 여학생에 대한 스피어맨의 반응은 평상시 학생들과 가볍게 환담을 나눌 때의 반응만큼 유쾌하지 않았다. 오늘 밤 스피어맨은 왠지 짜증이 났다. 그래서 그는 마지못해 인사를 받는 시늉을 했다. 하지만 인사를 한 학생으로서는 스피어맨이 자신을 알아본다는 사실만으로도 오늘 저녁이 즐거울 것이었다.

"스피어맨 박사가 저런 옷을 입고 있는데 어떻게 알아볼 수 있었지?" 다른 학생이 물었다.

"바로 저런 옷을 입고 있으니까 알아볼 수 있었지." 스카프를 두른 학생이 대답했다.

"어떻게?"

"스피어맨 교수는 겨울 내내 저런 복장으로 강의실에 들어왔거든. 외투는 바람을 막아주지만, 저 분의 외투는 서먹서먹함을 없애주지. 우리는 긴장감 속에서 교수님이 도착하기를 기다려. 마침내 교수님이 문제의 저 외투를 입고 등장하지. 한쪽 끝은 발목까지 내려오고, 다른쪽 끝은 옷깃을 세울 때 양쪽 귀를 덮지. 그리고 자주색이야. 단추들도 서로 안 맞아. 게다가 교수님은 테가 넓고 처진 갈색 모자를 쓰지. 마침내 그 모든 것을 뚫고 그 분이 나타나면, 그 천사 같은 미소로 강의를 시작하지. 그러니 겁을 먹을 필요가 전혀 없지. 하지만 그 분은 천재에 가까운 분이야."

하버드의 이 경제학자는 외투만 큰 것이 아니라 타고 다니는 자동차도 컸다. 그는 엷은 자주색의 에어컨이 있고, 파워 핸들이 있으며, 파워 브레이크가 있는 자동차를 서서히 콩코드 애버뉴(거리) 쪽으로 몰면서 집으로 향했다. 손으로 레버를 움직여 히터를 켰지만, 스피어맨은 그것이 별 도움이 안 될 것임을 잘 알고 있었다. 연구실에서 집까지의 거리는 자동차의 엔진이 가동되는 데 필요한 만큼의 거리에 불과했다. 따라서 자동차가 차고에 도착하고나서야 히터가 따뜻한 공기를 내뿜을 것이었다.

스피어맨의 자동차가 콩코드 거리를 달리고 있을 때, 앞유리 와이퍼에 메모지가 끼워져 있는 것이 눈에 띄었다. 스피어맨은 떠나기 전에 그것을 봤더라면, 하고 생각했다. 그는 작은 키 때문에 계기판의 바로 위를 보면서 운전하는 경우가 많았다. 그 메모지는 스피어맨의 운전에 필수적인 앞유리의 바로 그 부분을 가리고 있었다.

스피어맨과 행인들 모두에게 다행히도, 케임브리지

의 주민들 대부분은 이 시간에 바깥에 있지 않았다. 하버드, 래드클리프, 그리고 MIT의 학부 학생들은 싸구려 식당에서 즐거운 시간들을 보내고 있을 것이었다. 오랫동안 케임브리지에서 살아온 주민들은 집에서 저녁을 먹고 있을 것이었다. 그리고 많은 학자들은 저녁 식사 전에 칵테일을 마시고 있을 것이었다. 그래서 스피어맨은 한산한 거리를 기분 좋게 달릴 수 있었다. 마침내 차고에 차를 넣었을 때, 히터에서 따뜻한 공기가 나오기 시작했다.

스피어맨은 밖으로 나와 문을 닫은 후 앞유리 와이퍼에 끼워진 메모지를 집었다. 그는 그러면서 혼자서 중얼거렸다. "내가 좋아하는 의사소통 방식은 아니군." 스피어맨은 메모지가 케임브리지의 식당들이 개업을 알리기 위해 종종 사용하는 전단지일 것이라고 생각했다. 하지만 그 안에 적힌 것은 손으로 직접 쓴 글씨였다.

앞유리의 습기가 얇은 종이에 스며든 모양이었다. 잉크가 번져 있었다. 차고의 희미한 불빛에서 글씨를 읽기는 쉽지 않았다. 내용을 판독했을 때, 캘빈 웨버가 보낸 메모라는 걸 알 수 있었다. 웨버는 콘래드(폴란드 태생의 영국 소설가. 해양문학에 걸작을 남김—옮긴이)가 전공인 영문학 교수였다. 메모에는 이렇게 적혀 있었다.

앞유리를 어질러서 미안하네. 알고보니 우리 둘 모두 임용심사로 고생해야 할 처지더군. 처음 참여하는 나로서는 클레그의 명단에 포스터 배렛이 있어서 유감이야. 자네가 있다는 것으로 위안을 삼아야겠지. 캘빈 웨버.

스피어맨은 메모지를 외투 주머니에 넣었다. 자신도 기분이 좋았다. 캘빈 웨버는 자신과 피지가 좋아하는 사람이었다. 하지만 둘 다 부지런한 개미여서, 두 사람은 한동안 함께 시간을 보내지 못했다.

스피어맨의 입가에 미소가 스쳤다. 배렛과 웨버는 사이가 좋지 않았다. 웨버의 아버지는 미시시피의 소작 농이었다. 그는 투갈루와 하워드에서 공부했다. 이와 같은 가문이나 교육적 배경은 배렛이 생각하는 하버드 교수의 자질이 아니었다. 하지만 배렛은 고상하고 점잖은 사람이기 때문에 자신의 불만을 미묘하게 표현했다. 그러나 그런 미묘함이 캘빈 웨버가 인식하지 못할 만큼 미묘한 것은 아니었다.

스피어맨의 생각은 그를 집으로 오게 만든 사건으로 돌아갔다. 그는 차고에서 나와 집의 뒷문으로 걸어갔다. 그는 벌써부터 젊은 동료에게 짜증이 났고, 그의 얼굴 표정은 굳이 그런 감정을 숨기지 않았다.

"안녕, 헨리." 피지가 그렇게 말하면서 남편을 반갑게 맞았다. "집으로 오는데 길이 막혔어?"

"아니, 길은 좋았어." 스피어맨이 대답했다. "손님은 거실에 있나?"

"응, 그 곳에 있어. 서재로 안내할까 하다가 당신이 어떻게 생각할지 몰라서……."

"가야 할 곳이 있다며? 더 늦기 전에 가보지 그래. 고센은 내가 알아서 처리할 테니까." 스피어맨은 그렇게 말하며 외투를 벗었다.

"헨리, 그 사람에게 화내지 말아. 무언가 큰 걱정이 있는 것 같아." 피지가 외투와 핸드백을 걸친 후 뒷문으로 나갔다. 그와 동시에 헨리 스피어맨은 거실로 향했다. 그 넓은 거실에 덩그러니 앞창문과 마주하고 있는 앤 여왕조 양식의 소파에 데니스 고센이 앉아 있었다. 그가 불안하게 일어서며 선배 교수를 맞았다.

"교수님… 아니, 헨리. 일을 방해해서 미안합니다. 하지만 아주 중요한 일이 있어서요." 정교수를 정식으로 교수님이라고 부를 것인지, 아니면 그냥 친근한 이름으로 부를 것인지는, 아이비리그의 젊은 교수들에게 끝없는 투쟁의 하나였다. 일부 정교수들에게 그 문제는 분명했다. 그들은 정식으로 부르는 교수님 칭호만 받아들였다. 하지만 어떤 교수들은 친근한 이름으로 불리는 것을 더 좋아했다. 스피어맨의 경우는 그것이 다소 불분명했다. 그는 접근하기 쉽고 친근함을 주는 성격의 소유자였다. 그리고 덜 부지런한 학생들을 다룰 때도 좀처럼 엄격하게 대하지 않았다. 하지만 그렇다고 함부로 대할 수 있는 사람도 아니었다. 경제학계에서 그가 차지하는 위상을 볼 때 그렇게 하기는 쉽지 않았다.

"앉아요, 데니스. 아내가 차를 대접했군. 나를 만나러 온 용건은?"

"이번의 임용심사와 관련된 일입니다만……."

스피어맨이 갑자기 말을 막았다. "자네와 그런 얘기를 할 수 없다는 건 자네도 잘 알지 않나? 임용심사는 이미 시작되었고, 위원들은 후보자들과 어떤 접촉도 할 수 없다는 걸 잘 알지 않나?"

"하지만 제가 온 것은 임용심사에서 유리한 결과를 얻기 위해서가 아닙니다. 아주 미묘한 문제에 대해서 조언을 듣고 싶어 찾아온 것입니다."

"그것이 어떤 식으로든 임용과 관련된 것인가?"

"글쎄요, 그럴 수도 있습니다. 하지만……."

"그렇다면 더 이상 할 말이 없네."

스피어맨의 단호한 태도를 보면서 고센은 한 번 더

시도했다. "잠시만 제 얘기를 들어주시면……." 그의 두 눈은 스피어맨의 얼굴에 가서 박혔다.

하지만 스피어맨은 꿈쩍도 하지 않았다. "데니스, 정말 미안하네. 하지만 이 문제에 대해서는 더 이상 얘기할 필요가 없네. 더 이상 얘기하지 말게." 그러면서 그는 손을 가로 저었다. 마치 달려오는 차를 막으려는 손짓 같았다. 그리고 스피어맨은 내내 서 있다가, 거실에서 나가 부엌 탁자에 놓인 고센의 외투와 모자를 집어들었다. 젊은 경제학자는 당혹감 속에서 외투와 모자를 받아들고 그 집을 나설 수밖에 없었다.

데니스 고센은 현관에서 잠시 망설였다. 이제는 어떻게 해야 할지 확신이 서질 않았다. 스피어맨과 다시 대화를 나누는 것은 사실상 불가능했다. 하버드의 젊은 경제학자는 애플턴 거리를 무심하게 내려다보았다. 주위의 교수 사택들에서 새어 나오는 불빛은 부드럽고 유혹적이었다. 하지만 그것들은 고센의 참담한 심정을 위로하지 못했다. 그럼에도 고센은 아직 포기할 생각이 없었다. 첫번째 대안은 불가능한 것으로 판명났다. 이제 그에게는 덜 매력적인 대안들만 남아 있었다. 그 모든 노력들이 수포로 돌아간다면, 그때는 쓰고 싶지 않은 마지막 카드를 쓸 수밖에 없었다.

죽음을 부르는 균형(Equilibrium)

올리버 우는 흔히 말하듯 바보들을 보면 참을 수가 없었다. 그런데 오늘 밤 그는 바보를 보았다. 그는 오늘 저녁 임용대상이 된 하버드 교수들을 평가했다. 그는 데니스 고센의 논문들을 훑어보면서 이집트의 고양이 석고상처럼 몸이 굳어지는 것을 느꼈다. 그는 그런 자세로 안경 너머에서 짙은 눈동자들만 굴리고 있었다. 몇 년 전 받은 백내장 수술 때문에, 올리버 우는 콜라병 바닥처럼 두꺼운 안경을 쓰고 있었다. 그래서 그의 외모는 숲속에서 어둠을 응시하는 부엉이 같았다. 검고 매끈한 머리는 뒤로 곧게 빗겨져 있었고, 얼굴의 콧

수염은 말끔하게 다듬어져 있었다.

올리버 우는 자기 주장이 강한 사람이었다. 사회학자인 그는 다른 무엇보다 범죄학자로서 명성이 높았다. 하지만 그는 자신을 표현할 때 범죄학자라는 용어를 사용하지 않았다. 미국 외의 나라에서 범죄학은 대개 정신과 의사들이 다루는 분야였고, 그들은 범죄의 원인을 성격상의 결함 때문이라고 보았다. 하지만 우는 다른 사회학자들처럼 문화적 · 사회적 요인들이 범죄에 영향을 끼친다고 보았다.

올리버 우는 유럽에서 범죄학을 공부했다. 그 곳의 학자들은 롬브로소(이탈리아의 정신의학자. 범죄인류학의 선구자로 범죄를 인류학적으로 고찰하고 형법학에 처음으로 실증주의적 방법을 도입했다–옮긴이)의 영향을 받아, 범죄자는 천성적으로 타고나는 것이라고 생각했다. 그들은 범죄자를 생물학적으로, 심지어 해부학적으로도 분석할 수 있다고 믿었다. 그러다가 우는 미국으로 건너와 에드윈 H. 서덜랜드의 저술을 접하게 되었는데, 그때 그가 경험한 것은 다마스쿠스로 가던 사도 바울의 경험과 비슷한 것이었다.

서덜랜드는 자신이 사회학적인 범죄학자라고 자처했다. 그리고 우는 지난 20년 동안 자신의 저술을 통해 범죄학에 큰 영향을 끼치면서, 서덜랜드의 이론을 바탕으로 범죄행위의 다양한 측면을 설명하는 자신의 이론을 정립했다. 나아가 그는 범죄행위의 많은 특성과 패턴들에 관한 엄청난 자료를 모으기도 했다. 복합적인 범죄행위를 단 하나의 원인으로 해석하려는 학자가 있다면, 그 사람은 우로부터 의심을 받을 뿐 아니라 경멸의 대상이 되기도 했다.

올리버 우는 도서관의 개인 열람실에 있는 윈저 체어(등이 높은 의자의 일종-옮긴이)를 뒤로 밀면서, 하버드 대학의 와이드너 도서관에 있는 회색의 철제 서가로 걸음을 옮겼다. 많은 동료 교수들은 자신들이 사는 집에 넓고 때로는 세련된 서재를 만들었지만, 올리버 우는 이곳에서 일을 하는 경우가 많았다. 윌리엄 제임스 홀에 있는 그의 연구실은 학생들 및 동료 교수들과 얘기를 나누는 곳이었다. 그 곳에서는 책 읽기에 몰두하는 것이 쉽지 않았다. 우가 볼 때 정말로 일을 할 수 있는 곳은 좋은 도서관의 조용한 개인 열람실이었다. 하지만 그가 도서관을 좋아하는 이유는 더 근본적인 데 있었다. 올리버 우는 도서관의 분위기 자체를 좋아했다. 서가에 꽂힌 책들에서 나는 퀴퀴한 냄새, 그 곳의 동굴 속 같은 침묵, 그리고 혼자만의 사색 공간 등이었다. 우가 볼 때 도서관은 상업성이 판치는 세상의 번잡함에서 벗어날 수 있는 피난처였고, 세상의 모든 지혜가 담겨 있는 지식의 보고였다.

그렇게 15분 정도 서가를 섭렵한 후에, 우는 그 곳에서 뽑아낸 회색의 두꺼운 책을 들고 열람실로 돌아왔다. 그리고 다시 의자에 앉아 그 책을 데니스 고센의 서류철 옆에 놓았다. 고센의 서류철 위에는 우가 그의 작품을 평가하면서 읽었던 마지막 사본이 놓여 있었다. 올리버 우는 이 젊은 경제학자가 제러미 벤담의 현대판이라고 생각했다. 벤담은 1백50년 전에 범죄와 형벌에 대해서 논한 바 있었다. 제러미 벤담은 효용주의의 아버지로서, 모든 법률과 행동을 판단할 때 그것이 공동체의 행복을 증대시키는지 아니면 감소시키는지의 관점에서 보았다. 벤담이 파악한 인간은 끊임없이 판단하고 평가하는 존재였다. 올리버 우는 인간을 한쪽 측면에서만 바라보는 그 낡은 방식의 철학을 소개할 때 곧잘 벤담을 인용하곤 했다.

현대 사회학이 그 결함을 노출시키기 전에, 벤담의 철학은 인간 본성에 대한 일반적 인식으로 여겨졌다. 하지만 우가 가르치는 사회학과의 학생들은 인간을 단순한 계산기로만 보는 그런 철학이 한때 일세(一世)를 풍미했다는 사실을 알지 못했다. 그래서 우는 교과서에 나오는 벤담의 예를 들며, 자신의 현대 사회학이 왜 더 나은 것인지 설명하곤 했다.

올리버 우는 1월 8일의 임용심사위원회에 참석할 때 바로 그 점을 지적하는 것이 필요하다고 생각했다. 그는 그런 식으로 생각하는 사람이 예전에도 있었을 뿐 아니라, 1백50년이 지난 후 하버드에서도 임용을 원하는 교수가 인간 본성에 대한 그 낡은 관점에 입각해 학문적인 주장의 기반으로 삼고 있다는 점을 보여주고 싶었다.

올리버 우는 그 말도 안 되는 데니스 고센의 논문을 다시 한 번 훑어보았다. 그는 자신이 무엇을 찾고 있는지, 그리고 그것이 어디에 있는지 잘 알고 있었다. 그 논문의 188쪽에 그가 찾는 부분이 있었다. 데니스 고센은 이렇게 얘기했다. "…계산하지 않는 사람이 어디 있는가? 사람들은 모두 정도의 차이가 있을 뿐 누구나 계산을 한다." 어떤 범죄학자도 사람들이 계산한다는 사실을 부인하지는 않았다. 하지만 우가 고센의 논문에서 너무나도 황당하게 여기는 것은 사람들이 '오직' 계산만을 한다는 잘못된 결론이었다.

우를 화나게 한, 그리고 그가 도서관을 떠나면서 서

류철에 다시 넣은 고센의 논문은 이런 제목을 달고 있었다. 「임금 격차와 범죄행위」. 그것은 학술지에 흔히 실리는 짧은 논문으로서 구매 담당자들의 임금에 관한, 그러니까 기업에 필요한 자재를 구매하는 사람들의 임금에 관한 통계수치들로 꽉 차 있었다. 고센은 그런 사람들의 임금에 관한 자료를 수집한 후에 다음과 같은 결론을 내렸다. 즉, 빠르게 성장하고 계절적이며 유행에 민감한 제품들을 취급하는 사업체의 구매 담당자는 보다 안정적인 산업에서 비슷한 훈련과 교육을 받은 구매 담당자보다 더 높은 보수를 받는다. 예를 들어, 유행에 민감한 옷을 구입하는 구매 담당자는 공작기계를 구입하는 구매 담당자보다 더 많은 보수를 받는다.

이 젊은 경제학자가 실험하고 있는, 그리고 옳은 것으로 입증되었다고 주장하는 이론 내지 설명은 범죄행위의 용납 여부에 관한 것이었다. 구매 담당자의 능력이나 성실성을 감시하는 것이 어려운 시장, 가령 구매 담당자가 기성복 체인점의 담당자인 경우에는, 합리적인 고용주가 합리적인 피고용인에게 더 높은 임금을 지급했다. 그렇게 하면 피고용인이 특정 의류업체로부터 뇌물의 유혹을 받더라도 더 높은 임금 때문에 뇌물을 뿌리치고 고용주의 이익을 위해, 덜 바람직한 제품을 사지 않는 데 도움이 되기 때문이었다. 더 안정적인 시장의 구매 담당자는 범죄행위가 고용주에게 더 쉽게 발각될 수 있기 때문에 그렇게 많은 보수를 주지 않아도 정직하게 일할 수 있었다. 고센의 이론에 따르면, 정직한 사람들이 더 많은 보수를 받는 것은 그들의 정직함 때문이 아니었다. 그들에게 더 많은 보수를 지급하는 것은 그들을 더 정직하게 만들기 위해서였다. 올리버 우가 볼 때 이것은 너무도 웃기는 얘기였다.

우는 그 날 검토했던 고센의 서류철과 다른 후보자들의 간행물을 서류가방에 넣고 자리에서 일어났다. 매일 저녁 7시가 되면 우가 전화해 오지 말라고 얘기하지 않는 한, 회사 소속의 택시가 하버드 광장에 도착해 그를 집까지 데려다주었다. 우는 시력이 약해 운전을 하지 못했다.

올리버 우는 도서관을 떠나면서 순전히 비용과 효용만의 세계에 자신을 적용시켜보려 했다. 그 곳에서는 사람들이 가치(value)가 아닌 가격(price)에 반응했다. 그들은 바로 데니스 고센의 이론 속에서 사는 이들이었다.

우는 도서관의 정문에 있는 접수계로 다가갔다. 책을 훔쳐야 하나? 그런 생각은 전에만 해도 해본 적이 없었다. 그 비용은 무엇인가? 문에 달린 모니터가 그의 절도행위를 알아차릴 수도 있었다. 그렇게 되면 창피를 당할 것이었다. 하지만 그렇게 큰 창피는 아닐 것이었다. 무심결에 들고 나왔다고 둘러대면 통할 것이었다. 어쨌든 우는 말 그대로 수백 번이나 와이드너 도서관에서 나왔지만, 그가 확인받는 경우는 절반에도 미치지 못했다. 다음에는 물건을 훔쳤다는 죄의식 때문에 고통을 당할 수도 있었다. 도둑질은 그가 자란 가문에서 아주 나쁜 것으로 여겨졌다. 우의 가치관은 구시대적이었고, 그래서 그는 그렇게 나쁜 짓을 했다는 죄의식 때문에 적지 않은 고통을 당할 것이었다. 다음에는 두꺼운 책을 집까지 갖고 가야 하는 비용이 있었다. 우는 육체적인 노력에 익숙하지 않았다. 다음에는 책을 보관하고 때때로 먼지를 털어야 하는 비용이 있었다. 이런 비용 계산은 어디서 끝나는가? 비용을 계산하는 비용은 언제 비용이 되지 않는가?

　이제 우는 효용의 측면에서 생각하기 시작했다. 이득은 작아 보였다. 물론 그 책에 담긴 정보의 효용과 그 책을 읽는 즐거움이 있었다. 하지만 그것은 이미 우가 얻을 수 있는 것이었다. 와이드너 도서관에는 언제든지 올 수 있었다. 다만 약간의 수고가 따를 뿐이었다. 물론 돈을 받고 그 책을 팔 수도 있었다. 하지만 도서관의 이름이 찍힌 책은 시장에서 환영받지 못할 것이었다. 그 밖에 다른 효용은 생각나지 않았다. 따라서 계산 결과는 비용이 효용보다 훨씬 더 컸다. 고센이라면 책을 훔치지 말라고 얘기할 것이었다.

도서관을 나서며 이 저명한 사회학자는 돌계단을 내려가 이른 저녁의 차가운 공기 속으로 걸어 들어갔다. 교정의 인도는 깨끗이 치워져 있었다. 그러나 콘크리트 보도의 주위에는 눈이 높이 쌓여 있었다. 올리버 우는 남쪽으로 걸으며 매사추세츠 애버뉴로 향했다. 그리고 그 길을 건너 광장에 있는 택시 정류장으로 걸어갔다. 택시가 그를 기다리고 있었다.

"안녕하세요, 우 교수님. 오늘 밤에는 바로 집으로 가실 건가요?"

"레이먼드, 당신이오?" 우가 그렇게 물으며 두꺼운 안경 너머로 택시를 들여다보았다. 운전사는 그를 종종 집으로 데려다준 바로 그 사람이었다. 우는 낡은 시보레 택시의 뒷문을 열고 검은색 시트 위에 서류가방을 내려놓았다.

"그래요, 바로 집으로 갑시다." 그가 말했다.

택시가 브래틀 거리를 지나 우의 집으로 향할 때, 뒤쪽에서 울리는 경적 소리가 그의 생각을 방해했다. 앞좌석에서 레이먼드가 뭐라고 욕을 하며 택시를 도로 한 켠으로 이동시켜 시끄럽게 빵빵대는 뒤차가 지나가도록 했다.

난폭운전은 보스턴-케임브리지 지역에서 흔한 전술이었다. 하지만 그것은 대개 교차로에서 과감하게 행동하거나 좁은 길을 빠져 나갈 때 사용하는 방법이었다. 우의 택시를 앞질러 간 그 세단의 속도는 어떤 기준으로도 이례적이었다.

"죽지 못해 환장을 했구만." 세단이 옆을 질주할 때 레이먼드가 말했다.

자신도 모르게 우의 생각은 또다시 벤담에게 향했다. 그리고 다시 계산을 하기 시작했다. 벤담은 파란 세단의 운전자가 속도를 내기로 결정한 것은 약속 시간에 늦는 불편함과 경찰에 붙잡혀 법규 위반으로 딱지를 떼는 위험간에 균형을 맞춘 결과라고 주장할 것이었다. 딱지를 떼면 벌금을 내야 할 것이었고, 과속으로 부상이나 사망까지 초래된다면, 벌칙은 훨씬 더 과중할 것이었다. 균형의 결과 운전자가 속도를 내기로 선택한 이유는 법규 위반에 따른 효용이 비용보다 더 크기 때문이었다. 우가 깨닫게 된 바 일견 비합리적인 난폭운전의 행동은 비용과 효용을 합리적으로 계산한 결과에 다름 아니었다. 나아가 고센 같은 사람에게는 형법체계 자체가 다양한 행동의 가격표에 불과할 것이었다. 마치 우리 모두는 각 개인마다 정교한 메뉴를 앞에 두고 있는 것만 같았다. 주차 시간을 넘겨야 하는지는(미국에서는 미터기에 운전자가 직접 미리 동전을 넣기 때문에 이미 넣은 액수를 초과해서 주차시킬 수도 있다—옮긴이) 법규 위반의 가격을 보고 선택하라. 사람들은 자동차를 이동시키는 불편이 벌금의 비용보다 더 클 때만 주차 시간을 넘길 것이다. 그리고 벌금은 위반행위가 발각될 때만 부과되는데, 그런 일은 일어나지 않을 수도 있다. 발각될 가능성은 얼마나 되는가? 그것도 계산해야만 한다.

우는 이제 도서관에서 느꼈던 그 적대감이 줄어드는 것을 느꼈다. 그는 이제 이 게임을 즐기고 있었다. 재미가 들린 우는 메뉴에 있는 다른 항목들도 따져보았다. 소득세를 속이는 것의 비용과 효용은? 자신의 여행 경비를 학술 모임에 전가시키는 것은? 그러다 갑자기 엽기적인 생각이 떠올랐다. 살인은 어떠한가? 그것도 메뉴에 있는 것인가? 왜 안 되겠는가? 나는 살인을 저질러야 하나? 우는 야망이라는 놀라운 추진력과 끈기, 그리고 지성으로써 현재의 저명한 위치를 차지하게 되었다. 하지만 도중에 큰 좌절을 겪은 적도 있었고, 그것은 자신의 결함 때문이 아니라 다른 사람들의 음모 때문이었다.

이제 우는 깊은 생각에 잠겼다. 모든 살인자들이 붙잡히는 것은 아니다. 고센의 표현에 따르면, 그런 가능성은 적절한 계산으로 "줄여져야만(be discounted)" 한다. 그리고 설사 붙잡힌다 해도, 유죄 평결에서 벗어날 나름의 가능성을 계산할 수 있다. 그리고 내가 얻을 수 있는 효용은 상당히 큰 것이다.

우는 두꺼운 안경 너머에서 눈을 반쯤 감았다. 그는 이제 거리를 내다보지 않았다. 택시의 닫힌 창문을 통해 먼 곳의 시계 소리가 들려왔다. 15분마다 울리는 시계 소리였다. 우는 마음이 어지러웠다. 그의 마음은 이제 완전히 다른 곳을 향하고 있었다. 그것은 범죄의 경제적인 측면을 처음 생각하기 시작했을 때와 완전히 달랐다. 하지만 개인의 이익을 위한 계산, 그 끈질긴 게임은 너무도 강력했다. 이제 장벽은 무너졌다. 우는 갑자기 자신의 가장 큰 적, 그가 세상에서 가장 미워하는 그 사람의 얼굴을 떠올렸다. 빛처럼 빠른 계산이 그의 머리 속을 지나갔다. 그리고 우의 마음은 편안해졌다. 그가 벌이는 이 게임 속에서 우가 발견한 것은 죽음을 부르는 균형(equilibrium)이었다.

수요와 수요량의 차이

“어젯밤에 네가 들어오는 소리조차 듣지 못했다. 나도 꽤 늦게까지 자지 않았는데 말이다.” 피지 스피어맨이 부엌에서 오렌지 껍질을 벗기며 패티에게 말했다.

“엄마, 늦게 도착했어요. 필라델피아에서 이 곳까지 오는 길이 너무 막혀서 무척 힘들었다구요. 하지만 아빠가 자지 않고 있다가 문을 열어주었어요. 이제는 이 집에도 마음대로 들어올 수가 없나봐요.” 패티 스피어맨은 싱크대로 가서 어머니의 아침 식사 준비를 도왔다.

“네가 휴가 기간에 집에 올 수 있어서 아빠와 나는

기쁘단다. 조금 있으면 아빠도 내려올 거야. 커피가 다 끓었나 좀 볼래?" 피지 스피어맨이 커피 메이커를 가리켰다.

"아빠도 어젯밤에 늦게까지 자지 않았어요." 패티는 그렇게 말하면서 엄마의 요청에 응했다. "우표 수집품을 모두 꺼내놓고 있었어요. 아빠가 그렇게 하는 건 참 오랜만에 봐요. 저녁 시간이 별로 좋지 않았다는 얘기를 하셨어요. 그래서 우표를 살펴볼 여유가 생겼다고 하시더군요."

그때 헨리 스피어맨이 부엌으로 들어왔다. "내가 도울 일이 있나?" 그가 명랑하게 말했다.

"거의 다 끝났는데… 자, 이제 식사 준비 끝!" 피지가 말했다.

자주 만날 기회가 없는 스피어맨 가족은 모처럼 식탁에 둘러앉아 아침을 먹었다. 핫케이크와 버몬트 메이플 시럽으로 짜인 뉴잉글랜드의 아침이었다.

"패티, 수의사 서비스에 대한 수요는 늘고 있니?" 헨리 스피어맨은 그렇게 물으면서 포크로 핫케이크를 잘랐다. 패티 스피어맨은 코넬 대학교에서 수의학을 공부한 후 2년 전 필라델피아에서 수의사로 개업했다.

"수요가 늘고 있는지 아닌지 잘 모르겠어요. 하지만

너무 바빠서 때로는 하루 일을 마칠 수 있을지 의심스러울 때가 있어요. 그래서 며칠 동안 돌봐야 할 아픈 동물들 없이 집에 있는 게 너무 좋아요. 그리고 동물원에 왕진을 안 가는 것두요. 물론 내가 아주 좋아하는 일이기는 하지만요."

"네가 원하는 것보다 더 바쁘다면," 헨리 스피어맨은 말했다. "분명한 해결책이 하나 있다. 진찰료를 올리기만 하면 돼." 스피어맨이 핫케이크를 입에 넣으면서 말했다.

"아빠, 하지만 진찰료를 올리면 더 바빠질 거예요. 어떤 사람들은 진찰료가 비싼 수의사를 더 좋아하거든요. 가격이 가장 높은 사람들에게 가려고 하는 거죠."

헨리 스피어맨은 딸과의 그런 대화가 아침 식사보다 더 유혹적이라고 느꼈다. 하지만 그가 대꾸하기 전에, 이미 여러 해 동안의 경험으로 언제 경제학 강의가 시작되는지 알고 있는 피지가 화제를 다른쪽으로 돌렸다.

"패티, 지난 여름에 집에 왔을 때 코끼리 이빨을 뽑았다고 말했잖니. 지금도 그 코끼리를 만나고 있니?"

"아, 그 녀석은 아이크예요, 엄마. 동물원에 있는 아프리카 코끼리죠. 그 녀석은 내가 왜 동물원 일을 그렇게도 좋아하는지 잘 보여주는 녀석이죠. 아이크는 지난

7월에 치통을 앓았어요. 그래서 우리가 이빨을 뽑고 염증을 치료해주었죠. 그 후 아이크는 나만 보면 기분이 좋은가 봐요. 내가 동물원에 갈 때마다 마치 강아지를 대하듯이 한다니까요."

"그래, 맞아! 코끼리에 비하면 너는 강아지야. 그러니 밟히지 않도록 조심하거라." 피지가 눈을 찡긋하며 커피를 한 모금 마셨다.

피지와 헨리 모두 딸의 직업적인 성공을 자랑으로 여겼다. 요즘에는 수의학과에 들어가는 것이 의과대학에 들어가는 것보다 더 어려웠다. 실제로 패티는 수의학과에 합격하지 못했다면 의사가 되었을 것이었다. 하지만 학부 성적이 좋았던 패티는 코넬과 미시간 주립대학 모두에서 긍정적인 답변을 얻었다. 그녀는 집에서 더 가까운 코넬 대학교를 선택했다.

"네가 개와 고양이를 돌보는 모습이 눈에 선하다." 피지 스피어맨이 말했다. "그렇지만 네가 동물원에 갈 때는… 네가 사자를 수술하거나 코끼리 이빨을 뽑는 모습을 상상할 수가 없구나."

"하지만 엄마, 내가 제일 좋아하는 것은 덩치가 큰 동물이에요. 그리고 나는 벌써부터 동물원에 왕진을 가는 행운을 잡았어요."

"동물원에 왕진을 간다구?" 헨리 스피어맨이 물었다. "사람을 치료하는 의사들은 이미 오래전에 왕진 가는 것을 그만두었는데… 이제는 환자들이 의사를 찾아 오잖니. 그런데 왜 동물원에 왕진을 가는 거니?"

패티 스피어맨은 처음으로 입장이 뒤바뀌었음을 즉시 알아차렸다. 그녀는 그런 기회를 놓치지 않을 것이었다. "왜냐면요… 그것은 간단한 경제학 원리 때문이죠."

헨리 스피어맨은 얼굴을 찡그렸다. 다른 사람, 더구나 자신의 가족이 자신에게 경제학 원리를 설명하는 것은 드문 일이었기 때문이었다. 그가 궁금하다는 표정으로 딸의 얼굴을 바라보았다. "경제학의 원리라구? 어떤 경제학 원리 때문에 수의사들이 의사들과 다르게 행동한다는 거냐?"

"수요의 법칙이죠. 아빠는 늘 그것이 경제학의 가장 기본적인 법칙이라고 말했잖아요. 그런데 내 진료 대기실에 고릴라가 앉아 있다면 내 사업의 수요량은 어떻게 될지 상상할 수 있겠어요?" 스피어맨은 방금 시시한 농담을 들은 사람처럼 고통스런 표정을 지었다. 피지와 패티는 그런 헨리의 반응을 즐기고 있었다. 그래서 스피어맨은 굳이 분위기를 망치고 싶지 않았다.

때문에 그는 자신의 고통스런 표정이 딸의 실수에서

비롯되었다는 것을 굳이 얘기하지 않았다. 패티는 '수요 (일정 기간에 성립할 수 있는 여러 가지 가격 수준에 대응하는 수요량의 계열, 즉 가격과 수요량 사이에 존재하는 일련의 대응관계를 말한다—옮긴이)' 와 '수요량(일정 기간에 소비자가 구매력을 갖추고 구입하고자 하는 최대 수량을 말한다—옮긴이)' 을 혼동한 것이었다. 경제학자에게는 그것이 심각한 실수이겠지만 수의사에게는 그렇지 않았다. 스피어맨은 그 차이를 설명하고픈 유혹을 느꼈지만, 그보다 더한 유혹은 피지가 주는 두 번째 핫케이크였다. 그 두 가지 중에서 하버드의 경제학자는 당연히 후자를 선택했다.

필린스 지하 매장의 판매 전략

패티 스피어맨의 빨간 래빗 승용차가 찰스 다리를 건넜다. 그녀는 아버지와 함께 전날 밤에 계획한 쇼핑을 하기 위해 보스턴으로 가고 있었다. 이 젊은 수의사는 부모님에게 줄 선물을 살 생각이었다. 그리고 스피어맨 교수는 기꺼이 딸과 동행해 자신도 무언가를 살 생각이었다.

"먼저 필린스 백화점에 들를까요?" 패티가 물었다. 두 사람은 케임브리지 거리를 지나 보스턴 시로 들어가고 있었다.

"그게 좋겠다. 그런 후에 브롬필드 거리로 가서 내

볼일을 보기로 하자. 그 곳에서 들를 가게가 있어."

패티는 자동차를 주차장에 세우고 차문을 잠근 후에 아버지와 함께 출구로 향했다. 워싱턴 거리를 지나 보스턴에서 가장 유명한 그 백화점에 가면서, 스피어맨 부녀는 서로 상대방의 근황을 자세히 물었다. 두 사람은 그동안 정기적으로 서신을 교환하지 않았다. 헨리 스피어맨은 최근에 맡은 임용심사위원회의 업무와 곧 가게 될 런던 여행에 대해 얘기했다. 패티는 필라델피아에서 새로 사귄 친구들, 새로 얻은 셋집, 그리고 내년 여름 플로리다에서 있을 동물원 수의사들의 모임에 대해 얘기했다. 열심히 얘기를 나누면서도 스피어맨 부녀는 다른 사람들에게 신경을 쓰지 않을 수가 없었다. 성탄절을 앞두고 보스턴 시민들이 선물을 사러 몰려나와 있었다. 인도와 가게들은 쇼핑객들로 북새통을 이루었다.

두 사람이 필린스 백화점에 들어섰을 때, 패티가 혼자서 쇼핑을 하고 싶다고 얘기했다. "아빠도 이해하시죠? 아무도 몰래 사서 놀라게 해주고 싶어요. 한 시간 후에 워싱턴 거리의 초입에서 만나기로 해요. 괜찮죠?"

"한 시간 후면 11시가 되겠구나." 스피어맨이 말했다. "그 정도면 백화점을 구경하는 데 충분한 시간이다."

헨리 스피어맨은 시간을 매우 소중히 여기는 사람이

었지만, 백화점에서 '구경하는' 것을 시간 낭비라고 생각하지 않았다. 경제학적인 분석이 인간 활동의 구석구석에 적용되지만, 그것이 가장 빛을 발하는 분야는 상거래를 다루고 분석하는 분야이기 때문이었다. 스피어맨이 존 M. 케인스보다도 높게 평가하는 영국의 경제학자 앨프레드 마셜은 경제학을 이렇게 표현했다. "일상적인 삶에서 인간을 연구하는 학문." 12월 22일 미국의 어느 도시에서든 백화점 쇼핑은 분명히 일상적인 삶이었다.

그런데 스피어맨이 필린스 백화점에서 특이하게 생각한 부분은 지하 매장과 그 곳의 상품가격이었다. 그것은 스피어맨에게 시장경제의 매력을 한껏 보여주는 인류의 그 모든 천재성, 효용 극대화, 그리고 이윤 추구의 미묘한 요인들을 생생히 보여주는 시스템이었다.

스피어맨은 필린스 백화점의 깔끔한 1층을 지나 지하로 내려가는 에스컬레이터에 올랐다. 그는 그 곳의 수많은 손님들과 상품들을 보기 전부터 지하 매장의 생기와 혼잡을 느낄 수 있었다. 그리고 이 시기에는 그런 북적거림이 한층 더했다.

"이건 내 거야. 내가 먼저 가졌다구!"

"무슨 소리! 나는 이것을 2주 동안이나 지켜봤다구."

에스컬레이터에서 내려서며, 스피어맨은 그 소동이

일어난 쪽으로 고개를 돌렸다. 두 젊은 남자가 똑같은 스포츠 재킷의 소매를 붙잡고 있었다. 이제는 말싸움이 몸싸움으로 변하고 있었다. 결국에는 더 소심한 남자가 옷소매를 놓았고, 승자는 급히 계산대로 달려가 전리품의 소유권을 얻었다. 필린스 백화점의 다른 층에서는 충격적이고 무례한 사건으로 보일 수도 있는 사건이 여기서는 누구의 관심도 끌지 못했다. 다만 하버드의 대머리 교수만이 그 모든 것의 의미를 곰곰이 생각했다.

링컨 필린은 이 백화점을 성공적으로 이끈 사업 천재로서, 이미 오래전에 백화점의 다른 가게들과 다른 가격 시스템을 보스턴 중심가에 있는 자신의 백화점 지하 매장에 확립해놓았다. 이 지하층에서는 상품이 세일가격으로 판매되었다. 하지만 할인가격은 단순히 정찰가격에서 몇 %를 낮추는 것이 아니었다. 이 곳의 할인가격은 유동적인 가격으로서, 그 방향과 정도가 체계적이고 예측 가능했다. 지하 매장의 모든 상품은 처음에 세일가격으로 표시되었다. 하지만 이런 가격들은 매주 25%씩 낮아졌다. 상품이 가게에 전시되는 기간은 길어도 4주에 불과했다. 그때가 되면 상품의 가격은 거의 영(zero)에 가까웠다. 그때까지도 팔리지 않은 제품은 자선단체에 기부하는 것이 필린스의 방침이었다.

그렇지만 필린스의 지하 매장은 상품의 품질이 떨어지기 때문에 더 싸게 파는 일반적인 할인 매장이 아니었다. 오히려 그 정반대였다. 여기에 있는 상품은 전에 위층에서 일부 호화품 가게들의 진열대를 멋지게 장식하던 것들이었다. 뿐만아니라 어떤 상품은 미국의 일부 유명한 백화점의 이름을 달고 있는 경우가 흔했다.

이 곳을 아는 고객은 어떤 상품이든 이 곳에서 시간이 지나면, 30일의 제한선 안에서 매주 가격이 낮아진다는 점을 알고 있었다. 그런데 그들이 예측할 수 없는 것은 같은 상품을 염두에 두고 있는 다른 고객이 언제 얼마의 가격에 그것을 살 것인가였다. 어느 선까지는 기다리는 것이 더 좋았다. 하지만 너무 오래 기다리면 전에 그러다가 실망하게 된 많은 고객들이 알게 되었듯이, 그 상품이 이미 팔릴 위험이 있었다. 반면에 너무 일찍 사면 똑같은 제품을 너무 비싸게 살 위험이 있었다. 필린스의 지하 매장을 찾는 고객은 일찍 사느냐, 오래 기다리느냐의 사이에서 아슬아슬한 줄타기를 해야 했다.

스피어맨은 이런 상황이 그가 더치(Dutch) 경매에 참석했을 때 직접 경험했던 것과 같은 것임을 알게 되었다. 그는 전에 강연을 하기 위해 네덜란드에 간 적이 있었다. 그때 그를 초청한 사람들은 그가 시장 행태에 관심이 있는 것을 알고, 스피어맨을 알스메르 마을로 데려가 튤립 구근의 판매를 지켜볼 수 있게 해주었다. 놀랍게도 스피어맨은 더치 경매가 완전히 다르다는 것을 알게 되었다. 그것은 거꾸로 진행되는 경매였다. 그가 익히 아는 경매는 뉴잉글랜드의 시골에서 이루어지는 일반적인 경매였다. 스피어맨은 따뜻한 주말 오후에 아내와 함께 그런 곳에 가는 것을 즐기곤 했다. 그 곳에서는 경매꾼이 늘 가장 낮은 가격부터 입찰을 시작했다. 그 가격은 누구든지 흔쾌히 지불하는 수준의 가격이었다. 하지만 입찰 가격은 계속 높아져 최후의 입찰자 한 사람만 남게 되었다.

그러나 네덜란드에서는 그 모든 과정이 거꾸로 이루어졌다. 그 곳에는 멋들어지게 가격을 읊조리는 경매꾼이 없었다. 대신 최초의 가격은 시계처럼 보이는 것 표면에 등록되었다. 하지만 그것은 진짜 시계가 아니었다. 그리고 거기에 적힌 숫자들도 시간을 나타내는 게 아니었다. 숫자들은 가격을 나타냈다. 바늘도 둘이 아닌 하나였다. 그 바늘은 점점 더 낮은 가격대로 내려갔다. 그러다가 어느 구매자가 단추를 누르면 멈추었다. 처음으로 단추를 누르는 사람이 상품을 구매하는 것이었다.

더치 경매와 필린스의 지하 매장은 거의 완벽하게

일치했다. 필린스에서도 너무 오래 기다리면 상품을 놓칠 수 있듯이, 더치 경매에서도 가격이 떨어지기를 너무 오래 기다리면 튤립 구근을 살 수 없었다.

그런데 그 순간 갑자기 누군가가 심하게 떠미는 바람에 스피어맨은 균형을 잃었다. 어느 고객이 마치 거리를 질주하는 황소처럼 그에게 와서 부딪친 것이었다. 충격을 받고 스피어맨은 내의들이 걸려 있는 선반 밑으로 쓰러졌다. 길게 늘어진 내의들 틈 속에서 스피어맨은 사람들의 바지와 치마를 볼 수 있었다. 지하 매장의 혼잡함은 시간이 지나도 수그러들지 않았다.

작은 키의 하버드 경제학자는 선반 밑에서 기어 나와 집게손가락으로 안경을 밀어 올렸다. 자세를 바로잡고 옷에 묻은 먼지를 턴 후에, 스피어맨은 상처가 있는지 살펴보았다. 다행히도 상처는 없었다. 그러나 자존심에는 상처를 입었다. 그의 얼굴에 나타난 홍조가 그것을 말해주었다. 스피어맨은 이제 덜 위험한 곳으로 가야겠다고 결심했다. 위층에 있는 가정용품 코너에 가서 사람들의 행동을 관찰하는 것이 더 안전할 것이었다.

"헨리, 여기서 물건을 살 때는 동작이 빨라야 한다구."

스피어맨은 에스컬레이터로 가다가 친숙한 목소리

에 걸음을 멈추었다. 몸을 돌려보니, 놀랍게도 캘빈 웨버였다. 웨버는 즐거운 표정으로 미소를 짓고 있었다.

"아니면 당신처럼 키가 크거나." 스피어맨이 맞받아쳤다. 그러면서 자신도 싱긋 웃었다. "자네는 여기서 무얼 하고 있나? 시장의 균형을 관찰하러 온 건 아니겠지."

"당연하지. 하지만 내 친구인 경제학자가 균형을 잃는 것은 보았지. 그 사나이가 정말로 세게 밀더군."

"글쎄, 하지만 이 곳에서 좋은 구경을 했으니까, 그것으로 위안을 삼아야겠지. 그건 그렇고, 어제 나에게 남긴 메모는 잘 받아보았네. 클레그 학장이 자네도 심사위원회에 참여시켜서 다행이야. 자네와 그 사람을 빼면, 나는 그 곳에서 아는 사람이 거의 없어."

"사실, 아주 잘 짜여진 진영이야. 클레그 학장의 균형 감각을 잘 보여주는 인선이지. 인종적으로, 민족적으로, 성적으로, 그리고 학과적으로 클레그 학장은 그 모든 것을 골고루 고려했어."

"덴턴은 그런 일에 도가 튼 사람이지." 스피어맨이 말했다. "그가 처음 학장에 임명되었을 때, 나는 학자로서 재능을 낭비하는 일이라고 생각했지. 하지만 덴턴은 학장뿐 아니라 학자로서도 아주 잘하고 있어. 내가 아는 다른 학장들은 연구 활동을 소홀히 할 수밖에 없었어.

학장 일로 바쁘니까 말이야. 하지만 덴턴은 두 가지를 모두 잘하고 있어."

"행정가로서 클레그의 능력을 의심하지는 않아. 다만 나는 그 사람이 너무 순진하다고 생각할 뿐이지. 클레그는 아직도 교수진을 구성할 때 너무 천진난만한 생각을 갖고 있어. 이번 위원회 경우만 해도, 그는 포스터 배럿과 내가 함께 일하면 서로의 차이점을 극복할 수 있을 것이라고 생각해. 하지만 배럿은 벽창호이고 나는 흑인이야. 우리 둘을 위원회에 모두 넣는다 해서 그런 상황이 변하지는 않아."

"내가 볼 때 배럿은 벽창호가 아냐." 스피어맨이 말했다. "그보다는 속물이지. 그것은 분명한 사실이야. 그에게는 사회적인 지위가 중요하지. 하지만 학자로서는 훌륭하다고 알려져 있어. 그리고 학교 일에도 관심이 많지. 다만 동료 교수들이 좀더 고상해지기를 바랄 뿐이지."

"자네 말이 맞아, 헨리. 배럿은 피부가 검은 사람도 받아들일 수 있어. 그것이 해변에서 그을린 피부이기만 하면 말이야."

"그것은 피부 색깔의 문제가 아니야." 스피어맨이 말했다. "포스터 배럿의 취향은 보스턴의 명문가 사람들의 것이지. 자네와 나는 모두 그 범주에 속하지 않기 때문에, 우리는 배렛의 저녁 식사에 초대받지 못할 거야. 하지만 그런 취향을 학문적인 영역에까지 확대시킬 필요는 없지."

"헨리, 그 얘기는 전에도 한 적이 있어. 나는 자네의 바다와 같은 관용에 감명을 받아야 할지, 절망을 느껴야 할지 잘 모르겠어. 마르쿠제는 억압적 관용(repressive tolerance)에 대해 얘기했어. 그러니까 때로는 관용 자체를 관용해서는 안 된다는 거지. 나도 그런 생각에 동의해."

"하지만 마르쿠제는 우리가 어떻게 누가 너무 비관용적인지 알 수 있는지 설명한 적이 없어. 나는 정부의 비관용위원회보다 차라리 배렛 같은 사람에게 점수를 주고 싶어. 캘빈, 이것은 오래전부터 논란이 되었던 문제야. 즉, 관용과 비관용을 어떻게 구분하는가?" 필린스의 매장에서 소음이 계속되는 가운데, 두 사람은 서로의 말을 듣기 위해 귀에 신경을 집중시켜야만 했다. 대화의 수준을 낮추려고 시도한 것은 캘빈 웨버였다.

"헨리, 자네는 무얼 사러 왔는가? 설마 나 같은 고릴라들에게 짓밟히는 기쁨을 맛보러 이 곳에 온 건 아니겠지?"

"사실은, 무얼 사러 이 곳에 온 것은 아니야. 그냥 이 곳에 있는 사람들을 관찰하고 싶었을 뿐이지. 성과는 기대 이상이었고, 나는 소비자 잉여(consumer surplus)에 대해서 생각을 정리하기도 했어. 그러다가 누군가에게 부딪쳤지. 경제학자의 직업적 위험 가운데 그런 것은 아무 드문 경우야."

"소비자 잉여라구?" 캘빈 웨버가 어리둥절한 표정으로 물었다. "그게 도대체 무언가? 그리고 여기서 그것이 무슨 상관이 있나?"

"소비자 잉여는 앨프레드 마셜이 지적한 개념이야." 스피어맨이 말했다. "그것은 말 그대로 소비자가 차지하는 여분의 몫이지. 나는 여기 필린스의 지하 매장이 소비자 잉여를 최대한 줄이기 위해 영리하게 고안된 시스템이란 점을 발견했어."

"하지만 나는 그런 것을 별로 얻지 못하는 것 같은데. 영문학 교수의 임금으로는 말이야." 캘빈 웨버가 친구의 경제학 강의에 관심이 있다는 시늉을 했다.

"하지만 사실은 그렇지 않아. 가령 자네 셔츠 주머니에 있는 그 볼펜을 보기로 하지. 자네는 그것을 얼마에 샀나?"

웨버가 셔츠 주머니에 꽂힌 흰색과 녹색의 플라스틱 볼펜을 내려다보았다. "50센트." 그가 조심스럽게 대답했다.

하버드의 경제학자는 웨버의 얼굴 쪽으로 집게손가락을 치켜들었다. "자네는 밀턴 레이놀즈가 2차대전 후에 볼펜을 발명했을 때, 그 제품에 대한 독점적 지위로 인해 볼펜 한 개당 자그마치 18달러에 팔았다는 것을 알고 있나? 이제는 볼펜을 만드는 회사가 아주 많지. 그래서 자네는 50센트만 내면 볼펜을 살 수 있어. 아마 자네는 옛날의 그 소비자들처럼 볼펜 하나에 18달러를 지불하지는 않을 거야. 혹은 16달러도 내지 않을 거야. 하지만 만년필 대신에 볼펜을 사용하는 편리함을 누리기 위해 50센트보다 훨씬 더 많은 가격을 지불할 의사는 분명히 있을 거야. 그런 차이가 얼마이든, 바로 그것이 소비자 잉여야. 그리고 절대로 오해하지 말게. 자네는 도처에서 소비자 잉여를 누리고 있어. 경쟁시장에서 사람들은 대개 어떤 상품에 기꺼이 지불할 의사가 있는 가격보다 훨씬 더 낮은 가격에 그런 상품을 구입할 수 있지. 그런 차이가 바로 마셜이 얘기한 소비자 잉여야. 필린스의 지하 매장이 그런 개념을 이용해 아주 수익적인 사업을 하리라고 누가 상상이나 했겠는가?"

"그건 또 왜 그런데?" 웨버는 이제 진짜로 관심을 갖게 되었다. 스피어맨의 열정이 그에게 전염된 탓인지도 몰랐다.

"필린스는 그것을 가능한 한 최대한으로 줄이고 있지. 자네도 아다시피, 일반적인 경매에서는 자신이 정말로 원하는 것을 최후의 순간에 잡을 수 있는 기회가 늘 있지 않나. 다른 응찰자들이 그 상품을 원하지 않으면, 그때는 상대적으로 더 낮은 가격에 그 상품을 얻을 수 있지. 그러면 소비자 잉여는 상당히 클 수도 있지. 하지만 필린스의 지하 매장은 더치 경매와 비슷해. 여기서는 구매자가 소비자 잉여를 극대화하려고 너무 애를 쓰면, 그 사람은 아예 그 제품을 얻지 못할 위험을 안게 되지. 그래서 그 제품을 강하게 원하는 사람은 대개 처음에 입찰에 응하는 경향이 있어. 그리고 이 경우에는 기다려서 얻는 소비자 잉여를 포기할 수밖에 없지."

"잠깐만, 헨리, 이 곳의 경영자들이 마셜의 책을 읽었다고 생각하나?"

"그렇지는 않을 거야. 물론 마셜은 다른 누구보다 경영자들이 자신의 책을 읽기를 바랐을 테지만 말이야. 하지만 영리한 경영자들은 끊임없이 직관으로 새로운 사업방식을 개발해내지. 그리고 경제학자들은 그것을 나중에서야 이해하게 돼." 하버드의 작은 경제학자는 이제 에스컬레이터에 몸을 기대고 팔짱을 끼었다. 그리고 잠시 생각에 잠기는 듯한 표정을 지었다. 웨버는 마침내 경제학 강의가 끝났음을 알 수 있었다.

캘빈 웨버는 새로운 강의가 시작될 틈을 주고 싶지는 않았다. 그래서 그는 대화의 주제를 바꿨다. "그건 그렇고, 자네는 1월 8일의 모임을 위한 숙제를 했나?"

"어제 마지막 서류들을 받았네. 어찌나 무거운지 가까스로 연구실까지 옮겼지. 읽어야 할 것이 많고, 그 중에서 일부는 꽤 어려운 내용이지만, 그때까지는 모두 읽을 수 있을 거야. 자네의 숙제는 어떠한가?"

"자네도 알겠지만, 나는 이번 학기에 강의 스케줄이 느슨해. 그래서 그 자료들을 읽을 충분한 시간이 있지. 오늘 아침에 나는 지하철을 타고 잠시 한가로운 시간을 보냈어. 여기에서 아들과 내가 입을 옷을 좀 쇼핑한 후에 다시 그 서류들을 검토할 생각이야."

"글쎄, 여기에서 쇼핑을 더할 생각이라면, 필린스가 자네의 소비자 잉여를 너무 많이 줄이도록 허용하지 말게. 자네에게 필요한 것은 약간의 배짱, 약간의 끈기, 그리고 때로는 원하는 것이 없어도 된다는 마음가짐이야." 그 말을 하고나서 스피어맨은 몸을 돌려 에스컬레이터의 난간을 붙잡았다. 그리고 웨버에게 작별 인사를 한 후 위층으로 향했다.

칼과 자동차의 효용

 그 거대한 미국의 백화점은 절대로 텅 비지 않는 거대한 찬장 같았다. 아무리 많은 사람들이 물건을 사가도 새로운 물건이 계속해서 들어왔다. 그리고 성탄절 시즌에는 전보다 훨씬 더 많은 사람들이 쇼핑을 했다. 정문을 들어오고 나가는 인파의 물결은 바다 위에서 파도가 엇갈리는 느낌을 주었다.

 헨리 스피어맨은 그 군중의 일부이면서 일부가 아니기도 했다. 그가 군중의 일부인 이유는 그 역시 이 휴가 시즌에 쇼핑객으로서, 그런 혼잡함에 아주 조금이나마 동참하고 있었기 때문이었다. 그가 군중의 일부가 아닌 이유는 경제학자로서 초연하게 그것을 관찰하고 있었기 때문이었다. 그러나 초연한 관찰자는 이제 관찰을 하는 데 애를 먹고 있었다. 워싱턴 거리의 초입에서 딸을 기다리느라 신경을 곤두세우고 있었기 때문이었다.

스피어맨은 패티의 목소리를 먼저 들은 후에 모습을 볼 수 있었다. 적어도 그것이 패티의 목소리라고 생각했다. 어쨌든 패티 스피어맨은 꾸러미를 가득 안은 쇼핑객들을 제치고 그 곳으로 다가왔다. "아빠, 너무 오래 기다리신 건 아니죠? 잠시 시간의 흐름을 잊었지 뭐예요."

"전혀 그렇지 않아. 오히려 네가 늦게 와서 다행이었어. 나도 방금 이 곳에 도착했으니 말이다. 우연히 캘빈 웨버를 만났지 뭐냐. 너도 그 사람을 기억하지? 우리는 백화점에서 잠시 얘기를 나누었다. 그래서 이 곳에서 사려던 물건을 사지 못했단다. 가정용품 코너가 어디 있는지 아니?"

"예, 알아요. 내려오는 길에 그 곳을 지나왔어요."

"그러면 앞장서거라. 엄마에게 주고 싶은 것이 있단다."

패티 스피어맨이 능숙하게 인파를 헤치고 앞으로 나아갔다. 헨리 스피어맨은 그 뒤를 따랐다. 가정용품 코너의 위치를 아는 패티는 그런 정보가 없는 헨리에 비해 속도의 우위를 자랑했다. 딸의 뒤를 따라가면서, 헨리 스피어맨은 상품을 찾는 데 들어가는 노력이 종종 상품을 찾아낸 후에 물건을 사는 데 필요한 노력보다 더 크다고 생각했다. 그것은 정보의 가치를 보여주는 또 하나의 예였다. 패티는 헨리가 사려는 물건의 위치를 알고 있었기 때문에 아버지의 탐색 비용을 줄여줄 수 있었다.

"무엇을 도와드릴까요?" 수많은 고객들 때문에 이미 파김치가 된 점원이 헨리에게 물었다.

"과일 껍질을 벗기는 칼을 좀 볼 수 있을까요?"

점원이 한쪽을 가리켰다. "그런 칼은 저쪽 벽에 있어요."

가정용품 코너의 동쪽 벽에 온갖 종류의 칼들이 진열되어 있었다. 점원은 스피어맨이 찾는 칼이 있는 곳으로 그를 안내했다. 그 곳에는 작은 요리용 칼에서부터 푸줏간에서 쓰는 튼튼한 칼에 이르기까지 온갖 종류의 칼들이 있었다. 헨리 스피어맨이 찾는 것은 일반 가정집에서 사용하는 껍질 벗기기 칼이었다.

"아침에 네 엄마가 오렌지 껍질을 벗기느라 고생하는 것을 보았다. 지금 사용하는 그 칼은 오래전에 산 칼이거든. 네 엄마에게 새로 좋은 칼을 사주고 싶단다."

"아빠, 정말로 멋진 생각이에요. 얼마나 낭만적이에

요!" 패티가 아버지를 놀렸다. "반드시 선물 포장지로 싸달라고 하세요. 예쁜 리본도 달구 말예요. 그러면 엄마는 팔찌가 들어 있는 줄 알 거예요. 그런데 열어보니 칼이 있으면 어떤 표정을 지을까요?"

"리본은 달지 않을 생각이야. 애덤 스미스에게 경의를 표하기 위해서야. 그 분은 모든 경제학자들에게 낭만의 수준을 정해주었지. 스미스는 이렇게 얘기했어. '나는 책말고는 예쁜 것을 찾지 않는다.' 그리고 낭만에 대해서 말하자면, 팔찌보다 벗기기 칼이 훨씬 더 좋지." 스피어맨은 자기 딸의 표정을 유심히 살펴보았다. 패티가 어떤 반응을 보일지 궁금했기 때문이었다. "그 말에 놀라지 않니? 하지만 놀랄 필요 없다. 낭만에는 시간이 필요하거든. 잘 드는 벗기기 칼은 시간을 벌어주지. 네 엄마가 오늘 아침에 그 오렌지 껍질을 벗기는 데 얼마나 오래 걸렸는지 보았니? 팔찌는 그 일을 더 빨리 하도록 해주지 않아. 하지만 잘 드는 벗기기 칼은 하루에 평균 5분의 시간을 엄마에게 벌어줄 수 있지. 그러니까 일주일에 30분쯤 되겠구나. 그러면 우리는 그 시간에 낭만을 더 많이 즐길 수 있지."

헨리가 점원에게 결연하게 말했다. "선물 포장지로 싸주시기 바랍니다." 그러면서 방금 고른 껍질 벗기기 칼을 건네주었다. 스피어맨은 그 물건에 붙은 가격표를 힐끗 쳐다보았다. "세금 포함해서 8달러32센트로군요. 맞습니까?" 그렇게 물은 후 그는 주머니 속을 뒤졌다.

"아빠, 가격이 너무 비싸지 않은가요? 조금만 더 찾아보면 더 싸게 살 수도 있을 텐데요." 패티 스피어맨이 눈썹을 치켜들며 아버지의 대답을 요구했다.

"내가 하루 종일 벗기기 칼을 찾다보면 틀림없이 더 싼 가격을 발견할 수 있을 게다. 하지만 시간의 가치도 생각해야만 해. 벗기기 칼을 찾느라고 하루를 보내는 것은 내가 좋아하는 쇼핑방식이 아니야."

"하지만 그것은 아빠가 오늘 아침에 집에서 한 말과 일치하지는 않는 것 같은데요."

"내가 뭐라고 했지?"

"월요일에 하루 종일 새 차를 알아봐야겠다고 얘기하셨잖아요."

"그런데 그것이 왜 하루 종일 벗기기 칼을 찾지 않는 것과 일치하지 않는단 말이냐?"

"아빠가 시간의 가치에 대해 얘기했잖아요. 내가 볼 때 자동차를 사기 위해 보내는 시간과 벗기기 칼을 위해 보내는 시간은 비슷한 것 같거든요."

"물론 그건 사실이지. 하지만 패티야, 만일 내가 열

심히 찾아서 정말로 좋은 차를 산다면, 그렇게 사용한 시간은 벗기기 칼을 사기 위해 보내는 시간보다 훨씬 더 가치가 높다. 하룻동안 좋은 차를 찾아서 보낸 시간이 얼마나 많은 절약을 가능케 하는지 생각해보거라. 그렇기 때문에 사람들은 벗기기 칼 같은 값싼 물건보다 자동차 같은 비싼 물건을 찾는 데 더 많은 시간을 쓰는 거란다."

여전히 지친 표정의 젊은 점원이 스피어맨이 산 물건을 포장해서 가지고 왔다. "여기 있습니다. 말씀하신 대로 선물 포장을 했습니다."

꾸러미를 손에 받아들고, 헨리 스피어맨은 바깥 날씨에 대비하기 위해 그 큰 자주색 외투를 다시 걸쳤다. "패티야, 너만 괜찮다면, 아까 말한 대로 브롬필드 거리에 가보자꾸나."

*　　*　　*

보스턴의 브롬필드 거리는 한때 가장 큰 우표시장 가운데 하나였다. 예전에는 여러 상인들이 거리의 점포들을 차지했고, 상당수의 우표 애호가들이 이 지역의 엄청난 우표 재고와 상인들이 제공하는 정보에 끌려 이 곳을 찾곤 했다. 또 브룸필드 거리는 진지한 우표 애호가들이 소문과 동호인으로서의 우정을 교환하는 중심지이기도 했다. 그러나 대규모 쇼핑몰들이 들어서면서 시장은 분산되었고 브룸필드 거리는 예전의 명성을 잃기 시작했다. 하지만 이 곳에는 아직도 몇몇 거래인들이 남아 과거의 전통을 지키고 있었다.

스피어맨 부녀가 찾은 가게에는 '부르크하르트'라는 명패가 붙어 있었다. "패티, 불과 몇 분이면 끝날 거야. 여기서 무엇을 사야 할지 정확하게 알고 있으니까." 두 사람은 이윽고 가게 안으로 들어갔다.

"무엇을 도와드릴까요?" 나이가 지긋한 판매원이 부드럽게 물었다.

"며칠 전에 이 곳에 와서 부르크하르트 씨와 '블랙잭'에 대해 얘기한 적이 있습니다. 지금 그것을 사러 왔습니다. 상품 번호가 118-A인 걸로 알고 있습니다."

"정말로 멋진 투자입니다." 점원이 오랜 동안의 경험으로 다져진 차분한 태도로 얘기했다. "미국 대통령들의 우표를 수집하시나 보죠?"

"그렇지는 않습니다. 내가 좋아하는 우표는 예전에 프랑스 식민지였던 아프리카 지역의 우표입니다. 이것은 제 친구에게 줄 겁니다."

"아빠의 수집품을 위해 사는 것이 아니에요?" 패티가 물었다.

"그래. 지금 사려는 우표는 클레그 학장에게 선물로 줄 거야. 잭슨 대통령의 얼굴이 새겨진 검은색 우표지. 네 엄마와 나는 며칠 후에 클레그 학장 부부를 위해 파티를 열 생각이다. 클레그 학장의 60세 생일과 학장 취임 10주년을 기념하기 위한 거지. 클레그 학장이 우표를 좋아하는 것은 너도 알지? 그리고 제시카는 그 우표가 있으면 남편의 수집품이 완성되는 데 큰 도움이 될 거라고 얘기했어. 그래서 클레그 학장에게 특별한 선물을 주려는 거야."

"아, 스피어맨 박사님, 그 '블랙잭'에 대해 마침내 결정을 내리셨습니까?" 헨리 스피어맨은 몸을 돌려 크리스톨프 부르크하르트의 얼굴을 마주했다. 그는 동부 지역에서 가장 유명한 우표 거래인의 한 사람이었다. 제네바에서 미국에 온 후 35년 동안 부르크하르트는 바로 이 가게에서 우표들을 사고팔았다. 그의 명성은 그 세계에서 잘 알려진 유명한 우표들을 거의 모두 취급해왔다는 데 있었다. 부르크하르트는 부유한 수집가들의 대리인으로서 그런 희귀품들을 사고팔았으며, 그들을 대신해서 그런 우표들이 경매에 나올 때마다 경매장을 방문했다. 우표 애호가들은 스위스 외교관과 같은 정확성과 사교성을 지닌 크리스톨프 부르크하르트를 거의 전적으로 신임했다. 많은 사람들이 그의 능력을 빌리려고 애를 썼다. 부르크하르트는 우표의 현재 가치와 미래의 투자 가치를 정확하게 평가하고 판단하는 사람이었다.

"그렇습니다. 이미 여기 계신 분에게 주문을 했습니다. 그 우표에 대해 함께 얘기할 때 보여준 친절함에 감사드립니다." 스피어맨은 자신의 구매가 대단치 않은 것임을 알고 있었다. 그것은 최근에 부르크하르트가 거래한 1856년 영국령 기아나의 1센트짜리 우표에 비하면 명성과 가치가 턱없이 미흡한 것이었다. 하지만 두 사람 모두 우표 거래인의 생계유지는 스피어맨이 사고자 하는 바로 그런 종류의 구매에서 비롯되는 것임을 알고 있었다. 희귀품은 그렇게 자주 나오지 않으며 그것은 대개 부르크하르트의 명성을 높이고 우표 수집의 욕구를 자극하는 데 유용했다.

패티 스피어맨은 근처에 서서 아버지와 그 유명한 거래인간의 대화를 흥미롭게 지켜보았다. 그녀는 아버지가 식탁에서 들려준, 부르크하르트의 우표 수집에 관한 이야기들을 들은 적이 있었다. 부르크하르트는 케임브리지에서 살기로 결정했고, 그 곳은 스피어맨의 집에서 그리 멀지 않은 곳이었다. 하지만 그때까지 패티는 그 신사를 제대로 본 적이 없었다. 그녀가 본 사람은 상상 속의 인물과 완전히 달랐다. 그녀가 상상했던 사람은 늘씬하고 세련된 신사로서, 손가락만 한 번 까딱하면 유럽의 왕족조차도 경매에서 이길 수 있는 사람이었다. 하지만 현실 속의 부르크하르트는 늙고 뚱뚱했는데, 짙은 색의 조끼가 배를 가까스로 감싸고 있었다. 얼굴은 둥근 편이었고 앞으로 튀어나온 눈썹이 안경 위에 놓여 있었다. 안색은 입고 있는 옷의 짙은 색깔 때문에 더욱 창백해 보였다. 그리고 반달 모양의 큰 입은 손님들에게 반갑다는 미소를 지어 보였다.

"영국령 기아나의 1센트짜리 우표를 얻은 것을 축하드립니다." 헨리 스피어맨이 말했다. "전에 한 번 그 우표가 전시된 것을 보려고 일부러 차를 몰고 온 적도 있습니다."

"운이 좋았다고 해야죠." 부르크하르트가 대답했다. "듣기로는 싱가포르의 어느 수집상을 대신해서 왔다고 하던데, 네덜란드에서 온 한 거래인이 경매에서 75만 달러를 가격으로 제시했습니다. 그 정도 가격이면 충분할 것이라고 생각했던 거죠. 나는 80만 달러에 그 우표를 사겠다고 응찰해놓고 있었습니다. 그러니까 거의 비슷한 가격에 산 거죠. 그 정도의 가격이라면 몇 천 달러를 더 내더라도 사야만 합니다." 부르크하르트는 그렇게 말한 후 미소를 지으며 스피어맨을 똑바로 쳐다보았다. "경제학자로서 당신은 그런 하찮은 물건에 그렇게 높은 가격이 붙는다는 데 당혹감을 느끼겠죠? 아니면 내가 잘못 알고 있는 건가요?"

"글쎄요, 솔직히 말하면 크기와 무게를 감안할 때, 그 우표는 세상에서 가장 비싼 물건이라고 할 수 있죠. 하지만 나는 그 가격에 전혀 놀라지 않습니다. 물건의 크기와 시장가격 사이에는 연관성이 전혀 없으니 말입니다."

부르크하르트가 스피어맨에게 예의 그 반달 모양의 미소를 지어 보였다. "하지만 교수님, 그 우표에 숨겨진 이야기를 아십니까? 그 우표가 데메라라에서 처음 발행되었을 때, 그 지역의 우체국장은 런던에서 오는 우표가 동이 난 긴급상황에서 임시로 쓰기 위해 조잡한 우표를 약간 만들었습니다. 그냥 평범한 스타일에 지역 신문에서 본 작은 배의 그림을 그려 넣었죠. 그리고는 라틴어 인용구를 덧붙였는데, 부국장이 위조를 방지하기 위해 자신의 이름 첫 글자를 우표에 적었습니다. 바로 그런 작은 노력 때문에 그렇게도 엄청난 가격이 매겨진다는 것은 아무리 생각해도 이해가 되질 않습니다. 그렇지 않습니까?"

"무언가에 들어간 노력이 그 가치를 결정한다는 생각은 잘못된 것입니다. 한때는 경제학자들 중에서도 많은 사람들이 그렇게 생각했고, 지금도 카를 마르크스의 추종자들은 그렇게 생각하고 있습니다. 하지만 그 우표의 시장가격은 그런 생각이 틀린 것임을 잘 보여주고 있습니다."

"교수님, 왜 그런지 설명해주시죠. 그러면 제가 손님들에게 그렇게 엄청난 가격을 얘기할 때 그들의 충격을 완화시킬 수 있을 테니까요."

"나는 사람들의 충격을 상상할 수 있습니다. 왜냐하면 그들은 생산비용과 가격은 비슷해야 한다고 생각하는 데 익숙해 있기 때문입니다. 그리고 자유 경쟁체제에서는 대개 그렇게 됩니다. 하지만 우표 같은 희귀품의 경우에는 공급량이 한정되어 있기 때문에, 그것에 매겨지는 가격은 기본적으로 주관적인 평가에 의존하게 됩니다. 다시 말해서 그 우표의 가격은 사람들이 그것을 갖기 위해 기꺼이 지불할 최대한의 금액이 됩니다. 그리고 그런 금액을 결정하는 것은 구매자가 그것을 소유함으로써 얼마만큼의 만족을 얻는가, 하는 것입니다."

"하지만 제 고객들 가운데 일부는 순전히 투자의 목적으로, 그러니까 인플레이션에 대비한 방비책으로 우표를 삽니다. 그들은 우표를 소유함으로써 어떤 기쁨도 누리지 않습니다. 진정한 우표 애호가와 다르게 말입니다."

"그들이 우표를 소유함으로써 누리는 기쁨은 인플레이션에 대비해 안정적인 투자를 하고 있음을 아는 데서 비롯되는 것입니다. 우표를 소유함으로써 얻는 기쁨이 그 우표의 독특함에서 나오는 것이든, 혹은 물가 상승에 대비할 수 있는 능력에서 나오는 것이든, 그것은 별 차이가 없습니다. 어느 경우이든 주관적인 평가가 지불할 의사가 있는 가격을 결정합니다."

"흥미로운 설명이군요. 나중에 손님들에게 적용해봐야겠군요."

"부르크하르트 씨, 부르크하르트 씨. 잠깐만요."

"왜 그러지?" 크리스톨프 부르크하르트의 태도가 갑자기 변했다. 그는 이제 삼촌 같은 다정한 태도를 보였다. 스피어맨은 부르크하르트에게 다가온 여자가 자신이 가르치는 대학생만큼이나 젊다고 생각했다. 그녀가 입은 연녹색 스웨터는 격자 무늬의 치마와 잘 어울렸다. 그녀는 비행기 좌석 주머니에 꽂혀 있는 항공사 잡지 속의 "버뮤다로 오세요!"라는 광고에 나옴직한 그런 모델 같은 여자였다.

"방해해서 미안합니다. 하지만 오후 2시에 리드패스 여사에게 전화하기로 한 약속을 기억하고 있나요? 여사님이 약속 시간에 얼마나 철저한지 알고 있잖아요."

"멜리사, 그 문제는 이미 해결되었어. 오늘 아침에 리드패스 여사와 얘기를 했어. 스피어맨 교수님, 우리 가게의 특별한 직원을 소개하고 싶습니다. 이쪽은 멜리사 섀넌입니다." 부르크하르트는 그렇게 말하면서 섀넌의 손을 잡았다.

"그럼, 이 분이 스피어맨 교수님이란 말인가요?" 멜리사 섀넌이 명랑하게 물었다. 그녀가 눈썹을 치켜들며 대답을 기다렸다.

"그렇소." 헨리 스피어맨이 말했다. "그리고 이쪽은 내 딸인 패티라오."

멜리샤 섀넌의 눈길은 잠시 패티에게 향했다가 다시 헨리에게 돌아왔다. "교수님에 대해서는 정말로 많은 얘기를 들었어요. 데니스 고센은 저랑 아주 친한 사이죠. 그리고 고센은 교수님의 팬이에요!" 멜리사가 열정적으로 얘기했다.

"고센? 아주 친한 사이? 멜리사, 그런 이름은 처음

들어보는데." 부르크하르트가 그녀의 얼굴을 응시했다. "그 사람도 여기 보스턴에 사나? 어디서 그 사람을 알게 되었지?" 계속되는 질문에 스피어맨이 놀라는 표정을 지었다.

"데니스 고센은 나와 함께 일하는 젊은 교수입니다. 그리고 아주 유능한 경제학자구요." 스피어맨이 멜리샤 섀넌보다는 부르크하르트를 향해서 대답했다.

"그렇군요. 유능한 경제학자라……. 멜리사, 그런데 왜 그 이름을 들어본 적이 없을까?"

"전에 얘기한 적이 있는데요."

"아니, 그런 이름은 지금까지 들어본 적이 없어."

"글쎄요, 그렇다면 한번 만나보는 게 좋을 거예요. 물론 데니스는 우표에는 별 관심이 없겠지만……."

"멜리사, 그런 것은 괘념치 않아. 전혀. 언젠가 꼭 한 번 데려와 봐. 멜리사의 친구라면 누구든지 내 친구로서 환영하니까."

점원이 우표를 갖고 오자 대화가 중단되었다. "주문하신 '블랙잭'입니다. 그것은 이미 상자 속에 넣었습니다. 대금은 어떻게 할까요?"

"필립, 대금은 스피어맨 교수님의 계좌로 청구하게." 부르크하르트가 말했다.

"그러면 좋겠군요. 참, 그런데," 스피어맨이 작은 꾸러미를 코트 주머니에 넣으면서 말했다. 얼굴엔 약간의 장난기가 어려 있었다. "혹시라도 착오가 생겨 클레그 학장이 상자를 열었을 때 그 속에 들어 있는 우표가 데메라라에서 발행된 것으로서 작은 배의 그림이 있고 그 밑에 E.D.W.란 첫 글자가 적혀 있다면, 클레그 학장이 아무리 멋진 감사의 편지를 보내더라도 그것은 저와 완전히 무관하다는 것을 아시기 바랍니다."

오염면허와 브랜드의 상관관계

모리슨 벨은 하늘을 쳐다보았다. 북쪽에 먹구름이 잔뜩 끼어 있었다. 남쪽 하늘은 아직도 청명한 쪽빛이었다. 그는 잠시 구름들을 세심하게 지켜보았다. 그 날 아침 보스턴의 기상청은 많은 눈을 예보했다. 그리고 벨 자신의 관측도 그런 예보와 일치했다. 뉴잉글랜드의 많은 주민들은 날씨에 깊은 관심을 보였다. 그것은 퇴근시 교통에 커다란 영향을 미칠 수 있었다. 하지만 벨은 그런 걱정을 할 필요가 없었다. 그가 사는 집은 대학교에서 아주 가까운 곳에 있었기 때문에, 날씨가 어떻든지 그는 늘 걸어 다녔다. 날씨에 대한 벨의 관심은 다른 이유 때문이었다. 그는 뉴잉글랜드의 몇몇 주민들처럼 새를 관찰하고 새에게 모이를 주는 사람이었다. 그래서 그에게는 날씨가 아주 중요했다. 겨울 날씨가 매서울수록, 그가 새들을 대신해 해야 하는 노력은 훨씬 더 많아졌다. 시에라 클럽에 속한 자신의 많은 친구들처럼, 모리슨 벨도 새들이 고생하는 겨울에 적지 않은 모이를 새들에게 제공했다.

두꺼운 스웨터로 아침의 한기를 물리치면서, 벨은 차고에서 나와 뒷마당으로 향했다. 한쪽 손에는 다양한 씨앗들이 담긴 양동이가 들려 있었다. 그리고 다른쪽 손에는 국자가 들려 있었다. 국자는 씨앗을 모이통에 넣기 위한 것이었다. 벨의 뒷마당에는 원통형의 모이통이 3개 있었다. 그 모이통들은 하버드의 이 수학자가 자신의 침실에서 유리창을 통해 새손님들을 잘 볼 수 있도록 놓여져 있었다.

벨은 플라스틱 원통들에 숨을 내뿜으며 새 모이를 집어넣었다. 그리고 다람쥐를 쫓는 장치들을 일일이 점검했다. 여러 해 동안 그는 겨울철에 다람쥐들 때문에 애를 먹었다. 녀석들은 새에게 줄 모이를 훔쳐먹었다. 그리고 녀석들을 물리치느라 벨은 새 관찰에 방해를 받았다. 하지만 이번 겨울에는 사정이 달랐다. 그는 얇은 금속 파이프로 다람쥐를 쫓는 장치를 고안했다. 그 파이프는 내부의 직경이 새 모이통을 지탱하는 파이프보다 약간 더 크고 길이는 반밖에 안 되는 것이었다. 벨은 새 모이통의 밑에 작은 도르래를 달고 그 위로 전선을 늘어뜨렸다. 그런 다음 전선의 한쪽 끝으로 반 토막짜리 파이프를 붙들어 매었다. 이제 반 토막짜리 파이프는 지지대 파이프에 걸쳐져 있었다. 전선의 다른쪽 끝엔 지지대 파이프의 속을 통과시킨 후, 거기에 쇳조각을 매달아놓았다. 그 쇳조각은 반 토막짜리 파이프보다 약간 더 무거웠다. 하지만 그렇게 크지 않아서 조금만 충격을 받으면 지지대 파이프 속으로 들어가곤 했다. 이렇게 해서 반 토막짜리 파이프는 대개 지지대 파이프의 위쪽에 걸쳐 있다가 약간의 힘을 가하면 아래쪽으로 내려오곤 했다.

그 파이프를 설치하기 전에는 다람쥐들이 지지대 파이프를 기어올라가 원통에 들어 있는 새 모이를 훔쳐먹곤 했다. 하지만 이제는 다람쥐가 지지대 파이프를 올라가다가 반 토막짜리 파이프를 붙잡게 되면, 그 무게가 쇳조각의 무게보다 무거워져 반 토막짜리 파이프가 밑으로 내려오게 되어 있었다. 그래서 다람쥐들은 아무리 기를 써도 위에 있는 새 모이통에 접근할 수가 없었다.

물론 벨은 경험에 비추어볼 때 아무리 멋진 장치를 고안해도 다람쥐들이 언젠가는 장애물을 극복한다는 사실을 알고 있었다. 하지만 적어도 당분간은 다람쥐들을 쫓느라 기를 쓸 필요가 없었다.

모리슨 벨은 해야 할 일이 아주 많았다. 그러나 주말 아침은 언제나 새를 관찰하는 시간이었다. 집에서는 그런 취미 활동이 별다른 불편을 야기하지 않았다. 벨은 자신의 침대가 뒷마당이 내다보이는 유리창과 마주하도록 배치해놓았다. 새들은 시간을 정해놓고 날아오지 않았기 때문에, 그는 침대에서 몸을 반쯤 세운 채 책을 읽었다. 바로 옆에는 쌍안경이 있어서, 언제라도 새들이 날아오면 관찰할 수 있었다. 스탠드 위에 있는 비망록은 특이한 새들을 관찰한 결과를 적는 곳이었다.

봄에는 새들에게 모이를 줄 필요가 없었기 때문에, 벨은 다른 관찰자들과 함께 근처에 있는 마운트 오번 공동묘지에 자주 갔다. 그 곳은 철새들의 이동 경로지였기 때문에 관찰자들에게는 안성맞춤이었다. 특히 많은 종류의 새들이 이동하는 5월 초순에는 더욱 그랬다. 벨은 자신의 취미 활동을 너무나도 좋아해서 공동묘지의 열쇠까지 갖고 있었다. 문이 열리기 전에 언제든지 들어가기 위해서였다.

오늘 벨이 가장 먼저 해야 할 일은 임용대상 후보들의 서류철을 검토하는 것이었다. 그는 새들에게 모이를 주기 위해 뒷마당에 가기 전에 자연과학과 관련된 자료들을 모두 읽었다. 이제 그는 다시 침실로 돌아와 사회과학 분야의 자료들을 읽으려 했다.

새 모이통에는 이미 블루 제이와 참새들이 날아와 있었다. 하지만 특별히 관심을 가질 만한 새들은 없었다. 운이 좋으면 암청색의 되새나 날개가 하얀 잣새를 볼 수도 있을 것이었다. 하지만 아직까지는 눈길을 돌릴 만한 새들이 나타나지 않았다. 그래서 벨은 다시 서류철을 읽는 데 몰두했다.

가장 먼저 검토해야 할 후보자는 경제학과의 젊은 교수였다. 논문들의 사본에 적힌 제목들을 훑어보면서 벨은 안도감을 느꼈다. 그 중에서 하나는 벨이 큰 관심을 갖고 있는 주제, 즉 환경오염에 관한 것이었다. 그리고 논리 전개에 있어서도 그가 가장 좋아하는 언어, 즉 수학을 사용하고 있었다. 그 논문은 짧았는데 흔히 말하는 노트였다. 논문의 제목은 「오염권리를 사야 할 필요성」이었는데, 지은이는 벨이 잘 모르는 젊은 학자였다. 그 사람의 이름은 데니스 고센이었다. 데니스 고센의 주장은 즉시 이해가 되었다. 비록 방정식은 복잡했지만,

핵심 내용은 간단하게 요약할 수 있었다. 즉, 감독 기관이 정한 대기오염 기준을 달성하려면, 기업들이 오염면허를 살 수 있도록 해주어야 한다는 것이다. 그렇게 하면 고센은 최소한의 사회적 비용으로 적정한 대기오염 기준을 달성할 수 있다고 주장했다.

"오염면허라고?" 그 단어들을 보면서 벨은 제임스 본드의 살인면허를 떠올렸다. 그 말 자체가 모리슨 벨을 화나게 만들었다. 그렇다면 강도면허나 강간면허도 살 수 있단 말인가? 반면 벨이 원하는 것은 대기오염을 완전히 없애는 법률이었다. 그리고 그와 의견이 같은 친구들도 많았다. 그가 걱정하는 것은 자신의 행복한 생활만이 아니었다. 그것은 또 야생동물에 대한 애정 때문만도 아니었다. 모리슨 벨과 그의 아내는 뉴잉글랜드의 대기오염, 특히 자신들이 사는 지역의 공장에서 나오는 오염물질이 두 딸의 건강과 장수에 해가 될 것이라고 걱정했다.

전에 벨은 남서부에서 교수 자리를 구할 생각을 진지하게 했다. 그러면 자기 가족이 더 안전한 곳에서 살 수 있기 때문이었다. 하지만 그는 그냥 남기로 결정했고, 대신에 시에라 클럽의 멤버들과 함께 환경보호 운동에 참여했다. 수학과의 동료 교수 중에도 대기오염이 심각한 문제라고 동의하는 사람들이 있었다. 그들 중에서 뉴잉글랜드의 공장들이 '오염면허'를 얻어야 한다고 생각하는 사람은 없을 것이었다.

벨은 읽던 논문을 내려놓고 창 밖을 바라보았다. 뒷마당에 있는 모이통에는 새들이 전혀 없었다. 씨앗을 훔치려는 다람쥐도 보이지 않았다. 그 곳에는 야생동물이 전혀 없었다. 벨이 볼 때 이런 상황은 환경이 오염될 때 일어날 수 있는 끔찍한 모습이었다. 그리고 벨이 볼 때 고센이 쓴 논문은 환경오염을 걱정하지 않는 사람들에게 이용당할 수 있었다.

벨은 정치적으로 과격파가 아니었다. 그는 또 비즈니스에 반대하는 사람도 아니었다. 사실 벨과 그의 가족은 어느 모로 보나 중·상류층에 속하는 사람들이었다. 그렇지만 벨은 환경오염을 불가피한 것으로 보는 듯한 고센의 주장에 역겨움을 느꼈다. 다만 고센은 비용을 최소한으로 유지해야 한다고 주장할 뿐이었다. 그것은 어처구니없는 주장이었다. 벨의 논문에는 새와 짐승과 물고기 같은 것을 걱정하는 내용이 어디에도 없었다. 그리고 건강과 장수에 대한 관심도 전혀 없었다. 벨이 볼 때 고센은 오스카 와일드가 비판한 바로 그런 사람이었다. 즉, 그 사람은 가격만 알고 가치는 모르는 사람이었다.

한 모이통에서 무언가가 바쁘게 움직이며 벨의 시선을 끌었다. 목이 하얀 참새였다. 녀석은 그 모이통에 혼자 앉아 흰색과 검은색, 그리고 노란색이 뒤섞인 머리를 바쁘게 움직였다. 부리로 해바라기씨를 쪼아먹으며 연신 머리를 빠르게 움직였다. 벨은 조심스럽게 쌍안경을 집어들고 겨울 내내 보지 못한 그 새를 자세히 관찰했다. 벨은 새가 놀라지 않도록 침대에서 움직이지 않았다. 임용심사위원회의 서류는 이제 관심 밖이었다.

침대 옆의 전화기가 울리면서 그의 관심을 돌려놓았다. 놀랍게도 전화를 건 사람은 데니스 고센이었다. 급히 벨을 만나고 싶다는 내용이었다.

* * *

반짝이는 놋쇠 단지들과 팬들이 큰 테이블 위에 있는 타원형 선반에 걸려 있었다. 그 테이블은 포스터 배렛의 자랑이자 기쁨인 넓은 부엌의 중앙에 있었다. 천정의 남쪽 끝에서 들어오는 겨울 햇살이 방 안에 밝은 빛을 비추었다. 아름다운 타일들로 벽을 장식해 고상함과 우아함을 더함으로써 부엌 인테리어의 기능주의를 완화시켰다. 그 큰 검은색 테이블 위에 놓여 있는 것은 반쪽

짜리 신선한 파인애플과 몇 개의 셀러리 줄기였다. 포스터 배렛은 날카로운 칼을 골라 셀러리를 대각선의 얇은 조각들로 자르기 시작했다. 하버드의 이 고전학자는 자신의 토요일 미식(美食)을 준비하고 있었다.

토요일은 그에게 특별한 날이었다. 배렛은 늘 토요일 아침에 점심에 먹을 새로운 요리를 실험했다. 그리고 그것이 자신의 까다로운 기준을 통과하면 일요일의 성대한 브런치(아침 겸 점심-옮긴이) 메뉴로 삼곤 했다. 이번에는 임용심사위원회의 모임을 준비하느라 토요일에 늘 치르는 이 의식이 방해를 받았다. 아직도 읽어야 할 자료들이 무척 많아 오늘은 그 의식을 짧게 치를 수밖에 없었다. 오늘 실험하고 있는 게살 루이는 재료를 준비하는 데 많은 시간이 들지 않았다. 그것은 사실 요리라고도 할 수 없는 것이었다. 그래서 배렛은 자료들을 읽으며 셀러리와 파인애플이 물 속에서 끓는 것을 지켜볼 수 있었다.

포스터 배렛은 자신이 임용심사위원회에 속하게 된 것에 놀라워했다. 그는 하버드의 교수들에게서 인기가 별로 없었다. 그렇다고 그에게 학자로서의 재능이 부족한 것은 아니었다. 오히려 배렛은 학문적으로 높은 기준을 설정하는 사람이었다. 하지만 그는 가문에 대해서도 높은 기준을 요구했다. 그리고 그런 기준이 교수들에게도 적용되어야 한다고 생각했다.

그러나 실제로는 점점 더 하버드의 교수들은 다양한 인종적·민족적·경제적 특성들을 보였다. 하버드를 운영하는 행정가들조차 지원자들의 출신 가문에 대해서는 점점 더 관심을 보이지 않았다. 전에만 해도 배렛은 하버드에 지원하는 학생들의 출신 배경과 연줄에 대해 입학위원회에 자문을 해주곤 했다. 그리고 배렛은 그런 것들이 SAT(미국식 수능시험-옮긴이) 성적이나 학과 평점만큼 중요한 것이라고 믿었다. 그런데 이제 그런 것들에 관해 배렛의 자문을 구하는 일은 아주 드물었다. 그 결과 하버드는 점점 더 '잡종들'의 집결지가 되고 있었다.

포스터 배렛에게 그런 상황은 참기 힘든 것이었다. 그는 이제 교수로 몸 담고 있는 자신의 모교가 '잡종들'의 집결지가 되는 것을 원치 않았다. 배렛은 하버드가 그냥 똑똑한 사람들이 아니라 최고 엘리트들의 교육기관이 되기를 원했다. 그리고 둘 중 하나를 선택해야 한다면, 순수한 지적 능력보다 좋은 가문이 배렛의 이상에 맞는 하버드 동창을 배출하는 데 더 나을 것이었다.

배렛은 부엌에 들어오기 전에 학장실에서 입수한 후

보자들에 관한 정보를 검토했다. 그 중에서 일부는 교수 모임에서 만난 적이 있었다. 젊은 학자들 가운데 배럿이 한때 교수 사회에서 중요하게 여겼던 사회적 전통을 존중하는 사람은 거의 없었다. 대부분의 젊은 학자들은 하버드의 유서 깊은 전통을 알고 있지 못했다. 설혹 안다 해도 그들은 그런 전통에 무심할 것이었다. 배럿은 서류철에서 그들의 논문들을 검토할 때 소위 '인문학의 통합적 능력'을 지닌 사람을 거의 보지 못했다. 그들은 하나의 분야에만 치중하는 전문가였다. 그 젊은 교수들은 깊고 넓은 지적 탐구를 추구하지 않았다. 대신에 그들은 자기 분야에만 몰두했다. 배럿은 무작위로 젊은 천문학자와 수학자의 서류철을 뽑았다. 배럿은 그들이 그리스의 정신을 제대로 알고 있는지 의심이 들었다.

그는 서류철을 원래 있던 곳에 갖다놓고 부엌으로 들어갔다. 부엌에서 그는 용기에 담긴 230g 정도의 신선한 게살덩어리를 이미 만들어놓았던 소스와 섞을 준비를 했다. 배럿은 게살덩어리들이 소스와 섞이면서 잘게 부서지지 않도록 조심했다. 그렇게 하다가 그의 눈길은 포장지에 붙은 가격표로 향했다. 그것은 결코 싼 가격이 아니었다.

배럿은 예의 그 짜증스러움을 느꼈다. 배럿은 사회

적인 의무 때문에 상당한 지출을 할 수밖에 없었다. 배렛의 주말 브런치는 쉽게 5백 달러가 넘었다. 그리고 해안에 있는 여름 별장도 상당한 지출을 야기시켰다. 그의 가족의 경제력은 한때 대단했지만 뉴잉글랜드의 신발산업의 쇠락과 함께 형편없는 수준으로 떨어졌다. 이제 그는 사실상 교수의 임금에만 의존해 생활했다. 그리고 그것은 다른 학과에서 일하는 교수들의 임금보다 결코 높지 않았다.

배렛이 볼 때 대학들의 임금 차이는 너무도 비합리적이고 임의적이었다. 왜 대학원을 갓 졸업한 물리학자나 경제학자가 인문학의 저명한 학자보다 더 많은 임금을 받는가? 그는 하버드에서도 그런 일이 일어난다는 이야기를 들은 적이 있었다. 배렛은 그것이 교육기관을 지배하게 된 그 천박한 가치들을 반영하는 것이라고 생각했다. 그보다도 더 화가 나는 것은 하버드 경영대학원에서 교수들이 받는 임금이었다. 소문에 의하면 다른 분야도 아닌 회계학 분야의 풋내기 조교수가 영문학, 역사학, 그리고 자신이 속한 고전학 같은 분야의 정교수보다도 더 많은 돈을 받는다고 했다.

배렛은 소스에 묻힌 게살덩어리들을 예쁜 도자기에 담긴 토마토 조각들 위에 올려놓았다. 그리고 선반에서 넓은 그릇을 가져와 이미 차려놓은 탁자 위에 갖다놓았다. 차가운 포도주가 담긴 작은 병을 열면서, 배렛은 자리에 앉아 의자를 탁자 쪽으로 바싹 끌어당겼다. 그리고 하얀 냅킨을 펼쳐 무릎 위에 깔았다. 그는 만족스런 표정으로 게살 루이를 바라보며 포크로 작은 조각을 찍어 입에 넣었다.

이만하면 괜찮군, 배렛은 생각했다. 다음에는 술을 조금 덜 넣고 흰색 후추를 많이 넣어야겠어. 그는 다시 작은 조각을 입에 넣으며 다양한 맛들을 음미했다. 그러다가 갑자기 그 날 읽었던 자료들을 떠올리며 얼굴을 찡그렸다. 그들의 관심은 너무도 편협했다. 그리고 상상력은 너무도 부족했다. 그들은 게살 루이에 대해 무엇을 아는가? 그들이 먹는 음식은 고상한 취향과 거리가 멀었다. 배렛은 포도주를 한 모금 마신 후 그 은은한 향기를 맡아보았다. 그리고는 탁자 위에 놓인 음식을 바라보며 한숨을 쉬었다. "이 모든 것은 비용이 너무 많이 들어." 그는 혼자서 중얼거렸다. 가장 고상한 취향을 가진 교수들이 가장 낮은 임금을 받는다는 것은 얼마나 부당하고 아이러니한 일인가. 프랑스 문학과 철학과의 동료 교수들도 종종 배렛과 같은 생각을 했다. 때로 삶은 아무 기준도 없이 그 푸짐한 선물을 나눠주는 것만 같았다. 가령 점심 전에 그가 읽었던 논문을 쓴 그 경제학자만 해도 그랬다. 그렇게 천박한 사람이 어디 있단 말인가.

배렛은 데니스 고센의 글을 읽고나서 그가 어떤 사람인지 알 수 있었다. 고센은 시장에서의 이익 추구라는 편협한 동기에만 관심이 있는 사람이었다. 그는 이렇게 우아한 음식과 포도주 같은 데는 전혀 관심이 없을 것이었다. 그럼에도 고센은 고전학을 연구하는 저명한 학자보다도 그와 같은 호사스러움을 누릴 수 있는 여유가 더 많았다.

배렛은 고센 같은 젊은 경제학자들이 경제학의 원래 의미에서 얼마나 멀어졌는지 생각했다. 고대의 그리스인들에게 경제학은 말 그대로 집 안을 제대로 관리하는 방법을 의미했다(경제학을 뜻하는 영어의 economics는 그 어원이 '집'이라는 말에서 나왔다—옮긴이). 그런 맥락에서 포스터 배렛은 자신이 고센 같은 경제학자보다 더 진정한 의미의 경제학자라고 생각했다. 고센 같은 사람에게는 집 안을 경제적으로 관리하는 것이 가족을 맥도널드에 데려가는 것이리라. 그리고 그렇게 하는 것은 배렛이 먹고 있는 그 우아한 식단을 준비하는 것보다 비용이 훨씬 싸게 먹힐 것이었다. 자신처럼 취향이 고상한 문명인은 그런 천박한 경제학자보다 더 많은 돈이 필요했다.

마지막 남은 게살 루이를 먹으면서 배렛은 취향이 고상하면 더 많은 임금을 받는 것이 올바른 사회라고 생각했다.

*　　*　　*

한밤중의 슈퍼마켓은 한산했다. 소피아 우스티노프는 늘 손님이 적은 한밤중에 생필품을 구입했다. 그녀는 미국에서 20년 이상 살았지만 여전히 슈퍼마켓이 불편했다. 슈퍼 안을 휩쓰는 그녀의 오른팔에는 쇼핑 바구니가 들려 있었다. 그리고 옆구리에는 팔꿈치로 꼭 붙들고 있는 수첩이 끼어 있었다. 생필품을 사기 위한 쇼핑을 좋아하지 않는 그녀는 가능한 한 빨리 그 귀찮은 일을 끝내기 위해 부지런히 움직였다. 그녀의 집 근처에 있는 케임브리지 슈퍼마켓의 야간근무 점원들은 가게 안을 쏜살같이 지나다니는 그녀에게 '총알교수'라는 별명을 붙여주었다. 그런 그들의 생각에 아랑곳없이 그녀는 바쁘게 물건들을 골랐다. 비록 혼자말로 중얼거렸지만, 소피아 우스티노프의 말들은 그녀 곁을 지나가는 손님들에게 들리기에 충분했다.

"안 좋아, 안 좋아, 안 좋아." 그녀는 자유로운 한쪽 손을 빠르게 움직이면서 사과들을 뒤적거렸다. 마침내 그녀는 양손을 들면서 사과는 포기한다는 시늉을 했다. "모두가 안 좋아. 그런데도 그들은 '맛있는 사과'라고 이름 붙여놓았어. 여기에 맛있는 사과는 하나도 없어." 소피아 우스티노프는 미국인들이 맛있는 사과를 잘 모른다고 믿었다.

러시아의 사과들은 정말로 맛이 있었다. 어렸을 때 그녀는 친척집 마당의 나무에서 사과를 따던 기억을 떠올렸다. 새콤하면서도 시지 않고, 달콤하면서도 물리지 않고, 살살 녹으면서 질기지 않은 사과였다. 그리고 체리도 그랬다. 그녀는 20여 년 동안 정말로 맛있는 체리를 먹어보지 못했다.

하지만 러시아 과일에 대한 그녀의 향수는 다시 모국으로 돌아가게 할 만큼 강하지는 못했다. 그녀는 1차 대전 후의 혼란 속에서 부모님과 함께 고향을 영원히 떠났다. 그녀는 귀족 가문 출신이었고, 공산주의는 그녀가 문명 사회라고 믿는 것에 반하는 것이었다. 공산 당이 조부모와 부모의 집, 땅, 재산을 빼앗았다는 사실 또한 소비에트 체제를 부정적으로 보게 만들었다. 어렸을 때 그녀는 하인들에 대한 이야기만 들었을 뿐 그들의 시중은 받지 못했다. 그래서 그녀는 보다 귀족적인 사회에서 자신의 삶은 어땠을까, 상상하곤 했다. 하지만 그런 꿈들은 그녀가 부모와 함께 뉴욕에 도착하면서 사라졌다. 그때 이후 그녀는 자신의 삶을 미국식 삶에 맞춰야 한다고 결정했다. 미국에 도착했을 때 그녀는 영문학을 공부해 서구 사회를 익히려 했다. 그리고 그녀는 시(詩)에 대한 열정을 갖게 되었다. 그것은 '러시아인들에게 천성적인 것'이었다. 하지만 직업을 위한 학문으로 자연과학을 선택했다. 열심히 일한 덕분에, 그리고 타고난 실험 능력 덕분에, 그녀는 세계적인 화학자의 한 사람이 되었다.

우스티노프 교수는 슈퍼마켓의 과일들을 내버려둔 채 즉시 오른쪽으로 방향을 틀어 유제품 코너로 걸어갔다. 그 곳에서 그녀는 우유 몇 봉지, 계란 한 판, 그리고 치즈 몇 개를 집어들었다. 그리고 다시 이번에는 왼쪽으로 급히 방향을 틀어 세제들만 가득 담긴 선반으로 다가갔다.

"정말로 웃기는 일이야. 이것들을 한번 보라구. 좋은 브랜드는 하나면 충분해. 그리고 선반 길이는 15m가 아니라 150cm면 충분해." 그녀의 짙은 눈은 길게 늘어선 세제들을 훑었다.

"여기 있구만. 표백제." 그녀는 즉시 가장 싼 가격의 액체 표백제 용기를 골라 쇼핑 바구니에 넣었다. "표백제는 표백제일 뿐임을 사람들은 모르나? 표백제는 5.25%의 차아염소산 나트륨 용액이라구. 모두가 같은 거야. 같은 제품에 더 비싼 가격을 지불하는 것은 어리석은 짓이야." 그녀는 계속해서 중얼거렸다. "아, 하지만 바로 그런 사람도 있지. 이름이 뭐더라? 구스먼? 개스먼? 그 사람이 뭐라고 했더라? 논문을 한 편 썼지. 제목이 뭐였더라? 브랜드의 올바른 숫자, 아니, 적정한 숫자."

소피아 우스티노프는 임용심사에 대비한 숙제로서 후보자 서류철을 검토했다. 화학자인 그녀는 데니스 고센의 논문에 놀랐다. 그 논문은 소비자에게 유리한 브랜드 수의 유한한 범위가 있다고 주장했다. 고센의 논문은 이론적으로 적정한 수의 브랜드가 얼마인지 밝혀내려 했고, 그런 수의 브랜드가 소비자의 복지에 가장 잘 봉사한다고 주장했다.

소피아 우스티노프는 많은 제품들이 브랜드는 달라도 화학적으로 같은 것임을 알고 있었다. 액체 표백제는 그 중의 하나에 불과했다. 그녀의 화학과 동료 교수 한 사람이 분유를 만드는 유명한 회사에 자문을 해준 적이 있었다. 그 사람은 소피아에게 그 회사의 고유 브랜드로 팔리는 분유는 그 회사가 다른 슈퍼에서 그 슈퍼의 브랜드로 판매하는 분유와 같다고 얘기했다. 그럼에도 불구하고 분유의 가격은 상당히 달랐다. 그리고 소피아는 아스피린이 아세틸살리실산임을 알고 있었다. 그래서 그녀는 늘 가장 싼 가격의 브랜드를 구매했다. "구스먼 씨도 화학에 대해서 아는 게 있다면 상당히 다른 결론을 내렸을 거야." 그녀는 물건을 고르면서 중얼거렸다. "브랜드는 하나만 있으면 된다구."

그렇게 몇 곳을 더 섭렵하자 바구니가 거의 다 찼다. 소피아 우스티노프는 계산대로 가기 전에 늘 마지막으로 들르는 곳으로 향했다. 여기에서 그녀의 발걸음은 느려졌다. 그녀는 보르조이 사냥개인 애견 나타샤를 위해 물건을 사는 데 더 많은 공을 들였다. 나타샤에게는 오직 최고만을 사줄 생각이었다. 그리고 개 먹이를 살 때 나타샤의 여주인은 가격으로 품질을 판단했다. 그 밖에도 고려해야 할 사항은 많았다. 새로운 맛의 개 먹이가 나왔거나 새로운 장난감이 출시될 수도 있었다. 사실 나타샤는 매일 똑같은 음식을 먹는 데 싫증을 냈다. 그리고 장난감도 일주일만 갖고 놀면 흥미를 잃었다.

소피아 우스티노프는 애완동물을 위한 음식과 물건

들을 살펴보았다. 그녀의 탐색은 곧 보상을 받았다. 애완견을 위한 새로운 브랜드의 제품이 나와 있었다. 그 브랜드의 이름은 '미식가 멍멍이'였다. 소피아 우스티노프는 즉시 그 제품을 집어 바구니에 넣었다. 그리고 곧바로 계산대로 향했다.

임용심사 D데이 전날의 파티

     스피어맨 교수의 집으로 가는 보도와 계단에는 오후에 내린 눈이 깨끗이 치워져 있었다. 입구의 한쪽 편에 있는 가로등이 타원형의 부드러운 불빛을 드리웠다. 그 불빛을 받으며 손님들은 그 집의 널찍한 응접실로 들어갔다. 날짜는 1월 7일이었고 이른 저녁이었다. 오늘의 모임은 임용심사위원회의 위원들을 위한 사교적 모임이었다. 그리고 목적은 두 가지였다.

    대부분의 심사위원들은 다음날 아침 시작될 치열한 심사의 긴 회의에 앞서 얼굴을 익힐 수 있는 이 기회를 환영했다. 위원회는 생산적이면서도 조화로운 방식으로

회의를 진행해 가능하면 만장일치로 결론을 내려야만 했다. 하지만 이번의 사교적 모임에는 또 하나의 목적이 있었다. 그것은 한 사람만 빼고 모든 위원들에게 알려져 있었다. 그 사실을 모르는 사람은 클레그 학장뿐이었다. 헨리 스피어맨은 다른 사람들에게 이 기회를 통해 클레그 학장을 놀라게 해줄 생각임을 알렸다. 뜻밖의 선물을 주어 그의 학장 취임 10주년과 60세 생일 모두를 축하해주려는 것이었다. 하버드의 거의 모든 고참 교수들로부터 클레그가 받는 존경심 내지 애정은 1856년에 영국령 기아나에서 발행된 그 우표만큼이나 교수진과 행정가들 사이에서 드문 것이었다. 그랬기 때문에 대부분의 위원들은 특별한 방식으로 클레그를 놀라게 한다는 생각을 환영했을 뿐 아니라 선물을 사는 데 들어간 비용을 분담하겠다고 고집했다.

헨리 스피어맨은 '블랙잭' 우표를 작은 선물상자에 넣어놓았다. 그리고 파티가 진행된 지 한 시간 후에 크리스톨프 부르크하르트가 도착하도록 초대해놓았다. 파티가 진행된 지 한 시간 후에 선물을 줄 예정이었으므로, 그 전에 부르크하르트가 와 있다면 클레그의 놀라움은 줄어들 것이었다. 덴턴 클레그는 진정한 우표 수집가로서 부르크하르트의 가게에 자주 가는 사람이었다.

피지 스피어맨은 미소를 지으며, 앞서 준비해두었던 색색의 전채요리 접시를 들고 손님들 사이를 지나다녔다. 헨리는 방문객들에게 음료수를 제공하는 데 신경 쓰고 있었다. "피지, 이렇게 맛있는 카나페 요리법을 배울 수 없나요?" 포스터 배럿이 피지를 따라 부엌으로 들어가며 말했다. "이렇게 맛있는 카나페는 본 적이 없는데."

"아주 쉬워요, 포스터. 오이를 썰고 크림 치즈와 파슬리를 곁들이면 되죠."

"그건 알지만, 중요한 건 그 비율이죠."

"그렇다면 다시 한 번 만들어보겠어요. 하지만 나는 요리를 할 때 양을 재는 법이 거의 없어요."

"그건 파리의 훌륭한 주방장들도 같죠."

"파리! 나만 파리 생각을 한 것은 아니군요. 그 곳에 가지 못하다니 정말로 유감이에요. 물론 배가 사우샘프턴에 정박하면 파리는 그렇게 먼 곳이 아니죠." 소피아 우스티노프가 음료수에 넣을 얼음조각을 찾으러 부엌에 와 있었다.

피지가 그녀의 잔을 받아 시원한 얼음조각들을 넣어주었다. "우리가 비행기로 돌아올 때 당신은 함께 오지 않고 혼자서 파리에 갈 수도 있죠."

"하지만 그러면 나타샤는 어떻게 되나요? 내가 너무 오래 밖에 있으면 나타샤는 내가 보고 싶어 죽을 거예요. 나타샤는 내가 하루 이틀만 나가 있어도 뚱한 표정을 지으며 아무것도 먹지 않으려 해요. 그건 절대로 안 돼요. 나타샤를 위해서라면 파리 구경도 포기할 수 있어요." 그들 세 사람은 소리내어 웃었다. 소피아와 나타샤는 프랜시스 거리에서 잘 알려져 있었다. 하루에 세 번 나타샤의 여주인은 애견과 함께 활기찬 걸음으로 학교 근처까지 산책을 했다. 그녀는 매학기마다 애견인 나타샤의 습성에 맞춰 강의 일정을 짜곤 했다.

응접실 바로 저쪽에서는 네 명이 칵테일 파티의 잡담에 열중하고 있었다. 두 여자는 서로 안면이 없었고, 그래서 처음의 대화는 흔히 나누는 인사치레였다. 이 곳에 오신 지는 얼마나 되셨나요? 지금 사시는 곳은 어디인가요? 그 곳에 있는 학교들이 마음에 드나요? 하시는 일은 무언가요? 이 곳의 겨울은 좀 춥지 않나요? 대략 그런 것들이었다. 칼빈 웨버는 접시에 대충 올려놓았던 치즈조각들을 집어먹으며 아내의 반응에 귀를 기울였다. 그는 종종 아내가 사람들에게 보이는 반응을 보면서 아내의 생각을 알아내곤 했다.

하지만 오늘 밤 웨버는 전에 들었거나 알지 못했던

것을 듣지 못했다. 그래서 그는 더 새로운 대화를 찾아야겠다고 결심했다. 그는 응접실에서 나와 넓은 집안의 이곳저곳을 둘러보다가 헨리 스피어맨과 벨 부부가 얘기하는 모습을 보았다. 웨버는 그쪽으로 가야 하는지 잠시 망설였다. 그 곳에 있는 사람들의 밀착된 거리를 볼 때 무언가 은밀한 얘기를 하는 것 같았기 때문이었다. 그러나 스피어맨이 한쪽 구석에서 망설이고 있는 웨버를 포착하고 손짓으로 자신의 친구를 불렀다. 스피어맨은 경영에 관한 이야기를 마무리하고 있었다.

"비즈니스 세계에서와 마찬가지로," 스피어맨은 그렇게 말하면서 청중을 올려다보았다. "경영은 여러 요소들을 조직해 생산과 유통을 하나의 과정으로 만드는 데 필수적인 생산의 요소입니다. 따라서 정부와 비영리 조직에서도 경영자는 성공과 실패를 결정짓는 데 핵심적인 역할을 수행합니다. 그 사람이 정부 부처의 국장이든, 대학교의 학과장이든, 혹은 병원의 관리자이든 말입니다. 우리끼리만 하는 얘긴데," 그러면서 스피어맨은 거의 속삭이듯이 얘기했다. 그는 눈동자를 굴리면서 주위에 누가 없는지 확인했다. "내가 속한 학과는 바로 그 점을 완벽하게 보여주고 있습니다. 현재 내가 속한 학과를 운영하는 사람은 아쉽게도 경영 능력이 아주 부족합니다. 퀸시 레인이 학과장으로 일했던 10년 동안 우리 학과는 효율과 조화의 모범이었습니다. 그것은 우리 학과의 구성원들이 아주 다양한 관심을 갖고 있지 않았거나 때로는 아주 껄끄러운 성격의 소유자가 아니었기 때문은 아닙니다. 오히려 그 정반대였습니다. 하지만 우리에게는 우리 모두에게서 최고를 뽑아내고, 커다란 야심과 능력을 가진 사람들이 어쩔 수 없이 함께 일해야만 하는 경우에 늘상 나타나는 그런 마찰을 줄이는지 알고 있었던 학과장, 그러니까 경영자가 있었습니다."

조앤과 모리슨 벨은 관심을 갖고 경청했다. 하버드에서 경제학과 교수들간의 불협화음은 거의 모두가 알고 있는 것이었다. 하지만 그것의 진짜 원인이 무엇인지 설명한 사람은 단 한 번도 없었다. 캘빈 웨버도 관심을 기울였다. 그는 친구인 스피어맨이 자기 학과의 역학관계에 대해 얘기하는 것을 들은 적이 없었다. 웨버도 자신의 학과에서 교수들간의 불화와 그것이 야기시키는 인간관계의 어려움을 충분히 경험하고 있었다. 사실 그런 분쟁에서 이긴다 해도 승자에게 돌아오는 것은 별로 없었다. 기껏해야 약간의 임금 인상, 조금 더 큰 연구실, 혹은 대학원생 조교나 객원 교수를 선정할 때 행사하는 의사결정의 힘 정도에 불과했다. "그런데도 왜?" 웨버는 종종 그렇게 반문했다. 그가 볼 때 그런 정도의 전리품은 치열한 전투의 결과로는 너무도 미약했다. 하지만 그는 친구인 경제학자의 얘기를 귀담아들었다. 스피어맨은 온갖 종류의 일상적인 현상을 대개 새롭고 특이한 시각으로 설명하기 때문이었다.

"내 경험에 의하면, 학과들이 나뉘어져 있을 때 한 가지 문제는 고참 교수들간의 방법론이나 성격의 차이입니다." 모리슨 벨이 얘기했다.

"여보, 그렇지 않아요. 코넬 대학교의 문제들을 잊었어요?" 조앤 벨이 대꾸했다. "그 곳의 학과장은 각개격파(各個擊破)의 마키아벨리의 원칙을 신봉해요."

스피어맨이 머리를 가로 저었다. "사실 우리의 경우에는 그런 것도 아닙니다. 내가 속한 학과는 나뉘어져 있지 않습니다. 학과장인 레너드 코스트는 어느쪽 편도 들지 않습니다. 그리고 두 그룹간에 싸움을 붙여서 자신의 영향력을 유지하려는 마키아벨리 방식도 아닙니다. 심지어 그 분에게는 상을 주는 친구들도 벌을 주는 적들도 없습니다. 그보다는 다소 특이한 방식으로, 그 분은 분열된 학과에서는 힘이 학과장에게 집중된다는 점을 알아냈습니다. 그럴 때 대학 당국은 의사소통의 채널로서 학과장에게 더 의존하게 됩니다. 나는 그런 목적에 대해서는 호감이 가지 않지만, 그것을 달성하기 위한 고도로 기발한 방법에는 경탄하지 않을 수 없습니다. 그리고 나는 그 분이 어떻게 그렇게 할 수 있는지 전혀 알지 못합니다." 스피어맨은 그렇게 말하면서 당혹스런 미소를 지어 보였다.

"그것은 콘래드의 역장이 사용했던 전술과 비슷한 것 같은데." 캘빈 웨버가 읊조렸다.

"뭐라구?" 스피어맨이 말했다.

"콘래드의 『어둠의 마음』에 나오는 역장 말이야. 자네는 그 책을 알고 있나?" 벨 부부는 그 책을 읽은 적이 있지만, 그것은 여러 해 전의 일이었다. 스피어맨은 솔직히 그 책을 읽은 적이 없다고 고백했다.

"헨리, 자네답지 않구만." 캘빈 웨버가 짓궂은 표정으로 말했다. "그 소설에서 어떤 사람, 이제는 우리가 알고 있듯이 콘래드가 증기선을 몰고 콩고의 어느 강을 올라가지. 그리고 정글 속에서 한 역장을 만나는데, 이 사람은 자신의 제국을 완전히 통제하지. 그러니까 자네의 표현을 빌리면 그 곳을 경영하지. 그런데 그 사람의 경영방식은 불편함을 이용하는 거야. 그 밑에서 일하는 사람들은 역장을 싫어하지만 그렇다고 두려워하지도 않아. 그들은 역장을 존경하지 않을 뿐이지. 역장은 조직하거나 혁신하거나 계획하지 않아. 어쨌든 그런 것은 하지 않아. 그 사람은 경영자로서 뚜렷이 내세울 만한 것이 없지. 하지만 그럼에도 여전히 통제력을 유지하는데, 그것은 그가 사람들에게 끼치는 불편함 때문이야. 자네 말을 듣고보니, 자네 학과의 학과장이 바로 그런 사람 같구만."

"내가 볼 때도 그래. 코스트는 바로 그런 사람이야. 그 사람은 모두를 불편하게 만들지." 스피어맨이 소리치듯이 얘기했다. "그들은 그 사람을 어떻게 제거할 수 있었나?"

"아쉽게도 그들은 그렇게 하지 못했어. 우리가 아는 한에는 말이야. 역장에게는 규정이라는 보호막이 있었지. 그래서 그 사람은 여전히 사람들을 무심하게 대했어. 그리고 다른 누구보다 오래 살았지."

"별로 유쾌하지 않은 결말이군." 스피어맨이 미소를 지었다. "다행히도 우리의 경우에는 학과장의 임기가 정해져 있지. 평생 그 자리에 있을 수는 없는 거야. 어쨌든 그 자리에 있는 동안에는 코스트가 무심하게 굴어도 참고 지내는 법을 배워야만 하겠지."

응접실 건너편, 그 집의 중앙에 오늘 저녁의 주인공인 덴턴 클레그가 서 있었다. 그의 깊고 쾌활한 목소리가 뚜렷한 외모와 함께 사람들의 이목을 끌었다. 오늘 저녁에도 클레그는 사무실에서 흔히 그렇듯이 해군 복장의 상의와 회색 바지를 입고 있었다. 회색 바지는 그의 각진 얼굴 위의 회색 머리와 잘 어울렸다. 자신의 업적으로 높은 평가를 받고 있는 클레그는 해군에서 복무할 때 입었던 그 제복이 아직도 몸에 맞는다는 점만을 자랑으로 여기는 사람으로 알려져 있었다. 클레그 학장은 그런 모습으로 집의 한가운데 서서 파티에 참석한 누구와도 얘기를 나눌 수 있는 거리를 유지했다. 그는 학장으로서 학교의 공식적인 의사소통 채널을 통해 할 수 없는 많은 것을 제안, 언급, 의견 제시, 혹은 이런 식의 행사에서 의도적으로 하는 얘기 등을 통해 달성할 수 있음을 알고 있었다. 그는 또 내일 열릴 심사위원회가 치열한 난상토론이 될 것임도 알고 있었다. 할당된 정교수 자리에 비해 후보자의 수가 너무 많았기 때문이었다.

"안녕하세요, 학장님. 축하드립니다." 베이지색의 카프탄을 입은 발레리 단치히가 덴턴 클레그에게 다가와 얘기했다. "어떤 이정표가 더 소중한 것인지 모르겠군요. 인간으로서 60년 간 존재한 것인지, 아니면 학장으로서 10년 간 존재한 것인지……. 하지만 두 가지 모두 축하드릴 일임은 분명합니다."

"고맙소, 발레리. 정말로 고맙소. 양쪽 모두에 대해 내가 칭찬받을 자격이 있는지 잘 모르겠소. 내가 60년 동안 건강하게 산 것은 순전히 유전적인 문제라는 말을 듣고 있는데, 그것은 내가 통제할 수 있는 것이 아니라오. 물론 길을 건널 때 좌우 모두를 살피기는 하지만……. 그리고 학장으로 보낸 10년의 좋은 시절도 대개는 교수님들 덕분인데, 그것은 더욱 내가 통제할 수 없는 것이라오." 발레리 단치히가 클레그의 순발력에 미소를 지어 보였다. "하지만 축하는 기꺼이 받겠소. 대신 내일 해야 할 그 어려운 일에 당신이 기꺼이 동참해준 데 대한 내 고마움을 받아주시오. 휴가 기간에 그런 끔찍한 일을 하기는 쉽지 않죠. 이 작업이 대외비임을 다시 한 번 강조합니다. 하지만 재단 이사회에서는 인문·과학 분야에서 금년에 임용할 수 있는 젊은 교수들이 다섯 명뿐임을 분명히 밝혔습니다. 따라서 내일 높은 기준을 적용시킬 것으로 믿습니다." 클레그가 들고 있던 음료수를 한 모금 마셨다.

"물론이죠, 학장님. 아까 오후에 자료 검토를 모두 마쳤습니다. 그래서 이 곳에서 즐거운 시간을 보낸 후에는 절대로 밤을 새지 않을 작정입니다."

"아주 현명한 생각이오. 힘든 일을 위해 힘을 아껴두

기 바라오. 음료수를 조금 더 하겠소?"

"그랬으면 좋겠군요." 클레그 학장이 발레리의 팔을 잡고 음료수가 마련된 탁자로 그녀를 데려갔다.

올리버 우는 응접실 한 귀퉁이에서 그 모든 과정을 지켜보았다. 그는 사교적인 사람이 아니었고 이제는 파티 같은 모임에 관심도 없었다. 차라리 우는 도서관에 있기를 더 바랐다. 그러나 때로는 참석할 수밖에 없는 파티가 있었고, 클레그 학장을 축하하는 이번 파티는 바로 그런 경우였다. 클레그 학장은 유능한 학자였고 그렇게 나쁜 사람이 아니었다. 하지만 대부분의 동료 교수들과 달리 올리버 우는 덴턴 클레그에 대해서 복합적인 감정을 갖고 있었다. 그렇다고 개인적으로 클레그에게 감정이 있는 것은 아니었다. 두 사람의 관계는 가깝지는 않아도 유화적이었다. 하지만 우도 어디까지나 인간이었다. 덴턴 클레그는 올리버 우가 한때 동경했던 자리에 앉아 있었다. 클레그가 그 자리에 앉지만 않았다면 올리버 우는 학장이 될 수도 있었다. 그 자리를 차지하지 못한 후 우는 실망감을 감추기 위해 학문에 몰두했다. 그리고 지난 10년 동안 엄청나게 많은 논문을 발표했다. 특히 그는 불법적인 숫자도박(numbers game) 산업에 대해 자세하게 분석했고, 마피아 조직에 대한 그의 사회학적 이론은 많은 관심을 불러일으켰다. 그래서 겉으로 보면 우는 학문에 몰두하고 있는 것 같았다. 대부분의 사람들은 그가 학장에 임명되지 않은 것을 다행으로 여겼을 것이라고 생각했다.

올리버 우는 개인적이고 외로운 사람으로서 자신의 깊은 생각을 남들과 공유하지 않았다. 하지만 그는 학장에 지명되지 못했을 때 자존심에 깊은 상처를 입었다. 그리고 그런 상처는 시간이 지나도 아물지 않고 늘 우를 괴롭혔다. 우는 자신의 적개심을 차분한 태도 속에 감추었다. 그리고 그의 왕성한 연구 활동은 그런 열정에서 에너지를 얻었다. 덴턴 클레그가 학장이 되었을 때 올리버 우는 창피를 당했다고 믿었다. 그런 불명예를 당한 것은 그때가 처음이었다.

우가 자신의 탈락 원인을 듣지 않았다면 모두에게 더 나았을 것이었다. 하지만 심사에 참여했던 어느 지인(知人)이 자신이 반대표를 던졌다는 의심을 받지 않기 위해 우에게 세부적인 것들을 알려주었다. 심사위원회는 처음에 다른 후보들보다 우를 염두에 두고 있었다. 모리슨 벨만이 그렇지 않았다. 그는 덴턴 클레그를 지지했다. 위원회가 벨의 주장에 동조하게 된 것은 클레그가 더 유능한 학자이고 학장이라는 직책을 더 잘 수행할 수 있다는 그 수학자의 설득 때문이었다. 벨은 자신의 주장을 관철시키기 위해 우와 클레그의 논문과 책들을 비교한 간단한 자료를 만들었다. 그리고 유머와 냉소, 학문적인 분석과 박식함으로 멋지게 설명을 전개했다. 그 과정에서 벨은 클레그의 학문적 지위를 높이기 위해 우의 명성에 손상을 입혔다. 결국 클레그가 학장에 지명되었다. 그런 내막을 알게 되었을 때 우는 적개심을 느꼈다. 올리버 우는 모리슨 벨을 절대로 잊을 수가 없었다.

그리고 또 모리슨 벨은 우가 잊을 수 없는 일을 했다. 2년 전 올리버 우는 하버드의 석좌교수로 지명될 기회를 얻었다. 석좌교수가 된다고 해서 올리버 우의 임금이 극적으로 높아지는 것은 아니었다. 하지만 그에 따르는 명예와 권위는 상당한 것이었다. 무엇보다 그것은 명예와 관련된 것이었다. 석좌교수는 일종의 상표와 같아서 연구 결과를 차별화시켰고 다른 사람들보다 더 높은 대우를 받게 해주었다. 우는 그런 명예가 상처받은 자존심을 치료해줄 수 있다고 생각했다. 그것은 하버드가 자신의 학문적인 능력을 높이 평가한다는 뜻이었다. 우의 자격을 심사하고 학장에게 추천서를 보내기 위한 위원회가 구성되었다.

그러나 우는 석좌교수가 되지 못했다. 위원회의 심

사 내용은 비밀에 부쳐졌지만, 우는 이번에도 모리슨 벨이 퇴짜를 놓았다고 확신했다. 얼마 안 가서 그런 생각은 옳았다는 게 밝혀졌다. 이번에는 그 정보를 하버드의 지인이 아닌 택시 기사인 레이먼드로부터 들었다.

놀랍게도 사람들은 택시 뒷좌석에서 온갖 얘기들을 나눈다. 그들은 운전사의 존재를 잊고 그가 마치 귀 없는 자동인형인 것처럼 행동한다. 석좌교수위원회의 두 위원이 부주의하지 않았다면, 우는 자신의 의심이 충분한 근거가 있는 것임을 알지 못했을 것이었다. 두 위원들은 석좌교수 심사에서 우의 탈락에 모리슨 벨이 어떤 역할을 했는지 생생하게 증언했다. 레이먼드는 승객 중의 한 사람이 우의 연구 성과를 모리슨 벨이 비판하는 그 냉소적인 목소리를 흉내낼 때 또 한 사람이 박장대소하며 웃는 것을 참을 수가 없었다. 결국에는 벨이 그 모든 사람들의 생각을 바꿔놓은 것이었다.

우는 그런 기억을 떠올리며 고통스런 표정을 지었다. 그때 갑자기 여주인이 다가왔다. "우 교수님, 이 곳에 있는 분들과 인사를 나눴나요?" 피지 스피어맨은 모든 손님들이 즐거운 시간을 갖도록 신경을 썼다. "벨 교수 부부와는 인사를 나누지 않았죠?" 그녀가 올리버 우의 팔을 잡아당겼다. "제가 두 분에게 인사시켜 드릴게요. 아마 두 분을 좋아하실 거예요."

우는 확연하게 몸이 굳어졌다. 피지 스피어맨은 자신이 무언가 실수를 했다고 느꼈다. 올리버 우는 왠지 불편해 보였다. "우 교수님, 괜찮으세요?"

"솔직히 말해서 나는 누구와 억지로 인사하고 싶지 않습니다. 더구나 벨 교수와는 말입니다. 그리고 벨 교수도 마찬가지일 것입니다. 나는 두 차례나 벨 교수에게서 퇴짜를 맞은 적이 있습니다. 그리고 이번에도 마찬가지일 것입니다." 올리버 우는 그렇게 말하고 피지에게 양해를 구하고 뷔페가 있는 탁자로 걸어갔다. 피지 스피어맨은 영문을 모른 채 어리둥절한 표정을 짓고 있었다.

스피어맨의 응접실에 있는 소파에 앉아 포스터 배럿은 소피아 우스티노프와 환담을 나누고 있었다. "내가 일하는 분야에서는 그렇게 할 수 있는 기회가 거의 없습니다. 그러니까 『일리아드』 교재는 이미 정해져 있는 거죠. 학자들은 그것을 번역하고, 연구하고, 그 의미를 토론할 수 있습니다. 하지만 어느 누구도 새로운 『일리아드』를 제멋대로 만들 꿈도 꿀 수는 없죠. 적어도 나는 그렇게 생각합니다. 물론 원고의 날짜를 바꾸는 방법은 있겠지만, 나는 그것이 무엇인지 알지 못합니다."

"그렇지만 내가 일하는 분야에서는 과학적 조사를

모방하는 방법들이 있습니다." 소피아 우스티노프가 말했다. "하지만 그렇게 하는 데는 너무 많은 시간이 걸립니다. 이 곳의 화학과에서 일어난 사건을 알고 계시죠? 영리한 학부 학생이 내 동료가 수행하는 실험 결과를 조작했습니다. 그것은 결국 발각되었고, 몇 달이 지난 지금 그 사람은 위기에 처해 있습니다. 사람들은 그가 그 학생의 작업을 재확인했어야 한다고 말합니다. 하지만 나는 그들에게 이렇게 말합니다. 당신은 그렇게 할 수 있습니까? 수백 시간이 걸린 실험을 처음부터 다시 할 수 있습니까? 연구실의 조교들은 왜 있는 것입니까? 대학원 학생들은 왜 있는 것입니까? 그리고 비용은 어떻게 합니까? 사람들은 요즘 과학 분야에 너무 많은 비용이 든다고 말합니다. 하지만 그 모든 조사를 확인할 때 얼마나 많은 비용이 들지 그들은 알까요? 수백만 달러입니다! 수십억 달러입니다!" 소피아 우스티노프는 저민 쇠고기 샌드위치를 씹으면서 화를 삭이는 것 같았다.

배렛은 다소 혼란스런 표정으로 우스티노프를 바라보았다. 그는 포도주를 한 모금 마신 후 옆에 있는 테이블에 잔을 내려놓았다. "하지만 도대체 왜 자료를 조작하는 겁니까? 내가 모르는 과학의 무언가가 있습니까? 당신이 알고자 하는 것이 화학물질의 상호작용이라면,

그리고 그것이 한 가지 방식으로만 일어난다면, 도대체 왜 그것을 다른 방식으로 입증하려 애씁니까? 결국에는 그 하나의 방식을 알아내려 하는 것 아닙니까?"

소피아 우스티노프는 먹다 남은 샌드위치를 접시 위에 놓았다. 묘한 미소가 그녀의 입술을 스쳤다. "포스터, 과학에 대한 당신의 시각은 정말로 멋지군요. 당신 같은 사람이 과학을 해야 합니다. 물론 내가 일하는 분야에서 우리가 원하는 것은 가설의 입증입니다. 하지만 대개의 경우 그래요, 대개의 경우라고 말하고 싶은데 우리는 특정한 방식으로 가설이 입증되기를 원합니다. 우리는 우리가 세운 가설이 사실로 확인되기를 원합니다. 우리의 관심은 그것에 있습니다. 그렇게 되면 우리에게는 명성이 따릅니다. 물론 영화배우나 정치인 같은 명성은 아닙니다. 당신도 그건 알고 있겠죠? 학자로서 누릴 수 있는 최고의 영예는 동료들로부터 박수를 받는 것입니다. 하지만 우리는 자신의 가설이 사실과 다름을 입증한 사람에게 박수를 보냅니까? 우리는 그러지 않습니다. 왜 그런지는 나도 모릅니다. 내가 볼 때 우리는 그래야만 합니다."

포스터 배렛은 기초과학 분야의 인사들과 교류하는 일이 드물었기 때문에 우스티노프의 말에 어떻게 대답해야 할지 알지 못했다. 그는 부드러운 치즈를 과자에 묻힌 후 감상하듯이 천천히 맛을 음미했다. 두 사람은 잠시 조용히 앉아 음식의 맛을 보는 데만 몰두했다. "하지만 소피아, 당신이 한 말을 감안할 때, 왜 학생이나 연구실의 조교가 연구 결과를 조작한단 말이오? 교수가 그렇게 하는 것은 나도 이해할 수가 있소. 하지만 학생이 그렇게 할 때 얻어지는 것이 뭐가 있소?"

"포스터, 당신들은 연구실에서 함께 일하지 않아요. 당신들은 매일같이, 매시간, 동료들과 육체적인 접촉을 하지 않아요. 그렇게 팀으로 일할 때 어떤 유대감이 생기는지 알아요? 그들은 수천 시간이 걸리는 실험 하나를 놓고 그 모든 연구 계획을 마련해요. 그러면 목적은 무엇일까요? 학생이나 연구실의 조교가 그런 목적을 알고 있을 때, 당신 말마따나 '다른 방식으로' 자료를 읽고 싶은 유혹이 얼마나 강한지 상상할 수 있나요? 더구나 그 학자가 성공해야 그 학생도 성공할 수 있을 때는 더욱 그렇죠. 포스터, 그런 유혹은 말로는 표현할 수 없는 거예요. 그리고 그렇게 하는 게 아주 힘든 것도 아니에요. 전에 나를 가르치신 선생님은 이런 말씀을 하셨어요. '자료를 충분히 고문하면 녀석은 자백한다.'"

저녁 여덟 시 반쯤에 피지 스피어맨은 현관문의 부

드러운 노크 소리를 들었다. 그녀는 그 시간에 크리스톨프 부르크하르트가 도착할 것을 예상하고 있었다. 피지가 제시카 클레그와 대화를 나누다가 양해를 구하고 현관문으로 걸어갔다. 그녀가 도착하기 전에 현관문은 활짝 열렸다. 크리스톨프 부르크하르트가 젊은 여인과 함께 집 안으로 들어왔다.

"아, 스피어맨 여사님." 그는 자기 쪽으로 다가오는 피지를 보고 얘기했다. "노크 소리를 듣지 못할 수도 있다는 생각이 들어 무례하게도 직접 문을 열고 들어왔습니다. 이쪽은 제 친구인 멜리사 섀넌입니다."

피지 스피어맨은 동행이 있다는 사실에 다소 놀랐지만 재빨리 젊은 여인이 편안함을 느끼도록 해주었다. "만나서 정말 반가워요. 어서 들어와 사람들과 인사를 나누세요."

"스피어맨 교수님과는 이미 인사를 나누었습니다." 부르크하르트가 대신 말했다. "교수님이 얼마 전에 제 가게를 찾아왔거든요. 하지만 인사를 해야 할 새 얼굴들은 많이 있을 겁니다." 그렇게 말하면서 부르크하르트는 외투와 장갑을 여주인에게 건네주었다.

"거실로 들어가서 인사들 나누세요. 나는 잠시 후에 뒤따라가겠어요."

크리스톨프 부르크하르트는 젊은 여인의 팔을 잡고 그녀를 거실로 안내했다. 그들이 헨리 스피어맨의 시야에 들어왔다. "크리스톨프, 안녕하세요. 와주셔서 정말로 감사합니다. 그리고 당신도, 미스 어……."

"멜리사 섀넌입니다." 젊은 여인이 뒷말을 이었다.

"전에 만난 적이 있죠?" 부르크하르트가 말했다.

"그래요. 기억이 납니다. 내 집에 오신 걸 환영합니다."

"어쩌면 이 곳에서 귀가 닳도록 얘기를 들은 데니스 고센이란 사람을 만날 수도 있겠군요." 부르크하르트가 스피어맨에게 말했다.

"글쎄요, 오늘 밤 이 곳에서 데니스 고센을 만나기는 사실상 불가능한 일입니다. 고센은 내일 열릴 심사위원회의 심사대상입니다. 그런데 오늘 오신 손님들은 모두 심사위원회의 위원들입니다. 그래서 고센이 이 곳에 있다면, 나머지 우리 모두는 다른 곳에 있어야만 합니다."

"그 젊은 사람의 앞길에 도움이 된다면 멜리사는 틀림없이 추천서를 쓸 겁니다. 그렇지 않나, 멜리사?"

멜리사는 부르크하르트의 목소리에서 약간의 날카로움을 느꼈다. 그녀는 애써 무시하는 표정을 지었지만 당혹스러움을 숨기지는 못했다. 스피어맨은 그런 어색함에 아랑곳없이 두 사람을 뷔페 테이블로 안내했다. 그곳에는 피지가 갖다놓은 양념 달걀, 얇게 저민 쇠고기, 과자, 그 밖에 여러 가지 간식들이 있었다. "마음 놓고 드세요." 스피어맨은 그렇게 말한 후에 그들이 원하는 음료를 물었다. "그리고 천천히 드세요. 선물 증정은 30분 후에 해도 늦지 않아요." 스피어맨은 서서히 다른쪽으로 걸어갔다.

"크리스톨프, 데니스에 대해서 너무 신경 쓰지 않았으면 좋겠어요." 멜리사가 작은 소리로 속삭이면서 손으로 부드럽게 그의 팔을 잡았다. "데니스는 아주 특별한 사람이에요. 만나보면 알겠지만……. 그리고 데니스와 내가 뭘 하더라도 당신과 나는 친구로 남고 싶다고 내가 말했잖아요. 나는 당신의 관심과 애정에 정말로 고마움을 느껴요. 당신만큼 나를 즐겁게 해주는 사람도 별로 없어요."

"안녕하세요? 처음 뵙는 것 같은데. 바로 당신이 우표를 거래하시는 분이군요. 나는 소피아 우스티노프예요." 부르크하르트와 멜리사는 다소 주저하다가 사적인 대화를 끝내고 그 사교적인 화학자와 인사를 나누었다. 발레리 단치히가 우스티노프 교수를 따라왔고, 그들이 서로 인사를 나눈 후에 헨리 스피어맨은 두 잔의 음료수를 들고 그들에게 합류했다.

클레그는 아직도 약간 먼 쪽에서 다른 사람들과 얘기를 나누고 있었다. 그에게 말이 새지 않을 것임을 안 소피아 우스티노프가 부르크하르트에게 우표에 대해서 물었다. "아, 교수님, 그것은 조금 더 기다려야 할 겁니다. 그 상자 속에 든 것은 스피어맨 교수님과 나를 제외한, 물론 멜리사도 알고 있죠, 모두를 놀래키기 위한 것입니다. 한 가지 덧붙이고 싶은 것은, 오늘 밤 우리를 초대한 주인은 내 가게의 점원이 실수로 아주 희귀한 우표를 그 상자에 넣었으면, 하고 바랄 것입니다. 그렇게 되었다면 학장은 정말로 놀라지 않을까요?"

"오, 하지만 당신은 그 상자에 무엇이 들었는지 알고 있죠, 섀넌 양? 그 속에 무엇이 들었는지 말해줘요." 소피아 우스티노프가 애걸하듯이 말했다. 멜리사 섀넌은 잠시 딴 생각을 하고 있다가 질문을 제대로 듣지 못했다. "당신은 부르크하르트 씨와 함께 우표 사업을 하나요?"

"아뇨, 그렇지는 않아요. 저는 대학원생인데 부르크하르트 씨의 가게에서 파트 타임으로 일하고 있어요."

"그렇군요. 그러면 학교는 여기 하버드에 다니나요?"

"아뇨. 저는 보스턴 대학교에 다녀요." 멜리사는 잠시 말을 멈추었다. "하지만 하버드 대학교의 교수와 결혼하기로 약속했어요."

부르크하르트가 깜짝 놀라는 표정을 지었다. "어머, 멋지군요. 그러면 그 행운의 사나이는 누구인가요?" 우스티노프가 물었다.

"글쎄요, 그건 밝히지 말아야 할 것 같은데요. 적어도 여기 있는 분들한테는. 왜냐하면 여러분은 그 사람을 알고 있을 테니까요. 그 사람은 데니스 고센이에요." 발레리 단치히가 눈을 가늘게 뜨면서 젊은 여자를 더 자세하게 관찰했다. "맞아요. 우리는 그 사람을 알고 있어요." 단치히가 말했다. "우리 모두는 그 사람을 알고 있어요. 그리고 우리 가운데 일부는 다른 사람들보다 그를 더 잘 알죠. 하지만 오늘 밤에는 그 사람에 대해 얘기해선 안 돼요. 상황이 상황이니까. 그 얘기는 내일 하기로 되어 있어요."

"크리스톨프! 여기서 뭐 하고 있소?" 덴턴 클레그가 막 응접실에 들어왔다가 자신의 이웃이자 우표 거래인인 친숙한 그의 얼굴을 보고 놀라면서 물었다. "그리고 새넌 양과 함께 왔구려. 나는 늘 임용심사위원회의 폭을 넓히려고 애를 씁니다. 하지만 그 그룹에 전문적인 우표 애호가 두 사람을 보태는 것이 얼마나 멋진 생각인지 이제서야 알았습니다. 그런데 크리스톨프, 어디가 아픈가요? 안색이 창백해 보이는데."

"금방 괜찮아질 겁니다. 머리가 약간 어지러울 뿐이죠. 잠시 여기 의자에 앉아 있으면⋯⋯."

"무얼 좀 갖다드릴까요?" 피지 스피어맨이 정중하게 물었다.

"아뇨, 아뇨, 괜찮습니다. 금방 괜찮아질 겁니다. 고맙습니다."

"정말 괜찮으시겠어요?" 멜리사가 물었다. "집에 데려다드릴까요?" 그녀가 자신의 손을 크리스톨프의 팔에 얹었다. 하지만 크리스톨프는 멜리사의 손을 뿌리쳤다. "괜찮다고 했잖아." 그의 목소리에는 차가운 냉기가 돌았다. 그는 갑자기 의자에서 몸을 일으켰다. "이제는 정말 괜찮습니다." 그는 평상시보다 더 빠르게 얘기했다.

그렇게 30분이 지난 후, 헨리 스피어맨이 선언했다. "이제는 선물 증정식을 하겠습니다." 사람들이 응접실로 모여들었고, 그 곳에서 놀라고 감동받은 덴턴 클레그는 헨리 스피어맨이 자신을 위해 건배하자는 소리를 들었다. 선물 증정에 앞서 부르크하르트가 그 우표의 족보에 대해 유식하게 설명했다. 제시카가 남편의 볼에 키스를 한 후 사람들이 생일 축가를 불렀다. 소피아 우스티노프의 목소리는 다른 사람들의 목소리보다 조금 더 높았다.

피지 스피어맨은 안도의 한숨을 내쉬면서, 이번 파티는 거의 완벽한 성공을 거두었다고 자평했다. 다만 올리버 우의 이상한 행동만이 신경에 거슬렸는데, 그것만 아니라면 오늘 저녁의 파티는 아무 일없이 끝났다고 말할 수 있었다.

임용과 명예를 위한 위험한 게임

"왜 그렇게 조용해? 우리가 이 곳에 온 후로 거의 말을 안 했잖아." 멜리사 섀넌은 약혼자의 얼굴을 보면서 그 이유를 살폈다. 데니스 고센은 커피잔을 탁자에 무겁게 내려놓았다. 사실은 너무 무겁게 내려놓아서 검고 뜨거운 액체가 출렁거리며 탁자 위로 흘러내렸다. 두 사람이 만나고 있는 커피숍은 이른 오후에 거의 황량한 모습이었다.

"내가 왜 이런 기분인지 당신에게 설명할 필요는 없다고 생각해. 아마도 바로 이 순간에, 내 운명이 판가름 날 결정이 내려지고 있을 거야. 그런 결정을 내리는 8명의 위원들은 누군가의 삶이 자신들의 손에 달렸음을 알지 못해. 그런 사실을 안다면 그들은 좀더 신중하게 결정을 내릴 거야."

여종업원이 조용히 다가와 고센의 커피잔을 들고 천으로 탁자를 닦기 시작했다. "리필 해드릴까요?" 젊은 여종업원이 물었다. "예, 그러면 좋겠군요." 고센은 여전히 심각한 표정으로 대답했다. 여종업원이 커피잔을 들고 사라졌다가 잠시 후에 새 커피와 함께 돌아왔다.

멜리사는 약혼자의 설명에 만족하지 못했다. 그녀는 지난 몇 달 동안 고센의 기분에 익숙해져 있었다. 이것은 절대로 '나는 직업상의 미래를 걱정하고 있어'의 기분이 아니었다. 그럴 때 고센은 대개 말이 많고 수다스러웠으며, 냉소적인 표현으로 임박한 운명에 대해 농담을 하곤 했다. 그런 분위기일 때 데니스 고센은 평소보다 말이 많은 편이었다.

하지만 지금의 태도는 '너에게 무언가 불만이 있는데 아직까지 그것을 얘기하지 않았어'의 기분이었다. 그럴 때 고센은 말수가 적고 긴장된 통제력을 유지했다. "당신이 임용심사 때문에 걱정하는 것을 알고 있어." 멜리사가 말했다. "하지만 나는 당신을 잘 알기 때문에 오늘은 그것이 문제가 아니라는 걸 느낄 수 있어. 나 때문이지, 그렇지? 나에게 불만이 있는 거지? 그런데 왜 말을 안 해? 데니스, 우리는 약혼한 사이라구. 그러니까 잘못된 일이 있으면 나도 알 권리가 있다구." 그녀가 그렇게 말할 때 고센은 들고 있던 커피잔을 입술로 가져가고 있었다. 고센이 커피를 마시면서 감고 있던 눈을 갑자기 떴다. 멜리사는 얼음같이 차가운 눈동자에 몸이 굳는 것을 느꼈다. 고센은 천천히 잔을 탁자에 내려놓고 뚫어지게 그녀를 바라보았다. 멜리사는 그 시간이 아주 길게만 느껴졌다.

"당신도 내가 왜 이러는지 알고 있을 거야. 우리는 약혼한 사이라고 말했잖아. 그런데 약혼녀가 자기 상사와 함께 데이트를 하는데 약혼은 무슨 약혼이지?"

"데니스, 멍청한 얘기 좀 하지 마. 내가 무슨 데이트를 했다고 그래? 크리스톨프가 어젯밤에 우표를 선물하러 가면서 같이 갔으면 좋겠다고 얘기했을 뿐이야. 차라리 나는 그런 부탁을 받고 안심이 되었어. 더구나 내가 무언가를 숨길 생각이라면 왜 같은 과의 교수님 댁에 함께 갔겠어?"

"그래, 그럴 수도 있겠지. 내 감정 같은 건 안중에도 없다면 말이야."

"왜 내가 당신의 감정을 생각 안 해? 나는 정말로 당신 생각을 많이 한다구. 오히려 당신이 내 생각을 안 하는 거지."

"그건 또 무슨 소리야?"

"무슨 소린지 몰라서 물어? 어떤 여자랑 케임브리지 거리를 활보하는 건 뭐야?"

"그게 발레리 단치히를 가리키는 것이라면, 전혀 신경 쓸 필요 없어. 그런 관계는 절대로 아니니까. 전에도 얘기했잖아. 그 여자를 만난 건 교수 모임에서라구. 나중에 그 여자가 함께 저녁을 먹자고 했을 뿐이야. 내가 먹자고 하지 않았어. 우리가 식당에서 식사하는 걸 다른 사람들이 보고는, 연인 사이인 줄 착각하고 함께 초대를 하기 시작했어. 그것도 겨우 두 번뿐이었을 거야. 그러니까 엉뚱한 소리를 들었다면, 그것은 모두 헛소문에 불과한 거라구. 그 여자를 안 본 지 벌써 여러 주일이 지났어."

"글쎄, 하지만 그 여자는 당신을 잊지 않고 있었어. 어젯밤에 내가 그 여자를 만나 당신 이름을 꺼냈을 때 분명했어."

"그렇다면 내가 생각보단 쉽게 잊혀지지 않는 사람인가 보지." 데니스 고센이 잠시 말을 멈추었다. "그래서 그 여자가 나를 기억하는 거야. 그런데 그게 어떻다는 거야? 괜한 질투심 때문에 그 여자를 만나지 말라는 거야?"

멜리사가 미소를 지었다. "그래, 만나려면 만나. 하지만 나도 부르크하르트 씨를 계속 만날 거야. 그 분은 좋은 사람이고 친절한 분이야. 그리고 어젯밤에 그랬던 것처럼 내가 조금이라도 그 분을 도울 수 있다면, 나에게는 그렇게 할 수 있는 자유가 있어. 데니스, 나에게도 공간이 필요하다구."

데니스 고센은 약혼녀의 미소에 미소로 답하며 긴장을 풀려 했다. 그는 탁자 너머로 손을 뻗어 그녀의 손을 꼭 붙잡았다. "그럼, 이렇게 하자구." 고센이 말했다. "당신은 발레리 단치히에 대해서 잊고 나는 크리스톨프 부르크하르트에 대해서 잊는 거야. 그렇게 하면 서로 편하고 좋잖아."

멜리사 섀넌은 고센이 잠시 손을 잡고 있도록 허락했다. 하지만 긴장감은 풀리지 않고 여전했다. 그녀는 고센의 굳은 손에서 그것을 느낄 수 있었다. 이윽고 그녀는 고센을 바라보았다. 그의 턱 근육은 팽팽했고 얼굴은 찡그린 표정이었다. "그것말고 또 무언가가 있지, 그렇지?"

고센은 한동안 아무 말도 없었다. 그는 입술을 꼭 다

물고 무언가를 생각하고 있었다. 이 얘기를 해야 하나, 말아야 하나? 고센은 확신이 서질 않았다. 그는 전에도 그런 생각을 했다가 늘 아니라는 쪽으로 결론을 내렸다. 하지만 지금은 상황이 달랐다. 갑자기 그는 흥분한 목소리로 속내를 털어놓았다. "멜리사, 나는 걱정이 돼. 정말로 걱정이 돼." 그는 주위를 돌아보며 엿듣는 사람이 없는지 확인했다. "내 마음속에는 무언가가 있어. 나는 이 짐을 며칠이나 지고 있었어. 적어도 당신이라면 내 얘기를 믿겠지만, 절대로 남에게 얘기해서는 안 돼."

"물론이야, 나는 당신 얘기를 믿어." 멜리사는 두려움을 느꼈다. 그녀는 고센이 그렇게 흥분하는 것을 본 적이 없었다.

"멜리사, 나는 아주 충격적인 사실을 알고 있어. 당신이 지난밤에 만난 사람들 말이야. 그 중의 한 사람은 사기꾼이야. 이것은 그냥 내 짐작이 아니야. 나는 그 사실을 확실히 확신해. 그 사람이 자기 입으로 그것을 고백했으니까. 물론 그렇게 자세하게 말하지는 않았지. 그리고 입을 다물면 내가 임용되는 데 도움을 주겠다고 약속했어."

"데니스, 그건 일종의 협박 아니야?"

"처음에는 그렇게 시작하지 않았어. 나를 잘 알잖아.

나는 그냥 그 사람에게 무언가를 물으러 갔을 뿐이야. 그 사람의 연구 결과에 대해서 말이야. 그런데 어떤 반응을 보였는지 알아? 횡설수설, 우왕좌왕, 자료가 잘못되었다는 변명… 한마디로 너무나 어설펐어. 그리고 나는 전혀 만족하지 못했지. 그 날 밤 나는 그것이 사기라고 결론 내렸어. 처음에 나는 이 상황에 올바로 대처하려고 애썼어. 공식적인 통로를 밟는다든가 하는 식으로. 나는 학과장에게 찾아가려 했어. 하지만 코스트가 나를 얼마나 불편하게 하는지 당신도 알잖아. 그래서 다음에는 스피어맨 교수에게 가려고 했어. 나는 그 분을 존경해. 그리고 그 분은 위원회의 위원이야. 그래서 자연히 그 분을 떠올렸지. 하지만 그 분은 내 얘기를 듣지 않으려 했어. 그래서 할 수 없이 다른 위원을 찾아갔어. 그냥 쉽게 다가갈 수 있는 사람에게 말이야. 하지만 그 사람도 내 얘기를 듣지 않았어. 다음에는 또다른 사람을 찾아갔어. 그런데 알고보니 그들은 후보자들과 얘기할 수 없게 되어 있었어. 나는 세상이 미쳐버렸다고 생각했어. 정말로 미친 세상이야. 그래서 나는 마지막으로 남은 카드를 쓰기로 결심했어. 나는 그 사람 때문에 중간에 탈락할 수 없어. 나는 그 동안 무척 열심히 일했어. 그런 노력을 수포로 돌릴 수는 없었어. 나는 그것을 협박이라

고 생각하지 않아. 일종의 맞바꿈이지. 거래라고 할 수
도 있고. 내가 임용될 수 있도록 도와주면 당신의 명예
를 지켜주겠다. 내가 입을 다물 테니 당신은 내 임용을
도와달라."

멜리사 섀넌은 탁자를 내려다보았다. 갑자기 한기가
느껴지며 몸이 약간 떨렸다. 이것은 위험한 게임이었다.
맞바꿈은 여기서 통하지 않았다. 이런 게임에서는 늘 패
자가 있었다. 자신의 약혼자는 너무 젊고 순진했다. 그
녀는 더 성숙하고 더 현명한 사람의 조언이 필요하다고
생각했다.

인간 본성에 대한 경제학적 사고

늦은 오후의 햇살이 블라인드 사이로 들어와 타원형 회의 탁자에 그림자를 드리웠다. 그림자는 중간중간에 서류와 수첩더미들로 인해 끊겼고, 서류의 일부는 탁자 끝에 아슬아슬하게 쌓여 있었다. 테이블을 둘러싸고 있는 것은 짙은 갈색의 허먼 밀러 회전 의자였다. 그 의자들의 밑에는 양탄자 위에 또다른 서류와 메모더미가 있었다.

회의실은 인접한 방들 중에서 세 번째 방이었다. 첫 번째 방은 응접실과 학장의 개인 비서, 사무원 겸 타자수, 그리고 접수계가 사용하는 사무실이었다. 그 방의 뒤쪽 벽에는 서류 캐비닛들이 들어차 있었다. 두 번째 방은 셋 중에서 가장 작은 방으로서 클레그의 사무실이었다. 이 곳에서 그는 자신의 업무를 보고 교수들을 개별적으로, 혹은 작은 그룹 단위로 만났다. 이 방에서 나와 고풍스런 프랑스식 문들을 지나면 회의실이 있었다. 이 곳은 클레그가 위원회 모임을 열고 때로 작은 그룹들을 칵테일 파티나 만찬에 초대하는 곳이었다. 회의실의 벽들 가운데 두 벽에는 바닥에서 천장까지 체리색의 책장들이 들어서 있었다. 클레그 학장은 이 곳에 자신의 인류학 책들과 다른 교수들이 증정한 책들을 꽂아놓았다. 대학 행정과 관련된 더 적은 수의 책들은 옆방에 있는 그의 사무실에 비치되어 있었다.

올리버 우만이 테이블에 앉아 원고를 검토하고 메모지에 적은 무언가를 확인하고 있었다. 그가 두꺼운 안경 너머로 자료들을 뚫어지게 보는 동안에 심사위원회의 다른 위원들은 회의실로 들여온 커피 기계와 음료수 수레 주위에 옹기종기 모여 있었다. 위원회는 세 시간 반 동안의 긴 회의를 마치고 처음으로 휴식을 취하는 중이었다.

지금까지의 심사 과정은 치열했지만 큰 이견은 없었다. 약간의 논쟁에도 불구하고 토의는 상당히 부드럽게 진행되었다. 과자를 한 입 베어물면서 클레그는 지난밤 스피어맨의 집에서 열렸던 사교적 파티의 목적이 충분히 달성되었다고 생각했다. 전날 밤의 파티 때문에 위원들은 서로 어색함을 지울 수 있었다. 적어도 지금까지는 전날 밤의 파티가 소기의 목적을 달성하고 있었다.

하지만 클레그는 이제부터가 시작이라는 점도 잘 알고 있었다. 여러 번의 경험을 통해 그는 가장 유화적이고 온순한 성격의 학자들조차 위원회의 회의가 길어지면 짜증을 내고 서로 공격한다는 점을 잘 알고 있었다. 피로가 쌓이면서 유화적이었던 태도는 언제든지 공격적인 태도로 바뀔 수 있었다.

"이제는 회의를 속개할 때인 것 같소." 클레그가 환담 중인 위원들에게 조용히 얘기했다. "휴식 시간이 길어지면 길어질수록 오늘 밤이나 내일 해야 할 일은 더 많아집니다. 이제 모두 자리에 앉으시기 바랍니다. 들고 있는 컵들은 테이블로 가져오셔도 좋습니다." 클레그가 서비스를 담당했던 여직원에게 집기들과 함께 회의실에서 퇴장할 것을 요청했다. 그는 방을 나가는 여직원에게 고맙다고 얘기했다.

클레그는 임용대상 후보들마다 그 사람이 속한 학과장이 위원회에 출석하도록 요구했다. 회의실 탁자의 한쪽 끝에 마련된 의자는 그런 목적을 위해 비워둔 것이었다. 적당한 때가 되면 한 후보자에 대한 논의가 끝난 후, 클레그의 비서가 다음번 후보자가 속한 학과의 책임자를 그 곳으로 안내했다. 해당 학과장은 후보자의 연구 실적과 학자로서의 가능성에 대한 학과 내부와 외부의 평가서와 추천서들을 한 장의 문서로 이미 요약해서 제출했다. 임용심사위원회의 모임에서 학과장은 이 문서를 다시 읽는 대신 핵심적인 내용만 요약해서 말했다. 학과장은 자신의 개인적인 생각을 밝힐 수도 있었는데, 그것은 후보자의 파일에 수록된 다른 사람들의 견해를 벗어나거나 반박하는 것일 수도 있었다.

하지만 이때 후보자들 본인의 견해는 듣지 않았다. 이는 학문적인 시장의 특성 가운데 하나로서 영리적인 시장과는 성격이 완전히 다른 것이다. 그러니까 소속원이나 기관의 미래에 너무나도 중요한 결정이 후보자를 면담하지 않은 위원회에 의해 내려지는 것이다. 대개의 경우 당사자는 위원들에게 잘 알려져 있지 않았다. 학과장이 참석하는 주된 목적은 해당 후보자에 대한 위원들의 질문을 받기 위해서였다. 이런 질문들이 끝나면 학과장은 퇴장했고, 위원들은 다시 비공개로 심사작업을 계속했다.

다음번에 후보자를 대신해 질문을 받아야 할 사람은 경제학과의 레너드 코스트였다. 그가 맡고 있는 학과는 금년에 후보자를 한 사람만 추천했다. 클레그는 자신이 앉은 자리의 탁자 밑에 있는 버튼을 눌렀다. 위원회가 코스트를 만날 준비가 되었다는 것을 비서에게 알리는 신호였다. 코스트는 회의실 밖에서 자신의 차례를 기다리고 있었다.

이윽고 그가 회의실로 들어와 빈 의자에 자리를 잡았다. 들어오는 길에 코스트는 심사위원들에게 가볍게 목례를 했다. 회색과 갈색의 스웨터가 그의 목을 덮고 있었다. 그 밑으로 빨간 타이와 격자 무늬 셔츠가 가까스로 보였다. 코스트는 갖고 들어온 서류철을 앞에 놓고 탁자를 바라보았다. 마치 타원형 탁자의 정확한 중심을 찾는 듯했다.

"레너드, 우리 위원회의 절차를 잘 알고 있죠?" 클레그가 말했다. "그럼, 누구더라, 아, 데니스 고센의 업적에 대해 간략하게 소개해주시기 바랍니다."

"고맙소, 클레그 학장. 당신도 아다시피, 우리 학과는 지난 2년 동안 임용 후보를 한 사람도 내지 않았습니다. 우리는 정말로 세심하게 후보들을 추천하며 자격이 부족하다고 생각되는 후보는 절대로 학과의 평가와 위원회의 심사를 받도록 허용하지 않습니다. 그렇기 때문에 나는 데니스 고센의 이름을 이 곳에 올리는 데 전혀 주저하지 않습니다.

지난 5년 간 고센이 달성한 학문적 업적은, 결국에는 그것이 학자로서 가장 중요한 것인데 정말로 놀라운 것이었습니다. 조사 이론의 분야에서 그를 필적할 만한 동료 그룹은 전혀 없습니다. 이 분야에서 최고인 학자들로부터 우리가 받은 편지들은 그 점을 분명하게 보여주고 있습니다. 여러분도 그것들을 읽은 것으로 알고 있습니다. 노벨상 수상자가 젊은 조교수를 그렇게 칭찬하는 일은 무척 드문 것입니다. 하지만 고센은 자신의 연구 분야에서 일가를 이루고 있는 모두에게 알려져 있습니다.

그의 학문적 업적을 자세히 소개하는 것은 생략하고, 대신에 여러분이 어떤 질문을 하든지 기꺼이 답변하겠습니다. 다만 끝으로 덧붙이고 싶은 말은, 고센이 우리 학과에서 차지하고 있는 그 틈새 분야는 어느 누구도 채우기가 힘든 것이라는 점입니다. 그 독특한 분야는 나도 접근하기가 어려운 분야입니다."

"코스트 교수님, 후보자에 대한 극찬의 말씀은 잘 들었습니다. 그리고 나도 놀라움을 고백하지 않을 수 없습니다. 하지만 하버드의 정교수가 되려면 원을 그리지 않는 방식으로 논리를 전개할 수 있어야 한다고 생각합니다."

코스트는 발레리 단치히를 보면서 눈썹을 곤두세웠다. 그는 더 많은 설명을 기다렸지만, 더 이상의 설명은 나오지 않았다. 마침내 그가 말했다. "당신의 요점이 무엇인지 잘 모르겠소."

"제가 말하는 요점은," 단치히가 다소 퉁명스럽게 대답했다. "데니스 고센의 저술은 전적으로 동어반복적인 논리에 바탕해 쓰여졌다는 것입니다."

"나는 그렇게 생각하지 않습니다." 코스트가 말했다. "하지만 예를 들어줄 수 있습니까?"

"고센의 모든 저술은 효용주의에 바탕하고 있습니다. 내가 볼 때 심리학자들은 더 이상 효용주의를 믿지 않습니다. 사람들이 무언가를 하는 것이 그렇게 할 때 가장 큰 효용을 얻기 때문이라고 말한다면, 그런 설명은 인간 행태에 대해 아무것도 말해주지 못합니다. 그런데 고센의 가설은 바로 그런 가정에 기반하고 있습니다. 나는 경제학자가 아니지만, 그런 주장은 이미 금세기 초에 베블런이 박살 냈다고 생각합니다. 경제학자들은 이제 베블런을 읽지 않습니까?"

레너드 코스트가 스스로를 비하하는 듯한 미소를 지

어 보였다. "어쩌면 그것은 독서량이 부족하기 때문일 수도 있습니다. 하지만 나는 우리 분야의 젊은 학자들이 베블런을 알지 못한다 해도 전혀 놀라지 않을 것입니다. 사실 그 사람은 이제 한물간 사람이라고 할 수 있습니다."

"정말로 안타까운 일이군요." 단치히가 대꾸했다. "인간 본성에 대한 그 사람의 시각은 고센의 모델에서 발견되는 인간의 모습보다 훨씬 더 현실적이라고 생각합니다."

코스트가 동의한다는 뜻으로 고개를 끄덕였다. "나는 당신의 말을 이해합니다. 그리고 당신의 말은 아마도 맞을 것입니다. 하지만 젊은 학자가 자기 분야의 인식틀을 사용한다고 그를 탓할 수는 없습니다."

이 시점에서 올리버 우가 참견을 했다. "나도 단치히 교수와 비슷한 반대 의견을 갖고 있습니다. 내가 볼 때 데니스 고센은 인간 본성에 대해 낡은 시각을 갖고 있습니다. 단치히 교수는 그가 원을 그리는 논리로 설명한다고 말했습니다. 나는 그와 같은 원이 충분히 크기만 하면 상관하지 않습니다. 내가 정말로 반대하는 것은, 그리고 이 부분에서 단치히 교수도 같은 생각일 터인데, 고센은 인간들의 행태에 대해 너무 단순한 시각을 갖고 있다는 것입니다. 데니스 고센은 그 합리주의적 시각을 너무 극단적으로 적용하고 있습니다. 만일 모든 사람들이 고센이 얘기하는 그런 식으로 행동한다면, 우리가 사는 사회는 유지될 수 없습니다." 올리버 우의 목소리가 높아지며 날카롭게 들렸다. 발레리 단치히는 우가 얘기하는 동안 연신 고개를 끄덕였다.

레너드 코스트는 사람들에게서 반박을 당하는 데 익숙하지 않았다. 그는 모임이 이런 식으로 진행될 것을 예상하지 못했고 그들의 고센에 대한 반대 의견에 준비되어 있지 않았다. 코스트는 말을 더듬기 시작했고 당혹스런 표정으로 자기 동료쪽을 바라보며 도움을 청했다. 그런 논쟁이 벌어지는 동안 스피어맨은 탁자에 웅크리고 앉은 채, 깍지를 낀 양손을 머리 위에 얹은 자세로 팔꿈치를 탁자 위에 올려놓고 있었다.

스피어맨은 그때까지 가능하면 말을 하지 않으려 했다. 그는 논쟁의 처음부터 단치히와 우의 반대 의견에 강하게 반발했지만, 회의 절차에 따라 해당 학과의 후보자는 학과장이 옹호해야 한다는 점을 알고 있었다. 하지만 스피어맨은 그런 식의 자기 억제에 익숙하지 않았다. 그는 논리적으로 잘못된 주장은 반드시 고쳐주어야 한다고 생각했다. 그리고 이제 그는 인내심의 한계에 도달해 있었다. 스피어맨은 더 이상 예의를 차리고 싶지 않았다. 그는 힘차게 머리를 가로 저으면서 입을 열었다. "잠깐만요! 미안합니다. 레너드, 당신이 잘못된 주장을 그렇게 오랫동안 방치하고 있다니 정말로 놀라지 않을 수가 없군요."

"헨리, 나는 그냥……."

하버드의 이 키 작은 경제학자는 손을 저으며 코스트의 변명을 가로막았다. 대부분의 경제학자들은 경제학과 관련된 일반적 가정들을 별로 생각하지 않았다. 그리고 코스트 역시 그런 사람이었다. "그런 반대 의견들은 전혀 근거가 없는 것입니다." 이윽고 그가 말했다. "따라서 나는 말을 하지 않을 수가 없습니다. 데니스 고센의 분석에는 결함이 있을 수도 있습니다. 자세히 검토하면 고센의 주장에도 잘못된 점이 있을 것입니다. 하지만 지금까지 나온 얘기는 어느것도 그의 주장을 제대로 비판하는 것이 아닙니다. 내가 들은 대부분의 이야기는 과학적 방법과 관련된 오해를 드러내는 것입니다."

회의실의 분위기는 이제 팽팽하게 긴장되었다. 올리버 우는 두꺼운 안경 너머로 스피어맨에게 시선을 집중했다. 그는 탁자를 사이에 두고 스피어맨과 대각선으로 앉아 있었다. 우의 입 언저리가 씰룩거리면서 콧수염이 가볍게 떨렸다. 발레리 단치히도 불편한 감정을 느꼈다. 그녀는 스피어맨이 논쟁에 능하다는 사실을 알고 있었다. 그녀 자신은 그렇지 못했다. 단치히는 굳은 얼굴로 자기 앞에 있는 탁자 위의 콜라를 한 모금 마셨다.

스피어맨은 탁자 건너편에 있는 올리버 우를 정면으로 바라보았다. 그의 두 눈은 안경 너머에서 밝게 빛났고 얼굴에는 미소가 떠올랐다. 스피어맨은 고개를 움직이며 위원들의 얼굴을 찬찬히 살폈다. 이윽고 그의 시선은 건너편에 앉아 있는 소피아 우스티노프에게 가서 꽂혔다.

"소피아, 당신이 다루는 나트륨 분자가 염소와 결합해 새로운 화학물질을 만들 것인지 말 것인지 고민한다면, 당신은 화학 분석을 제대로 할 수 있습니까?"

소피아 우스티노프가 어깨를 으쓱하며 대답했다. "그럴 수 없겠죠. 그리고 그런 고민은 할 필요가 없겠죠. 나트륨과 염소는 살아 있는 것이 아니니까. 그것들은 생각하거나 서로 얘기하는 능력이 없죠. 그것들은 사람들과 다르죠."

"바로 그것입니다. 그것들은 사람들과 다릅니다." 스피어맨은 얘기했다. "따라서 그것들은 당신의 실험에 반대하거나 간섭하지 않습니다." 소피아 우스티노프는 눈을 가늘게 뜨면서 연구실의 분자들이 반항할 때 실험이 얼마나 힘들 것인지 상상했다. 화학물질이 자기 주장을 하고, 상대를 속이고, 거짓말을 하고, 자신에게 대든다면 화학자로서 그녀의 삶은 훨씬 더 힘들 것이었다.

"경제학자들은 연구를 할 때 실험실을 사용할 수 없습니다. 사람들은 당신이 가령 그들의 소득이나 자산을 분석하려 할 때 자기 주장을 하고, 속이고, 때로는 거짓말을 합니다. 우리 경제학자들은 실험실에서 사람들을 실험할 수 없기 때문에 현실주의(realism)가 아니라 유용성(usefulness)으로 평가되는 이론들을 만듭니다. 여기서 말하는 '유용성'은 물론 결과를 상당히 잘 예측할 수 있거나 실제적으로 그 의미를 제시할 수 있는 이론들을 뜻합니다. 경제학자들의 이론이 비현실적인 가정들에 바탕하고 있는 것은 사실입니다.

데니스 고센이 사람들은 효용을 극대화하려는 극히 합리적인 '경제인'이라고 주장할 때, 그것은 그가 자신이 제시하는 인간 본성이 현실적이라고 믿는다는 뜻이 아닙니다. 고센은 자신의 학문 분야를 경험적으로 확인 가능한 것으로 만들기 위해 해야 할 일을 하고 있을 뿐입니다.

효용 극대화는 우리 경제학자들이 갖고 있는 가장

강력한 가정 가운데 하나입니다. 그리고 그것의 유용성은 이미 오랜 시간에 걸쳐 분명하게 나타났습니다. 우리가 경제학자에게 요구할 수 있는 것은 고도의 논리적 추론과 실제적 경험에 합치되는 증거일 뿐입니다. 하지만 경제학의 이론은 일반화(generalization)한 이론으로서 현실 세계의 많은 세부사항들을 무시합니다."

그 말에 올리버 우가 물었다. "비현실적인 가정에 기반한 이론이 훌륭한 예측을 할 수 있습니까?"

"그런 일은 늘상 일어납니다." 스피어맨이 대답했다. "물리학자들은 완전한 진공 상태를 가정합니다. 그들은 마찰이 없는 공간을 가정합니다. 하지만 우리는 그들에게 불평하지 않습니다. 야, 그건 비현실적인 것 아냐? 우리 가운데 그렇게 불평하는 사람이 있습니까? 마찬가지로 경제학자들도 효용 극대화를 가정하고 그것에 바탕해 이론들을 시험합니다."

덴턴 클레그가 초조하게 자신의 손목시계를 바라보았다. 그는 이제 회의의 고삐를 쥘 때가 되었다고 느꼈다. "코스트 교수에게 질문하고 싶은 사람들이 더 있을 것 같은데⋯⋯." 그가 말했다.

"덴턴, 잠시만 시간을 주세요. 발레리의 말에 하고 싶은 얘기가 있습니다."

"헨리, 생물학과의 로즈 박사가 곧 오기로 되어 있어요. 시간을 아껴서 쓸 수밖에 없어요."

"하지만 2분 정도만 시간을 주세요. 중요한 얘기니까요. 발레리가 조금 전에 한 말에 답변하고 싶은 것이 있습니다." 클레그는 스피어맨이 학문적 결의에 차 있을 때 누구도 그것을 막을 수 없음을 알고 있었다. 그는 스피어맨에게 발언권을 주었다.

"발레리, 당신이 말한 원을 그리는 경제학의 논리적 특성이 잘못된 것임을 보여주기 위해, 당신이 마시는 그 음료수를 예로 들어도 될까요?"

"기꺼이 깨달음을 얻겠습니다."

"우리가 마시는 그 콜라에 대해서 나는 두 가지를 얘기할 수 있습니다. 그 음료수는 아주 흔한 것이지만, 그것에는 효용이론과 관련해 아주 중요한 특성이 있습니다. 먼저 병으로부터 처음 마시는 한 모금은 마지막으로 마시는 한 모금보다 더 많은 만족을 줍니다. 첫번째 음료수는 두 번째 음료수보다 더 만족스럽고, 열 번째 음료수보다는 훨씬 더 만족스럽습니다."

"그것은 부정하지 않습니다." 발레리가 말했다.

"그렇게 일찍 부정하지 않는다고 말해서는 안 됩니다. 왜냐하면 그것은 틀린 말이니까. 다시 말해 시간대를 고려하지 않으면 그것은 틀린 말입니다. 그 열 번째 콜라를 한 시간 만에 마신다면 그 말은 맞을 수도 있지만, 그 열 번째 콜라를 이번 달에 마신다면 그 말은 맞지 않습니다. 그래서 당신이 콜라 1백 병을 사서 그것을 집에 저장해둔다면, 당신은 속도를 조절해 각각의 음료수가 같은 만족을 주도록 할 수 있습니다.

돈을 넣고 기계에서 음료수를 빼낼 때, 당신은 그 곳에서 하나의 음료수만 빼낼 수 있습니다. 이제는 이런 질문을 하겠습니다. 당신이 기계에서 신문을 살 때는 어떻습니까? 당신이 동전을 넣으면 그 모든 신문은 노출됩니다. 이것을 설명하는 한 가지 가설은 음료수 구매자가 신문 구매자보다 덜 정직하다는 것입니다. 하지만 그런 가설은 옳지 않은 것 같습니다. 왜냐하면 그들은 종종 같은 사람들이기 때문입니다.

내가 내기를 하는 사람이라면, 나는 효용가설에 돈을 걸고 싶습니다. 다시 말해서 신문은 아주 빠르게 감소하는 한계효용(marginal utility)을 갖고 있습니다. 일단 오늘자 신문을 1부 갖게 되면, 두 번째 신문의 한계효용은 아주 작습니다. 그래서 업자들은 당신의 정직에 의존할 필요가 없습니다. 당신은 같은 돈으로 12부를 얻을 수 있다 해도 1부만 가질 것입니다. 그래서 신문 자판기는 아주 간단한 기계로 되어 있습니다.

음료수 판매자에게는 보다 복잡한 기계가 필요합니다. 그러니까 돈을 더 내지 않는 한 한 개 이상의 용기를 꺼낼 수 없도록 하는 기계입니다. 이렇게 해야 하는 이유는 음료수는 오늘 마시지 않아도 내일, 혹은 내년에도 마실 수 있기 때문입니다. 그래서 사람들은 한 개 값만을 지불하고도 꺼낼 수 있는 모든 음료수를 꺼내고 싶은 유혹을 느낄 수 있습니다. 나는 이와 같은 한계효용 체감의 법칙(diminishing marginal utility)만이 우리가 물건들을 다르게 판매하는 방식을 제대로 설명할 수 있다고 믿습니다."

"다시 말하면, 헨리," 올리버 우가 얘기했다. "한계효용이 감소하기 때문에 신문이 팔리는 방식과 사탕 혹은 담배가 팔리는 방식이 다르다는 겁니까?"

"바로 그렇습니다." 헨리 스피어맨이 대답했다.

"무슨 말인지 알겠습니다." 우가 말했다. "당신이 아까 얘기한 대로, 이 이론에는 예측력이 있군요. 이제서야 효용이론이 무엇인지 알 것 같습니다."

"따라서 당연히 그것은 원을 그리는 논리가 아닙니다. 원을 그리는 이론은 예측하지 못합니다."

"헨리," 발레리 단치히가 말했다. "우리 집 냉장고에

꽁꽁 얼린 어제 날짜의 신문이 10부 있는 걸 보여주면, 그때는 당신의 한계효용 이론이 틀렸다고 할 수 있나요?" 그 말에 스피어맨뿐 아니라 방안의 모든 사람들이 크게 소리내어 웃었다.

"꽁꽁 언 신문들이 있다면, 그 안에는 생선이 들어 있다고 나는 예측할 수 있습니다. 하지만 그렇지 않다면, 그리고 당신 말이 사실이라면, 그때는 경제학자들이 '모두가' 합리적이라고 말하지 않는다는 것을 상기드리고 싶습니다."

클레그 학장이 회의를 다시 본궤도에 올려놓으려고 애를 썼다. "여러분, 이제는 이 즐거운 환담도 끝내야 할 것 같습니다. 코스트 교수에게 더 묻고 싶은 분이 있을 테니까요."

"제가 질문하겠습니다." 소피아 우스티노프가 몸을 앞으로 당기며 의자를 약간 돌려 레너드 코스트를 마주보았다. "당신은 아까 고센의 연구 분야에 있어서 어느 누구도 그를 대신할 수는 없다고 말했습니다. 나는 고센의 저술을 읽고나서 이해할 수 없는 부분을 발견했습니다. 물론 나는 경제학자가 아닙니다. 하지만 나도 물건을 사며 늘 더 좋은 거래를 하려 애씁니다. 우리 모두 그렇지 않습니까?" 우스티노프가 그렇게 물으며 좌중을 둘러보았다.

"고센은 우리가 사야 하는 브랜드의 적정한 숫자에 대해 얘기했습니다. 그런데 그 사람은 나와 함께 슈퍼에 가서 무엇을 사야 할지 알아볼 필요가 있습니다. 내가 볼 때 그 사람은 그런 적이 없습니다. 적정한 브랜드의 수는 하나면 충분하다고 나는 생각합니다." 소피아 우스티노프는 특히 '하나'라는 말을 힘주어 말했다. "하나면 충분합니다. 더 이상의 브랜드는 필요하지 않습니다. 그런데 왜 한 개 이상의 적정한 브랜드가 있는 것입니까? 그것에 대해 말씀해주세요."

"글쎄요, 내가 볼 때는," 코스트가 얘기를 시작했다. "당신에게 브랜드가 하나뿐이라면, 아마 러시아에서 그랬을 터인데, 그럴 때는 국가가 운영하는 독점 상태입니다……."

"아뇨, 내가 말하는 것은 러시아가 아닙니다. 그것은 당신들이 말하는 관료주의입니다. 나는 정부가 통제하는 경제를 좋아하지 않습니다. 그런 경제는 제대로 돌아가지 않습니다. 정말로 그렇습니다. 교수님, 나는 그것을 잘 압니다. 내가 말하는 것은 그냥 한 미국 기업이 사람들이 원하는 각각의 상품을 만드는 것입니다. 그렇게 하면 여러 가지 브랜드를 광고하는 낭비를 얼마나 줄일 수 있을지 상상할 수 있습니까? 데니스 고센은 그 점을 간과하고 있습니다."

"그럴 경우에 나타나는 것은 독점입니다. 경제 이론에서 우리는……." 코스트가 대답하기 시작했다.

"그래서 정부가 독점을 규제하는 거죠." 코스트가 말을 채 끝내기도 전에 소피아가 먼저 대답했다.

"소피아, 이제는 데니스 고센에게, 그리고 소비자들에게 주어야 할 것을 줍시다." 헨리 스피어맨이 말했다. "당신은 세제나 자동차의 다양한 브랜드에는 관심이 없을 수도 있습니다. 하지만 화학 교과서에 대해서는 그렇지 않을 것입니다. 그리고 당신을 아는 사람이면 누구나 당신이 단 하나의 개 브랜드에 만족하지 못할 것이라고 예측할 수 있습니다. 그 종자가 보르조이가 아니라 영국산 불도그나 요크셔 테리어라면 어떡합니까? 데니스 고센이 자신의 논문에서 브랜드의 적정한 수에 대해 밝히려 애쓰는 것은 경제학에서 아주 까다로운 문제 하나를 해결하려는 시도입니다. 그는 먼저 소비자들의 선호도(preference)는 다양하다는 가정에서 시작합니다. 가령 당신의 선호도는 다른 사람들의 그것과 다릅니다. 그러면서 그는 민간 기업들이 그런 이질적 선호도에 봉사하는 경제를 상정합니다. 하지만 삶의 모든 것이 그러하듯 다양성에는 비용이 따릅니다. 특히 하나의 특정한 브랜드를 만드는 규모의 경제(economies of scale)가 존재할 때는 더욱 그러합니다. 고센이 밝히려 한 것은 자유 시장경제가 그런 맞바꿈(trade-off)을 어떻게 하느냐는 것입니다."

"하지만 스피어맨 교수님, 당신이 말하는 그 다양성, 그 차별성(differentiation)이 있을 때, 기업들은 각각의 브랜드를 광고해야만 합니다. 그리고 광고에는 비용이 따릅니다. 나는 이 점을 얘기하고 싶습니다. 어느 상품이 광고되지 않을 때 나는 훨씬 더 적은 가격만 지불해도 됩니다. 데니스 고센이 말하는 그 다양한 브랜드가 없을 때 말입니다." 그러면서 우스티노프는 고센의 논문들을 집어들었다. "그렇지 않습니까? 교수님의 생각은 어떻습니까?"

"사실은 더 많이 지불해야 합니다." 스피어맨이 말했다.

"더 많이라구요?" 스피어맨의 그 말에 놀란 사람은 우스티노프만이 아니었다. "기업들이 그 모든 광고비를 부담하지 않을 때 더 많이 지불해야 한다구요? 고센은 그렇게 생각할 수도 있습니다. 하지만 설마 교수님도?"

"나도 당연히 그렇게 생각합니다." 스피어맨은 오른

손으로 가볍게 탁자를 두드리면서 자신의 말을 강조했다. "한 제품이 있는데, 어느 주에서는 그 제품의 광고를 허용하지 않고 바로 옆의 주에서는 광고를 허용한다고 합시다. 그리고 이 상황에서 유일한 차이는 그것뿐이라고 가정합시다. 그럴 때 그 제품은 광고를 허용하는 주에서 더 싸게 팔립니다. 광고는 사업에 필요한 비용입니다. 그것은 분명히 비용입니다. 하지만 광고는 우리에게 다른 대안들의 정보를 제공해줍니다. 광고는 시장에서 무엇이 팔리고 있는지, 그리고 경쟁 제품들은 어떤 것이 있는지 우리에게 더 많은 정보를 제공해줍니다." 이 부분에서 스피어맨은 집게손가락으로 천장을 가리켰다. 스피어맨의 학생들은 그것이 결론을 제시하는 동작임을 알고 있었다. "그래서 광고는 경쟁을 높이고, 그 결과 소비자들은 더 높은 가격이 아니라 더 낮은 가격에 제품을 얻게 됩니다."

"헨리, 내가 볼 때 그것은 일반적인 인식과 다른 것 같은데……." 모리슨 벨이 말했다.

"내가 말하는 것은 일반적인 인식이 아닙니다. 그리고 고센도 마찬가지입니다. 절대로 그것이 아닙니다. 그런 주장에는 경험적인 증거가 있습니다. 소피아, 당신에게 이것을 묻고 싶습니다. 러시아에서 어떤 사람이 충분히 돈을 모아 가정용품, 이를테면 난로나 냉장고를 사려 할 때, 정부가 생산을 통제하는 곳에서 사람들은 어떻게 구매합니까? 그들은 아무 제품이나 그냥 고릅니까? 모두가 같은 제품입니까?"

"사실은 그렇지 않습니다. 적어도 영리한 사람들은 그렇게 하지 않습니다. 난로를 사는 경우를 생각해보면, 러시아에는 하나 이상의 난로 공장이 있습니다. 그들은 모두 정부의 사양에 맞춰 난로를 만들도록 되어 있습니다. 하지만 실제로는 그렇지가 않습니다. 그 중에서 한 공장은 아마 레닌그라드에 있는 공장일 것인데, 그 곳만이 러시아에서 유일하게 괜찮은 난로를 생산합니다. 그래서 사람들은 그 제품을 찾으려고 애씁니다. 이 가게의 난로는 레닌그라드의 그 공장에서 만든 것인가? 그러면서 사람들은 그 곳에서 만든 난로를 사고 싶어합니다. 하지만 그것을 알기는 쉽지 않습니다. 모양이 똑같으니 말입니다. 하지만 그 난로는 다른 난로보다 훨씬 더 좋습니다."

"소피아, 바로 그것이 자유 시장경제에서 상표 혹은 브랜드의 기능입니다. 고센이 밝히려 애쓴 것은 제품에 상표가 붙을 때 제조자들이 어떻게 더 높은 품질을 유지하려 애쓰는가, 그들이 어떻게 자신들이 개발한 브랜드

이미지의 경제적 가치를 보존하려 애쓰는지에 관한 것입니다. 그들에게서 상표권을 빼앗고, 사람들이 이 사실을 알게 되면, 결국에는 높은 품질을 유지하려는 그들의 동기를 빼앗는 것입니다." 스피어맨은 그렇게 말한 후에 코스트를 바라보았다. 코스트가 동의한다는 뜻으로 고개를 끄덕였다.

"하지만 헨리," 포스터 배렛이 말했다. "고센의 주장은 결국 최소공배수가 이기는 과정 내지 시스템을 초래하지 않을까요? 말하자면 그레셤의 법칙(Gresham's law)처럼 평범한 브랜드가 좋은 브랜드를 쫓아내는 결과가 나오지 않을까요? 고센이 주장하는 브랜드의 적정한 수가 있다고 하더라도, 그것들은 모두 끔찍한 브랜드가 아닐까요?"

"당신이 말한 '끔찍한'은 취향의 문제이지 경제학의 문제가 아닙니다. 소비자들이 품위 없는 것을 선호하는 경향을 갖고 있을 때, 시장경제는 품위 없는 상품으로 반응합니다. 하지만 내가 볼 때 당신은 그레셤의 법칙(Gresham's law)을 잘못 사용했습니다. 그레셤이 말한 것은 '악화가 양화를 구축한다'는 것입니다. 하지만 내가 아는 한 나쁜 제품이 좋은 제품을 몰아낸다는 과학적 증거는 전혀 없습니다. 당신이 그런 것을 알고 있다면 나에게 알려주면 정말 고맙겠습니다.

시장경제는 『내셔널 인콰이어러』와 『피플』 같은 정 간물을 생산합니다. 이런 잡지들은 교수의 취향에는 맞지 않습니다. 하지만 바로 그 시장경제는 『뉴요커』와 『하퍼스』도 생산합니다. 그러니까 교수들의 취향에 맞는 잡지말입니다(전자는 여성잡지, 후자는 시사잡지류이다 —옮긴이). 그래서 나는 나쁜 잡지가 좋은 잡지를 몰아낸다는 당신의 주장에 동의할 수 없습니다. 이제 고센의 주장으로 돌아가보면, 그는 사람들의 취향을 좋은 것이든 나쁜 것이든 주어진 것으로(given) 생각합니다. 그러니까 있는 그대로 인정하는 것입니다. 데니스 고센의 논문이 사람들의 취향을 높이지 않는다고 그를 비난할 수는 없습니다."

스피어맨이 그 모든 이야기를 하는 동안 배렛은 탁자 위에 놓인 자신의 꽉 쥔 주먹을 바라보고 있었다. 이윽고 그가 뚱한 표정으로 고개를 들었다. "물론 맥락은 완전히 다를 수 있지만, 아그리파 왕은 사도 바울에게 이렇게 말했습니다. '당신은 나를 거의 설득했도다.' 하지만 완전히는 아닙니다. 교수가 취향을 높이지 않는다면, 나는 이렇게 물을 수밖에 없습니다. 그럼 누가?"

그 질문에는 답이 따르지 않았다. "여러분, 이제는

심사절차로 돌아가야 할 때인 것 같습니다." 클레그 학장이 사람들의 관심을 자신에게로 돌렸다. "이제는 시간이 많이 지났으므로 논의를 끝내야 할 것 같습니다. 코스트 교수에게 더 이상 질문이 없다면… 질문이 있습니까?" 클레그가 말을 멈추고 좌중을 둘러보았다. "질문이 없다면 코스트 교수는 퇴장해도 좋고 고센에 대한 심사를 계속하겠습니다. 레너드, 위원들 모두를 대신해 바쁜 걸음을 한 것에 감사드립니다." 그 말을 들으면서 레너드 코스트는 자리에서 일어났다.

"이 후보에 대해서는 다소 시간이 초과되긴 했지만, 그래도 10분 동안 논의를 한 후에 투표를 하고나서 로즈 박사를 부르겠습니다. 논의할 시간이 더 필요하다면, 당연히 그것은 회의 말미에 가능할 것입니다. 먼저 얘기하고 싶은 사람이 있습니까?"

그 동안 침묵을 지켰던 캘빈 웨버가 손을 들고 발언권을 신청했다. 그리고는 짧은 한 단어로 사람들의 이목을 집중시켰다. "강의."

"그건 또 무슨 말입니까?" 클레그 학장이 뜻밖의 말해 당황해하며 물었다.

"강의 말입니다. 그 사람은 강의를 잘합니까? 그 동안 토론을 지켜보았지만, 후보자의 강의 능력에 대해서는 누구도 얘기하지 않았습니다. 임용심사위원회에 처음 참여하는 사람으로서, 그런 질문은 멍청한 것인지도 모릅니다. 그렇다면 내 멍청함을 용서해주시기 바랍니다. 하지만 어쨌든 나는 그것을 묻고 싶습니다. 고센의 강의 능력에 대해서는 이 서류철에 어떤 정보도 없습니다."

포스터 배렛이 기회를 놓치지 않고 자신을 뽐냈다. "어느곳에 가든 관습과 절차는 중요한 것입니다. 하버드에서 우리는 심사대상에 오른 모든 교수가 당연히 강의를 잘하는 것으로 간주합니다. 따라서 그 질문은 이 단계에서 필요하지 않습니다."

클레그 학장이 이웃집 아저씨 같은 표정을 지었다. "캘빈, 사실 포스터의 말에는 일리가 있어요." 그러면서 그가 애써 미소를 지어 보였다. 클레그는 위원들간에 쓸데없는 감정이 생기지 않기를 원했다. "강의 능력은 학과에서 이미 인정했을 것입니다."

"하지만 연구 능력도 마찬가지입니다. 왜 우리는 학과에서 평가한 후보자의 연구 능력은 검토하면서 강의 능력은 검토하지 않습니까? 솔직하게 말한다면, 우리는 다른 분야의 학자에 대해 연구 능력보다 강의 능력을 더 잘 평가할 수 있지 않습니까? 나는 데니스 고센의 논문

내용은 잘 알지 못합니다. 그것은 경제학자들이 잘 압니다. 하지만 이런 기회를 통해서 나는 후보자의 강의 능력은 평가할 수 있다고 생각합니다."

"하지만 연구 능력은 객관적인 것입니다. 우리는 그것을 공정하게 판단할 수 있습니다. 반면에 강의 능력은 주관적인 것입니다. 그것은 결국 인기 투표와 비슷한 것입니다. 그렇지 않습니까?" 모리슨 벨이 얘기했다. "게다가 강의 능력이 임용심사의 주요 기준이 되어야 한다면, 우리 모두 동료 교수들로부터 끊임없이 감시를 받아야 합니다."

"위원회가 동료 교수의 강의 능력을 평가하는 것은 하버드의 전통에 어긋납니다." 배렛이 덧붙였다.

캘빈 웨버는 위원회의 기본 규칙을 받아들일 수밖에 없었다. 그는 체념한 듯 긴 한숨을 쉬고나서 거의 혼자말처럼 중얼거렸다. "글쎄요, 그렇다면 전통을 깨뜨려선 안 되겠죠."

다음 몇 분 동안 위원회는 이런 식의 위원회가 가장 잘하는 것을 했다. 즉, 의견들을 교환하고 세부적인 사항들을 명확히 했다. 위원들은 서로 얘기를 나누면서 후보자에 대한 자신들의 견해를 드러냈다. 기술적인 질문들은 후보자의 학문 분야를 대변하는 스피어맨이 도맡아서 정리했다. 그런 역할은 저마다 후보자들의 분야를 대변하는 사람들이 맡아서 할 것이었다. 이런 시간에 덴턴 클레그는 아무 말도 없이 메모만을 했다. 바로 이런 논의와 뒤를 잇는 투표 결과에 바탕해 클레그는 최종적으로 보고서를 작성했다.

"여러분, 이제는 논의를 마쳐야 할 시간입니다. 이제는 투표로 들어갈 시간입니다. 이번에도 시계 반대 방향으로 투표를 하겠습니다. 헨리, 이 경우에 당신은 투표할 권리가 없음을 기억하기 바랍니다. 데니스 고센은 당신과 같은 학과에 속해 있으니까. 물론 의견을 발표할 수는 있습니다. 그러면 이제 투표를 시작합니다. 올리버 우?"

"나는 제러미 벤담의 추종자인 어떤 사람에게 찬성표를 던지게 되리라고는 전혀 생각하지 못했습니다. 헨리 스피어맨과 같은 방에 열 사람을 집어넣으면, 그들 모두도 결국에는 설득당하게 될 것입니다. 적어도 일시적으로는……. 그래서 나는 생각이 변하기 전에 임용에 찬성하기로 결정했습니다."

"소피아 우스티노프?"

"내가 볼 때는 이렇습니다. 경제학은 화학과 다릅니다. 그래서 방법도 다릅니다. 분야가 다르면 연구방식도 다를 수 있습니다. 경제학자들은 고센의 방식이 맞다고 말합니다. 코스트는 그 사람이 필요하다고 말합니다. 따라서 필요하다면 임용시키는 것이 옳습니다."

"캘빈 웨버."

"나도 이 후보에게 찬성표를 던집니다."

"좋소. 그렇다면 세 표의 찬성표가 나왔소. 헨리, 당신은 지나치고 발레리 단치히에게 묻겠소."

"안됐지만 나는 고센을 탈락시켜야 한다고 생각합니다. 헨리, 당신의 좋은 설명은 잘 들었지만, 내가 볼 때 이 사람의 저술은 설득력이 없습니다. 나는 반대합니다."

"좋소. 그러면 3 대 1이 되었소. 다음에는 모리슨 벨이오."

"수학자로서 나는 이 후보의 방법론에 이의가 없습니다. 그리고 나는 이 사람이 능력이 있는 경제학자라고 생각합니다. 하지만 웬일인지 나는 이 사람을 지지하고 싶지 않습니다. 내가 볼 때 데니스 고센에게는 도덕이 부족합니다. 이 점은 그 사람의 저술에서 나타나고 있습니다. 예를 들면 오염에 관한 시각이 그렇습니다. 그 논문은 잘 쓴 논문이고 기술적으로도 뛰어납니다. 하지만 그것에는 지혜가 없습니다. 균형 감각이 없습니다. 고센은 자신이 다루는 문제의 심각성을 이해하지 못하고 있습니다." 벨이 잠시 말을 멈추었다.

"어쩌면 이 얘기는 하지 말아야 하는지도 모르지만, 방금 얘기한 이 후보에게 도덕이 부족한 것과 관련이 있는 것 같아서 말합니다. 고센은 한 2주 전쯤에 나를 찾아와서 이 위원회에 대해 얘기할 것이 있다고 했습니다. 당연히 나는 고센의 얘기를 듣지 않았습니다. 그런데 짜증스럽게도 그가 나중에 봉투를 하나 보냈습니다. 그리고 다시 전화를 걸어 그것은 실수였다고 말했습니다. 봉투 안의 정보는 잘못되었으니 괘념치 말라고 말했습니다. 그 사람은 미안하다고 사과하면서 내가 봉투를 버렸는지 물었고, 그렇게 하지 않았다면 애써 읽을 필요는 없다고 말했습니다. 그리고 나는 그 내용물을 읽지 않았습니다. 사실 그 봉투는 아직도 집에 있습니다. 개봉도 하지 않은 채 그냥 침대 옆 스탠드에 놓아두었습니다. 내가 말하고 싶은 것은, 이 모든 일이 내 투표와는 상관이 없다는 것입니다. 하지만 그 때문에 영향을 받았을 수도 있습니다. 내가 볼 때 고센은 정교수로 임용되어서는 안 됩니다. 나는 반대 의견을 표명합니다."

덴턴 클레그가 심각한 표정으로 모리슨 벨을 바라보았다. "하버드에서는 임용 후보자가 로비를 해서는 안 됩니다. 무엇을 받았든 간에 그것을 읽지 않은 것은 정말로 잘한 일입니다." 클레그 학장이 집계표에 무언가를 끄적거렸다. "그럼, 이제는 3 대 2가 되었습니다. 마지막으로 포스터 배렛의 투표가 남았습니다."

"모리슨 벨의 말을 듣기 전까지는 위원회에서 이 얘기를 하지 않으려 했습니다. 물론 어젯밤 스피어맨 교수의 집에서 클레그 학장을 만났을 때는 그 얘기를 할 필요가 있다고 느끼기는 했지만……. 그러나 상황을 보다 분명히 하기 위해, 이 고센이라는 사람이 나에게도 접근했음을 밝히고자 합니다. 그는 이 위원회에 대해 다소 납득하기 어려운 뭔가를 얘기하기 시작했습니다. 그러다가 뜻밖의 일이 생기면서 접촉이 끊어졌습니다. 그 후 나는 그 사람을 만나지 못했습니다. 나 역시 왼편에 앉은 동료들과 전적으로 의견이 같습니다. 나는 이 사람이 하버드의 정교수가 되어서는 안 된다고 생각합니다."

"그러면 3 대 3이 됨으로써 내가 최종 결정을 내리게 되는군요. 가부 동수인 경우 나는 아주 특별한 경우가 아닌 한 반대하는 쪽의 편에 섭니다. 이렇게 중요한 임용문제에서는 찬성표가 더 많아야만 해당 후보를 임용할 수 있기 때문입니다. 나는 이 후보에 대해서 그런 관례를 깨뜨릴 아무런 정보도 알고 있지 못합니다. 데니스 고센의 임용은 부결되었음을 알립니다."

카누와 얌의 교환가치

수표책은 일치하질 않았다. 산술적으로는 맞아야만 했다. 하지만 숫자들이 일치하지 않았다. 지금까지의 경험으로 미뤄볼 때 은행의 수표 결제는 틀린 적이 없었다. 헨리 스피어맨이 자신의 수표책을 면밀하게 검토하는 것은 케임브리지 트러스트 은행의 사무착오에 대비하기 위해서가 아니었다. 그보다는 꼭 필요한 곳에만 돈을 씀으로써 더 많은 소득을 올릴 수 있는 다른 벌이 기회를 놓치지 않기 위해서였다.

어디서 무언가를 빠뜨렸나? 스피어맨은 머리 속으로 한 계산이 은행의 전산명세서와 맞지 않은 것을 보면서 궁금하게 생각했다. 헨리 스피어맨은 그런 일을 할 때 계산기를 사용하지 않았다. 계산 능력을 떨어뜨린다는 믿음 때문이었다. 이 유용한 능력은 컴퓨터 세대에 와서 점점 더 떨어지고 있었다.

그는 다시 한 번 숫자들을 확인했다. 그러다가 마침내 공과금 영수증 하나가 자신의 수표책에 기록되지 않은 채 계산에서 빠진 것을 발견했다. 공과금은 이제 은행에서 자동으로 이체되고 있었다. 스피어맨은 불일치가 자신의 불찰에서 비롯된 것임을 알고 기분이 좋았다. 그것은 계산을 잘못한 게 아니었다.

수표책을 다시 주머니에 넣으며 그는 연구실을 둘러보았다. 금요일 아침이었다. 날짜는 1월 11일이었다. 며칠 후면 봄 학기가 시작될 것이었고, 금요일 아침에는 학생들을 만나느라 바쁠 것이었다. 그때가 되면 연구실에 있는 시간은 줄어들었다. 하지만 이번 금요일은 학기 중간의 금요일이라서 만나야 할 학생들이 없었다. 그렇다고 읽어야 할 학술서적이 있는 것도 아니었다. 다시 검토할 강의나 더 확인할 연구 과제도 없었다. 적어도 헨리 스피어맨에게는 그랬다.

이제 그는 임용심사위원회의 치열한 심사에서 벗어나 잠시 클레그의 책을 읽으며 휴식을 취하고 싶었다.

덴턴 클레그가 그에게 몇 달 전 출간된 자신의 책을 증정해주었던 것이다. 하지만 스피어맨은 가을 학기의 이례적인 업무 압박 때문에 겨우 앞부분만 읽을 수 있었다. 오늘 그는 두어 시간 정도 짬을 내서 대충이라도 읽을 생각이었다. 그래야 친구의 책에 대해 지적인 코멘트를 해줄 수 있을 것이었다.

그 다음 오후 시간에는 다른 일들을 할 것이었다. 지난 며칠 동안 쌓인 우편물과 회신을 기다리는 전화 통화의 기록들이었다. 그것들은 분홍색 일지에 적힌 채 그의 책상 위에 놓여 있었다. 오늘 스피어맨은 모처럼 만에 학자로서의 일상을 즐길 것이었다.

그는 책상에서 일어나 연구실 가운데에 있는 업무용 탁자로 걸어갔다. 그 곳에 우편물이 쌓여 있었다. 비서가 우편물을 열어보고 우선순위에 따라 차곡차곡 쌓아놓았다. 가장 위에 있는 우편물은 같은 분야의 경제학자들이 연구 협조나 회의 참석을 부탁하는 것이었다. 가장 밑에 있는 것은 출판사들이 강의 교재로 채택할 수 있는지 알아보기 위해 보낸 책들이었다.

스피어맨은 오늘 몸이 무척 피곤함을 느꼈다. 위원회 모임이 원활하게 진행되지 않았고, 그 때문에 자신이 좋아하는 연구에 몰두하지 못했다. 스피어맨은 연구에 몰두할 때 피곤함을 느끼지 않는 사람이었다. 이윽고 그는 『멜라네시아의 관습과 전통』이란 책을 집어들었다(멜라네시아는 대양주의 중부에 있는 군도이다–옮긴이). 그 책은 클레그가 학자로서 자신의 최고 작품으로 여기는 책이었다. 그는 여러 해 동안 산타 크루즈 제도의 주민들을 연구했는데, 그런 연구 결과는 남태평양의 섬 주민 문화에 관한 기존의 학설을 뒤엎는 것이었다.

스피어맨은 지난번에 읽다만 곳을 찾아 책을 펼쳤다. 그리고 책상 의자에 느긋하게 앉아 읽기 시작했다. 이 부분은 그때까지 읽은 어느 부분보다 스피어맨에게 더 흥미를 불러일으켜야만 했다. 하지만 왠지 그는 이 부분에서 생각을 집중하거나 명확하게 사고할 수 없었다. 원시적 경제는 일부 경제학자들에게는 매력적이었지만, 그런 내용은 스피어맨에게 별다른 관심을 끌지 못했다. 현대 문명의 복잡한 상거래와 금융만으로도 그의 분석 작업은 바쁘기에 충분했다. 그리고 그는 원시적인 사회의 조잡한 경제를 분석하고 싶은 생각이 조금도 없었다.

그러나 덴턴 클레그는 그렇지 않았다. 스피어맨이 그의 책에서 볼 수 있었듯이, 클레그 학장은 원시 사회의 경제와 문화에 큰 관심이 있었다. 심지어 그는 그 제도에서 팔리는 다양한 물건들의 자료를 잔뜩 수집해놓았다. 그리고 그것을 화폐의 개념으로 분석해 그 복잡함을 해독하려 애썼다.

스피어맨이 읽고 있는 산타 크루즈 제도의 통화 시스템인 그 원시적인 화폐는 열대 우림에 사는 작은 주홍색 꿀새의 빨간색 깃털로 만든 것이었다. 이 꿀새의 깃털에 송진을 묻히고 섬유질을 붙여 벨트(혁대)로 만든 것이 화폐로 사용되었다. 각각의 벨트에는 다른 벨트들과 비교되는 정확한 가치가 있었다. 그러니까 깃털의 질에 따라 가치가 달라지는 것이었다.

스피어맨은 그 곳의 섬 주민들이 무언가 중요한 것을 사야 할 때 상당히 긴 깃털 벨트들을 차고 다니는 모습을 상상하며 껄껄대고 웃었다. 그것은 현대인들이 사용하는 플라스틱 신용카드와 상당히 달랐다. 하지만 불과 2백 년 전만 해도 미국인들의 화폐는 은이나 금의 무게로 측정되었다. 그리고 이는 북미의 인디언들이 교환수단으로 흔히 사용한 구슬 염주보다 더 발전된 것으로 여겨졌다. 뿐만아니라 현대 경제에서도 달러 화폐가 없는 곳에서는 현물을 화폐처럼 사용하곤 했다. 가령 교도소나 포로수용소에서는 담배가 화폐 대신 사용되었다.

책을 읽으면서 스피어맨은 친구인 덴턴이 19세기의 경제학자가 들려준 그 이야기에 얼마나 흥미를 느낄 것인지 생각했다. 한계효용 이론의 아버지인 윌리엄 스탠리 제번스가 들려준 그 이야기는 수많은 경제학자들이 화폐의 발전 단계를 설명할 때 강의실에서 소개되곤 했다. 파리의 유명한 오페라 가수였던 마담 젤리가 한번은 프랑스령 폴리네시아 군도에서 노래를 부르게 되었다. 그녀는 출연료로 관객들이 낸 입장료에서 3분의 1을 받기로 되어 있었다. 하지만 나중에 몫을 나누었을 때 그녀는 깜짝 놀랐다. 관객들이 낸 입장료는 돼지, 칠면조, 닭, 레몬, 그리고 코코아 열매 등이었다. 파리에서라면 이런 물건들의 가치는 상당할 것이었다. 그것들은 대략 4천 프랑에 달할 것이었다. 하지만 그녀는 그 가축들에게 과일을 먹이느라 손해를 보고 말았다. 마담 젤리는 프랑스로 돌아올 때 종이로 만든 화폐의 이점을 깊이 이해하게 되었다.

아침 시간이 지나면서 스피어맨은 곧 다른 잡무를 처리해야만 했다. 그는 읽던 장을 마치고 다른 일들을 처리하기로 마음 먹었다. 책은 그 곳의 섬 주민들이 어떻게 가격을 매기는지 설명했다. 스피어맨은 빨간색 깃털 벨트의 가치가 결국에는 어떤 기준에 의해 정해지는

지를 알고 별로 놀라지 않았다.

산타 크루즈 제도에서 기준이 되는 것은 신랑 가족이 신부 가족에게 지불하는 최소한의 금액이었다. 바로 이것이 '신부 가격'이었다. 클레그는 이런 기준이 늘 10개의 통화 단위로 구성되어 있고, 그런 단위들은 완벽한 1번 벨트에서부터 가장 가치가 낮은 10번 벨트까지 순서대로 매겨져 있음을 발견했다. 클레그는 책에서 원주민들이 그런 계산을 머리 속에서 얼마나 쉽게 할 수 있는지 얘기했다(클레그 자신은 처음에 연필과 종이가 필요했다). 등급이 다른 벨트들 간의 가치관계는 기하학적이었다. 즉, 각각의 벨트는 바로 밑 단계에 있는 벨트에 비해 2배의 가치를 갖고 있었다. 그래서 어떤 새끼돼지를 단 하나의 6번 벨트로 살 수 있다면, 똑같은 돼지를 살 때 7번 벨트는 2개가 필요했다. 어떤 벌통을 가장 좋은 벨트 한 개로 살 수 있다면, 똑같은 벌통을 살 때 가장 나쁜 벨트는 5백12개가 필요했다.

클레그는 특정한 달에 그 곳에서 거래되었던 모든 물건들의 가격을 힘들게 수집했다. 그리고 그것들을 도표에 자세하게 수록했다. 예를 들어 클레그가 수록한 것 중에서 가장 값비싼 물건은 카누였다. 클레그가 방문했던 여러 마을과 섬들에서 그런 대로 질이 좋은 카누들의 가격은 평균적으로 9백50개의 9번 벨트였다. 그리고 가격대는 7백80개에서 1천1백 개 사이였다. 반면에 섬 주민들의 식단에서 별로 중요하지 않은 얌(yam)이란 열매는 한 바구니에 4개 내지 5개의 9번 벨트로 살 수 있었다.

책을 읽으면서 스피어맨은 클레그의 연구 결과와 자신의 생각이 다르다는 점을 알게 되었다. 인류학에서는 이전에 알려져 있지 않은 사실들을 발견하고 수록하는 것이 대단한 업적이었다. 그러나 경제학자는 자료를 수록할 때 거의 언제나 그것의 중요성을 설명하는 이론적 해석을 제시했다. 그럼에도 스피어맨은 그 원시적인 경제의 시장 행태에 대한 클레그의 관심에 흥미를 느끼면서 즐겁게 책을 읽었다. 그 책은 여러 마을의 시장에서 일어나는 흥정을 소개했고, 사람들이 어떻게 다른 마을들을 찾아가 그 소중한 깃털 화폐로 최상의 거래를 하려 애썼는지 얘기했다.

스피어맨이 다시 클레그가 수집한 그 가격들의 도표를 훑어보고 있는데 갑자기 연구실의 문이 활짝 열렸다. 노크나 경고 같은 것도 없었다. "헨리, 잠시 얘기 좀 할 수 있을까?" 레너드 코스트가 연구실의 문에 서 있었다. 얼굴은 창백했고 걱정스런 표정이 역력했다.

"끔찍한 일이 일어났소."

"어서 들어오세요." 스피어맨은 탁자 옆에서 대답하며 책상 근처의 의자를 가리켰다. "무슨 일입니까?"

"방금 데니스 고센에 대해 끔찍한 소식을 들었소. 죽었다는 거요."

"죽었다구요!" 스피어맨이 같은 말을 반복했다. 그것은 질문이라기보다 외침이었다. "무슨 일이 일어났습니까?"

"학장 사무실에서 방금 전화가 왔소. 자세한 내용은 잘 모르겠지만, 오늘 아침에 누군가 고센의 자동차에서 그를 발견한 모양이오. 자살을 했다는 거요. 일산화탄소에 질식된 모양이오. 자동차 뒤쪽의 배기관에 연결된 호스가 고센의 자동차 안에 있었소. 고센을 발견했을 때는 이미 죽어 있었소. 경찰이 고센의 집에서 타자기 옆에 있는 짧은 유서를 발견했소. 그리고 유서 옆에는 임용 탈락을 알리는 편지가 있었소. 나는 오늘 고센에게 전화해서 이제는 어떻게 할 것인지, 그리고 위원회의 결정에 유감이라고 얘기할 생각이었소. 나는 고센이 이런 식으로 그 결정을 받아들일 줄은 꿈에도 몰랐소. 나로서도 어쩔 수 없었던 것 아니오?" 코스트는 위안이라도 구하려는 듯 거의 애원하는 표정으로 스피어맨을 바라보았다.

스피어맨도 코스트를 바라보다가 눈길을 위로 돌렸다. 이런 상황을 맞아 어떤 감정을 가져야 할지 자신도 알 수 없었다. 무엇보다 고센의 가족이 걱정이었고 특히 약혼녀가 걱정되었다. 그녀는 바로 며칠 전에 자기 집에 왔던 사람이었다.

정교수로 임용되지 못한 것이 이런 결과를 낳았다는 것은 정말로 뜻밖이었다. 스피어맨은 그렇게도 유능한 사람이 자신의 학문 분야에서 사라진 것을 안타깝게 생각했다. 그리고 누군가 고센이 임용에서 탈락했다는 소식에 제대로 대처하도록 준비시키지 못했다는 데 왠지 화가 났다. 어쩌면 그것은 자신이 할 수도 있었던 일이었다.

"가족에게는 알렸나요?" 스피어맨이 물었다.

"그렇소. 경찰에서 상황을 알려주었소. 데니스의 아버지가 오늘 비행기로 이 곳에 와서 수습을 한다고 들었소. 내가 어머니에게 무엇이든 도울 수 있다면 돕겠다고 얘기했소. 나는 언론이 이 사건을 크게 다룰까 봐 걱정이 되오. 헨리, 내가 기자들과 얘기해야 할까?"

스피어맨은 책상 의자로 걸어가 그 주위를 한 바퀴 돈 다음, 털썩 자리에 주저앉으면서 코스트를 바라보았다. "기자들에게는 간단하게만 얘기하는 것이 좋겠습니다. 이름, 직위, 그 밖에 간단한 사실만 얘기하세요. 언론의 관심은 데니스 고센에게 있는 게 아닙니다. 그들은 기삿거리를 찾고 있어요. 이를테면 하버드가 젊은 교수들을 착취하고 있다는 식의……."

"헨리, 당신 말이 맞아요. 기자들에게는 꼭 필요한 것만 얘기해야겠소. 언론은 '나쁜 교수'를 부각시키는 이야기를 좋아하죠." 코스트는 그 곳에서 떠날 준비를 했다. 스피어맨은 이미 전화기를 들고 있었다. 그것을 보며 코스트는 헨리 스피어맨의 연구실에서 나갔다.

"클레그 학장 좀 부탁합니다." 스피어맨이 전화기에 대고 읊조렸다. "덴턴? 데니스 고센에 대한 끔찍한 소식을 들었죠? 당신에게도 안된 일이라고 얘기하기 위해 전화했어요. 이번 일로 더 무거운 짐을 지게 되었으니 말입니다. 전화로 오래 얘기할 생각은 없어요. 하지만 당신이 어떻게 대처할 것인지 알고 싶습니다. 당신과 나는 젊고 유능한 사람들이 하버드에서 임용되지 못하는 것을 많이 보았어요. 하지만 그 중에서 어떤 사람도 이렇게 극단적인 행동을 한 적은 없어요. 그렇지 않아요? 그리고 젊은 교수들을 안정시키기 위해 당신이 무엇을 하든 나도 돕고 싶어요. 이번 일로 인해 상당한 충격파가 있을 겁니다."

"헨리, 전화해줘서 고맙소." 클레그가 말했다. "그래요, 나는 정말로 걱정이 됩니다. 무엇보다 고센처럼 임용에서 탈락한 젊은 교수들이 어떻게 나올지 걱정입니다. 오늘 오후에 그들과 학과장들이 참석하는 모임을 소집해놓았소. 학과장들에게는 여행 계획을 취소하더라도 반드시 참석해달라고 얘기했소. 상담 센터와 의과대학에도 얘기해서 상황을 알렸고, 그들도 모임에 참석할 사람들을 고르고 있소.

솔직히 나는 취업 준비 중인 대학원생들에 대해서도 걱정하지 않을 수가 없소. 이번 일로 상당히 동요하고 있을 거요. 어쩌다 이런 일이 일어났는지……. 그리고 재단 이사회도 있소. 벌써 이사 두 사람이 도대체 학교를 어떻게 운영하느냐고 질책을 했소. 그래서 총장이 나에게 이사회에 보고할 사건 경위서를 작성하라고 얘기했소. 전에도 자살을 한 교수들은 있었지만, 고센의 경우에는 너무 뜻밖의 일이었소. 게다가 그의 행동은 전혀 논리적이지 않아요. 그러니까 이 곳에서 임용되지 못했다고 그것이 세상의 끝은 아니잖소? 교수직을 얻을 수 있는 좋은 학교는 얼마든지 있는데……. 그래서 고센의 행동은 이해가 되질 않아요."

클레그와의 통화를 끝내고나서 스피어맨은 수화기를 제자리에 놓았다. "논리적이지 않다"는 말과 "이해가 되질 않는다"는 말이 귓가에서 맴돌았다. 자살은 인간 행태에 관한 스피어맨의 모델에 잘 맞지 않았다. 사람들은 차선의 선택을 한다는 것이 학자로서 그의 믿음이었다. 그들은 이것을 더 많이 사거나 저것을 더 적게 샀다. 그들은 이 곳이 안 되면 저 곳으로 이동했다. 그들은 하나의 일자리가 안 되면 또다른 일자리를 얻었다. 그들은 한 시간의 추가근무를 하면서 그 시간만큼의 여가를 희생했다.

대학원을 졸업한 이후 스피어맨은 늘 앨프레드 마셜의 그 멋진 말을 신조로 삼았다. '자연은 도약하지 않는다(갑자기 변하지 않는다).' 스피어맨이 볼 때 자살은 일종의 도약이었다. 관념적으로는 그도 사람들이 자신에게 남은 삶의 효용이 영(zero)보다 적을 때 스스로 목숨을 끊음을 이해했다(더 이상 아무 희망이나 의미가 없을 때—옮긴이). 하지만 고센에게는 아직도 삶에서 누릴 수 있는 즐거움이 무척 많았다. 따라서 고센의 그런 행동은 이해하기 어려운 것이었다.

헨리 스피어맨은 쌓인 우편물을 무심하게 바라보면서 지금은 그것들을 읽을 때가 아니라고 생각했다. 그리고 비서가 기록해놓은 통화 기록은 더욱더 확인할 때가 아니었다. 편지들을 읽고 전화 통화에 응답하는 것은 내일 해도 늦지 않을 것이었다. 오늘은 그런 일을 하고 싶은 생각이 전혀 없었다. 묵직한 외투와 모자를 걸친 후 스피어맨은 학교를 떠나 집으로 갈 준비를 했다.

얼음같이 차가운 바닷바람이 학교 건물을 나서는 그를 맞았고 자동차가 있는 곳까지 그와 동행했다. 주차장에 도착했을 때 뒤에서 누군가가 부르는 목소리가 들렸다. "스피어맨 교수님, 스피어맨 교수님!"

뒤를 돌아보니 포스터 배렛이 다가오고 있었다. "데니스 고센의 소식을 들었나요?"

"예, 방금 그 얘기를 들었습니다. 정말로 당혹스런 일입니다. 경제학은 유능한 학자 한 사람을 잃었습니다."

"그리고 다른쪽으로도 당혹스런 일입니다. 신문사에서 자꾸만 나에게 전화를 걸어옵니다. 오늘 아침에는 식사 도중에도 전화가 왔습니다. 위원회에서의 투표 결과가 밖으로 새 나간 모양입니다. 데니스 고센에게 반대표를 던진 사람들의 이름이 언론에 보도되었습니다. 이제 그들은 나에게 전화를 해서 마치 내가 반대표를 던짐으로써 고센을 죽게 만들었다는 식으로 질문을 합니다. 그들은 원인 제공과 책임이란 단어를 구분하지 못합니다. 피상적으로 볼 때 위원회의 결정이 고센의 죽음에 원인을 제공했을 수도 있습니다. 하지만 고센의 죽음이 우리에게 책임이 있는 것은 아닙니다."

"나에게서 어떤 대답을 듣고 싶은 건지 나는 잘 모르겠습니다." 스피어맨이 말했다. "하지만 나는 누가 어떻게 반대표를 던졌는지 외부인들에게 절대로 얘기하지 않았습니다. 사실 나는 그럴 생각도 없습니다. 그런 정보가 유출되었다는 것은 내가 볼 때도 정말로 유감스런 일입니다. 그리고 나는 당신이 고센의 죽음에 책임이 있다고 전혀 생각하지 않습니다. 그런 생각은 조금도 없습니다. 당신이 어떻게 자살이란 결과를 예상할 수 있었겠습니까? 그것은 누구도 예상하지 못했습니다. 우리 둘 사이에 의견이 크게 다른 부분이 있다면, 그것은 당신이 고센에게 반대표를 던졌다는 사실입니다. 내가 볼 때 그것은 잘못된 것입니다. 나는 그것을 확신합니다."

"내가 고센에게 반대표를 던진 것이 잘못되었다구요? 이 보시오, 헨리. 이제 당신도 그 젊은이가 하버드의 교수로서 부적합하다는 것을 알게 되었을 거요. 무슨 말이냐 하면, 이제는 증거가 분명하게 드러나지 않았소? 고만한 어려움 때문에 자신의 목숨을 끊는다니, 그 얼마나 나약한 사람이오. 그것은 하버드 대학의 어떤 사람에게도 적절한 행동이 아니오. 교수가 되었든 학생이 되었든! 아무 명분도 없이 자살을 하다니, 도대체 그 사람은 어떤 사람이오? 게다가 고센은 자신의 행동으로 얼마나 많은 사람들이 괴로움을 겪을지 생각하지도 않았소."

"내가 볼 때 고센의 죽음에는 사회적인 체면이나 나약함 이상의 무언가가 있습니다." 스피어맨이 말했다. "어찌 되었든 하버드의 명성은 이 돌풍을 헤쳐 나갈 것으로 나는 확신합니다. 전에도 이와 비슷한 일이 있었습니다. 그리고 언론에 대해서는, 방금 나에게 한 얘기만 했으면 합니다. 다시 말해, 고센의 죽음은 당신이 볼 때 하버드의 정교수가 될 자격이 없는 사람의 행동이었다고 말입니다. 그러면 기자들은 더 이상 당신의 식사를 방해하지 않을 겁니다."

스피어맨은 자동차의 시동을 켜고 학교에서 서쪽으로 달렸다. 처음에 그는 곧장 집으로 갈 생각이었다. 하지만 중간에 캘빈 웨버의 집에 가보고 싶은 생각이 들었다. 서재로 안내되어 들어간 후에 스피어맨은 웨버에게 그 소식을 전했다. 웨버는 그 얘기를 처음 듣는다고 대답했다. 스피어맨은 위원회의 투표 결과가 새 나갔다는 것과 클레그 학장이 소식을 접하고 보인 반응, 그리고 배렛의 반응에 대해 자세하게 얘기했다. 웨버는 마치 그 얘기 중에서 마지막 부분만 들은 사람처럼 반응했다.

"헨리, 자네도 알고 있겠지. 새커리의 글에 보면 이런 말이 나와. '천박한 것을 천박하게 숭배하는 그 사람.' 배렛이 바로 그런 사람이야. 그는 천박할 뿐 아니라 속물이기도 하지. 그는 자신의 투표가 정당한 것이었다고 믿고 있어. 그리고 그런 자신을 숭배하지. 하지만 그것 때문에 골치 아픈 일은 원하지 않아. 그는 고센에게 가족이 있는지 묻기나 했나? 혹은 파티에 참석했던 그 여자친구에 대해서는? 누가 그녀를 위로하는 것을 본 사람이 있나?"

"글쎄, 그런 사람은 없는 것 같은데." 스피어맨은 솔직하게 고백했다. "하지만 나는 자네에게 이 끔찍한 소식을 직접 전해주고 싶었네. 집으로 가던 길이었어. 가서 피지에게 내가 직접 그 소식을 전해주고 싶었어. 아내는 고센과 인사를 나눈 적이 있으니까. 사실은 고센이 밤에 우리 집에 찾아온 적이 있지. 아주 혼란스런 모습으로 자신의 임용에 대해 얘기하고 싶어했어. 하지만 그때 자신이 탈락할 것을 미리 알았을 리는 없지. 사실 우리 학과에서는 고센을 강력하게 밀었기 때문에, 오히려 그 반대를 예상했다고 봐야 해."

캘빈 웨버는 스피어맨에게 뜨거운 차를 권했다. 스피어맨은 정중하게 사양하면서, 친구의 기분을 북돋우기 위해 필린스 백화점에서 일어났던 해프닝을 상기시켰다. 그때 그는 누군가에게 떠밀려 속옷 진열대 밑에 쓰러졌었다. 하지만 그런 즐거운 이야기도 웨버의 기분을 돌려놓지는 못했다.

캘빈 웨버는 집에 가기 위해 문을 나서는 스피어맨에게 말했다. "헨리, 자네로서도 어쩔 수가 없었던 거야. 자네는 그 자리에서 고센을 강력하게 옹호했어. 고센도 저 세상에서 그런 지원을 잊지 않을 거야." 웨버가 잠시 말을 멈추었다. "자네가 그렇게 한 것을 알고 있다면 말이야."

스피어맨은 남쪽으로 자동차를 몰며 케임브리지 교외를 지나 웨버의 집에서 가까운 자신의 집으로 향했다. 그렇게 5분 정도 달린 후 그는 집에 도착해 아내의 볼에 키스를 했다. "헨리, 그 얘기를 들었어. 데니스 고센에 대한 얘기 말이야. 나는 그 사람이 전날 밤에 집에 왔을 때 틀림없이 무언가 잘못된 것이 있음을 알았어." 피지 스피어맨은 직설적으로 말하지는 않았지만, 헨리는 아내의 근심을 이해했다. 즉, 그는 고센이 집에 왔을 때 너무 냉정하게 대했던 것이었다.

"그리고 헨리, 전화가 무척 많이 왔어. 소피아 우스티노프가 전화를 했고, 모리슨 벨과 발레리 단치히도 전화를 했어. 세 사람 모두 당혹해하는 목소리였어. 특히 발레리 단치히가 더욱 그랬어. 그들은 당신이 이 사건에 대해 알고 있는지, 그리고 알고 있다면 어떻게 생각하는지 알고 싶어했어. 그리고 대학 신문사의 누군가가 전화를 했고, TV 방송국에서도 당신을 찾았어. 방송국에서는 오늘 밤에 하버드의 임용심사 절차에 대해 특집을 마련할 생각인가 봐. 그래서 당신을 인터뷰하고 싶어했는데, 내가 코스트 교수에게 전화해보라고 얘기했어."

"정말 멋지군." 스피어맨이 중얼거렸다. "특집이라……. 한나절 정도 취재를 한 후에 심층 분석과 해설을 제시하겠군. 물론 구체적인 개혁안도 내놓겠지. 그렇게 해서 수백 년 동안 쌓아온 하버드의 전통을 깨부수려 하겠지."

스피어맨의 목소리가 좀더 분명해졌다. "여보, 고마워. 코스트 교수에게 전화해보라고 한 것 말이야. 오늘은 누구에게서도 전화를 받고 싶지 않아. 동료 교수들말고는 말이야. 괜찮다면 이제는 서재로 가서 생각 좀 해야겠어. 이따가 밤에 밖에 나가서 외식을 하자구. 어때?
단둘이서만 말이야."

꼬리에 꼬리를 무는 죽음들

"아빠, 내 바이올린 케이스 못 봤어? 엄마가 어디 두었는지 알아?"

"네 엄마에게 물어보지 그러니?"

"엄마는 데비랑 지하실에 있어. 그 곳에서 데비가 체육관에 가는 걸 돕고 있어. 그리고 밖에서는 켈리네 엄마가 기다리고 있어."

"침대 밑이나 옷장 안을 보았니?"

"아니."

"그럼, 그 곳에 가서 찾아봐. 세지윅 아줌마에게 네가 곧 나갈 거라고 아빠가 말할 테니."

모리슨 벨의 집에서 토요일 아침은 늘 바쁘게 시작되었다. 거의 모두가 가야 할 곳이 있었다. 그의 가족은 부엌에서 집의 이곳저곳으로 부지런히 움직이며, 그 날의 스케줄을 준비하는 짬짬이 아침을 먹었다. 작은딸인 에밀리는 여덟 시 반까지 나가야만 카풀을 이용해 스즈키(일본의 바이올리니스트이자 음악교육자. 전세계 수백만 어린이를 위한 20세기 최고의 바이올린 교습법인 '스즈키 교습법'을 창시했다—옮긴이) 레슨에 늦지 않을 수 있었다. 에밀리는 대개 집을 나서기 전 마지막 순간에 호들갑을 떨었다. 이번 토요일에는 엉뚱한 곳에 둔 바이올린 케이스였다. 지난 주에는 바이올린 악보였다.

모리슨 벨은 이번 주에 자신이 카풀 운전자가 아닌 것을 다행으로 생각했다. 경험에 비추어볼 때 세지윅 여사는 중간에 다른 곳에서도 비슷한 꾸물거림을 겪어야 할 것이었다. 아내는 지하실에 있는 세탁실에서 데보라의 체조 강습을 위한 깨끗한 수건이나 타이츠를 찾는 모양이었다. 아내는 데보라를 태우고 고등학교에 있는 체육관에 갔다가 에어로빅 강습을 받으러 교회에 갈 것이었다. 그런 역할은 두 시간쯤 후에 바뀔 것이었다. 그때가 되면 아내는 에밀리와 데보라를 각각 미술관의 그림 강습과 컴퓨터 강습에 데려갔다. 적어도 그것이 이번 겨울의 주말 패턴이었다. 지난 겨울에는 그것이 스즈키, 수영, 그리고 발레였다.

"이제는 아이들이 마당에 나가 놀지 않는 모양이야." 모리슨 벨은 이 날 아침 집에서 나가는 가족의 마지막 구성원을 보면서 혼자말을 했다. 그런 생활패턴은 자신의 어린 시절과 아주 달랐다. 벨의 어머니는 자신과 남동생에게 밖에 나가 실컷 놀다가 점심 때 부르면 들어오라고 얘기했다. 그 동안에 아이들은 서로 어울려 놀며 같이 할 일을 의논했다. 그리고 당시의 아이들은 어른들과 무관하게 자기들끼리 놀았다. 벨의 경우 아버지는 매주 토요일 아침 일터에 나갔다. 아버지는 유제품 트럭을 몰았다. 아버지가 일하러 나가면, 어머니는 아침 내내 옷을 다리고, 설거지를 하고, 냉장고를 닦고, 빨래를 내다 걸고, 반찬을 준비하며 바쁘게 지냈다. 하지만 이제 그런 것들은 기계들이 대신했다. 세탁기, 청소기, 전기 건조기, 혹은 통조림 등이 아내의 일손을 덜어주었다. 풍요로운 미국 가정에서 아직도 주부로 남아 있는 여자들은 이제 사회 생활의 감독 역할을 수행했다. 그들은 가족 모두가 자신의 에너지를 쏟아 부을 수 있는 생산적 활동에 참여하도록 돌보았다.

벨 자신은 가족의 바쁜 활동을 오히려 고맙게 생각

했다. 아이들이 뒷마당에서 논다면, 벨의 새 관찰은 불가능하지는 않겠지만 방해받을 것이었다. 벨의 뒷마당은 한적한 곳이었고, 그 곳에는 벨이 갖다놓은 새 모이통이 있었다. 새들은 그 곳에 와서 자유롭게 모이를 먹는 걸 좋아했다. 그러면 벨은 편안한 침실에서 새들이 놀라 도망갈 걱정 없이 뒷마당의 손님들을 관찰할 수 있었다.

하버드의 수학자는 자신만의 조용한 침실로 들어갔다. 이 곳은 그가 일과 여가를 즐기는 가장 좋은 장소였다. 사람들의 요구에 맞춰 빠듯한 일정을 짤 수밖에 없었던 아버지의 직업과 달리, 벨은 토요일 아침에 일을 할 것인지, 혹은 어디에서 일할 것인지 선택할 수 있었다. 수학 관련 책이나 정간물은 어디나 들고 다닐 수 있었기 때문에, 그는 침실에서도 그것들을 읽으며 일할 수가 있었다. 그리고 그런 일에는 시간대가 정해져 있지 않았다. 언제든지 읽고 싶을 때 읽을 수가 있었으며, 흥미로운 새들이 찾아오면 읽는 일을 멈출 수가 있었다.

벨은 침대 맡에 베개를 놓고 신발을 벗은 후 침대로 올라갔다. 그리고 어디서부터 읽을지 생각하다가 스탠드에 미개봉 상태로 놓여 있는 봉투에 시선이 멈췄다. 그는 어제 들은 나쁜 소식을 기억에서 지우려고 애썼지만, 창백한 색깔의 봉투를 보는 순간 다시 그 일을 생각하지 않을 수 없었다. 비운의 데니스 고센은 정확하게 3주 전에 자신을 찾아와 할 말이 있다고 얘기했다. 하지만 벨은 들으려 하지 않았고, 거절당한 고센은 우편으로 무언가를 보내겠다고 선언했다. "그것을 읽어주시기 바랍니다." 고센은 떠나면서 그렇게 얘기했다. 하지만 그때만 해도 벨은 그런 얘기를 대수롭지 않게 여겼다. 마침내 편지가 도착했을 때, 벨은 그것을 침대 옆의 스탠드에 그냥 두었다. 벨은 그것을 읽을 수도 있다고 생각했지만, 심사위원회의 모든 절차가 끝나고 결정이 내려진 후에야 가능한 일이라고 생각했다. 하지만 다시 고센이 전화를 걸어와 이번에는 편지를 읽지 말아달라고 부탁했다. 이제 고센은 죽었고, 벨은 그의 행동에 혼란스러움을 느꼈다. 한편 지금 그것을 읽는다 해도 해를 입을 사람은 없었다. 하지만 그것을 읽는다고 무슨 소용이 있을까?

그 젊은 사람은 스스로 목숨을 끊었다. 그리고 모리슨 벨은 왠지 죄의식을 느꼈다. 그렇다고 자신이 한 어떤 행동이 그의 죽음을 야기시켰기 때문은 아니었다. 그럼에도 벨은 죄의식을 느꼈다. 알고보니 그는 막다른 골목에 처해 있던 사람을 냉정하게 물리친 것이었다. 설상

가상으로 그는 고센의 임용심사에서 반대표를 던졌다. 물론 그것이 결정적인 것은 아니었다. 클레그 학장이 가부 동수에서 결정권을 행사했다. 그리고 포스터 배렛이 위원들 중에서 마지막으로 반대표를 던졌다. 배렛이 그러지만 않았다면 상황은 달라졌을 것이었다. 하지만 이는 벨에게 작은 위안을 줄 뿐이었다. 배렛이 찬성표를 던졌다면 클레그가 결정권을 행사할 필요도 없었을 것이었다. 그렇지만 설사 그 운명적인 투표의 최종적인 결과를 알았다 해도 나는 다르게 행동해야만 했을까? 벨은 자신의 판단에 따라 투표를 했을 뿐이었다. 물론 다르게 선택했을 수도 있었다. 하지만 고센도 다른 선택을 할 수 있었다. 벨은 자신의 어떤 행동도 그 젊은 사람의 죽음에 원인을 제공한 것은 아니라고 애써 위로했다. 하지만 벨의 생각이 무엇이든 남들의 생각은 다를 것이었다. 이미 언론은 그렇게 보도하고 있었다.

교수로 일하는 동안 벨은 임용심사위원회의 결정이 외부로 유출되는 것을 본 적이 없었다. 벨 자신이 처음 임용될 때 위원들의 이름조차 알지 못했다. 이제는 그런 정보를 손에 넣을 수 있었다. 하지만 위원회가 내린 결정에 대한 비밀주의는 신성 불가침한 것이었다. 벨은 금요일에 언론이 고센의 자살과 관련해 자신을 인터뷰하려 할 때 일부러 피했다. 그리고 벨은 그렇게 하기를 잘했다고 생각했다. 그는 배럿이 금요일 저녁 TV 뉴스에 나오는 것을 보고 얼굴을 찡그렸다. 불쌍한 포스터. 그 사람은 자존심이 아주 강했다. 그 사람은 하버드에서 일어난 일은 전적으로 내부 문제라고 믿었다. 그런데 이제 그가 위원회에서 한 투표는 방송을 타고 모두에게 알려졌다. 포스터 배럿은 거실에서 마치 죽은 사람처럼 TV만을 보지는 않았다. 그러나 이제 그 사람은 수많은 보스턴 주민들의 거실에서 TV를 통해 생생하게 생중계되고 있었다.

하지만 어느 면에서 그것은 고소한 일이었다. 배럿이 벨과 발레리 단치히에 대해 한 말은 변명의 여지가 없었다. 포스터 배럿은 카메라가 자신을 따라다니는 것을 허용했다. 그는 자신에 대해서만 말할 수도 있었고, 아니면 질문 자체를 피할 수도 있었다. 비슷한 상황에서 벨이었다면 그렇게 했을 것이었다. 고센의 비극에 다른 사람들이 관련된 것처럼 말한 배럿의 태도는 도를 지나친 것이었다.

이윽고 벨은 고센이 보낸 봉투를 집어들었다. 그는 봉투를 보낸 사람의 얼굴조차 모른다는 사실을 깨달았다. 그는 금요일의 흥분과 토요일의 우울을 야기시킨 그

225

젊은 사람의 모습을 떠올릴 수 없었다. 마침내 벨은 봉투를 열지 않기로 결심하고 그것을 다시 스탠드에 올려놓았다. 월요일에 그냥 대학의 심부름꾼을 통해 고센의 연구실로 보낼 생각이었다. 그것을 어떻게 처리할지는 고센의 죽음에 관련된 사람들이 알아서 할 일이었다.

벨의 시선이 뒷마당의 움직이는 물체에 꽂혔다. 그가 금요일 저녁 모이통 밑에 뿌려둔 솔방울들 사이에서 무언가가 움직였다. 벨은 더 자세히 보기 위해 머리를 돌렸다. 그것이 무엇인지는 의심할 여지가 없었다. 부리 모양을 보면 확실하게 알 수 있었다. 벨은 갑자기 기쁨을 느끼며 그 모든 우울함을 떨쳐버렸다. 결국 오늘은 운이 좋은 날인 것 같았다. 흰 날개의 잣새가 바로 창문 밖에서 솔방울 하나를 쪼고 있었다. 시에라 클럽의 친한 친구가 어제 벨에게 전화를 걸어 금년 겨울에는 잣새들을 심심찮게 볼 수 있다고 얘기했었다. 벨은 솔방울 몇 개면 잣새들을 볼 수 있을 것이라는 말을 들었다. 그리고 진짜로 잣새가 나타났다. 벨이 딸과 함께 잣새를 마지막으로 본 것은 2년 전이었다. 그때 에밀리는 잣새의 부리가 굽은 것을 보고 기형이 아니냐고 물었다. 벨은 즐거운 마음으로 딸에게 잣새는 기형이 아니며 부리가 굽어져 있기 때문에 솔방울에서 씨앗을 빼먹을 수 있다고 설명했다. 벨은 쌍안경을 꺼내 잣새를 더 자세히 보려 했다.

특이한 새를 보자 벨은 기분이 너무나도 좋았다. 자연 속에서 그렇게도 아름다운 생명체를 찾아보기는 어려웠다. 그리고 이런 장면을 볼 수 있는 것은 인간과 자연이 협력해 환경을 되살리고 있기 때문이라고 벨은 생각했다. 그는 빨리 가족이 돌아와서 이 기쁜 소식을 알릴 수 있기를 바랐다.

벨은 이제 고센 사건을 완전히 잊고 있었다. 살다보면 늘상 이상한 일이 일어나기 마련이었다. 오늘 그의 관심의 초점은 자신에게 만족을 주는 것에 맞추어질 것이었다. 벨은 손목시계를 들여다보았다. "아이들과 아내가 돌아오려면 적어도 세 시간은 있어야겠군." 그는 혼자서 중얼거렸다. 그리고 다시 새가 있던 곳으로 눈길을 돌렸다. 잣새는 이제 가고 없었다. 벨은 잠시 또다른 흥밋거리가 없는지 살펴보았다. 더 이상 그런 것이 없음을 알고 벨은 다시 책을 읽기 시작했다.

한 시간 넘게 그는 조용히 책을 읽으며, 이따금씩 눈길을 돌려 뒷마당에 찾아오는 단골 손님들을 바라보곤 했다. 아이들이 없으니 집 안이 무척 적막하군, 벨은 생각했다. 하지만 이 모든 것은 곧 변할 것이었다. 그러니

즐길 수 있을 때 최대한 고독을 즐길 것이었다. 그는 계속해서 책을 읽어나갔다. 이제 두 시간이 지나고 있었다. 벨은 자리에서 꿈쩍도 하지 않았다.

이따금씩 바라보는 뒷마당에는 많은 손님들이 찾아왔다. 하지만 특별하게 눈길을 끄는 새는 거의 없었다. 그가 다시 독서에 몰두하고 있을 때 갑자기 새들이 날아가 벨의 관심을 끌었다. 뒷마당에 앉아 있던 많은 새들이 일시에 공중으로 날아갔다. 주위에 특별한 움직임은 없는 것 같았다. 하지만 그 곳에는 모이통들만 덩그러니 남았다.

벨은 자리에서 일어나 창문 쪽으로 걸어갔다. 뒷마당은 이제 고요했다. 앙상한 나뭇가지들이 겨울바람에 가볍게 떨고 있었다. 도대체 왜 새들이 하늘로 날아간 걸까? 벨은 기지개를 켜듯이 사지를 뻗었다. 오랫동안 움직이지 않아서 다리가 뻣뻣했다. 모이통들은 거의 비어 있었다. 그래서 새들이 놀란 것은 아닐 거야. 하지만 이제는 휴식을 취해야 할 시간인 것 같았다. 잠시 바람을 쐬면 기분도 상쾌해지고 뻐근함도 누그러질 것이었다. 새들이 근처에서 지켜보고 있다가 다시 돌아올 것이었다. 그가 모이통을 채우면 새들은 반갑게 돌아올 것이었다. 벨은 침실에서 나가 겉옷으로 걸칠 스웨터를 찾았다.

그는 침실의 유리문을 가볍게 밀면서 차가운 공기 속으로 들어갔다. 그리고 쌓인 눈 속을 걸으며 차고 옆 문으로 다가갔다. 가까이 가서 보니 문이 약간 열려 있었다. "에밀리가 또 스케이트를 꺼낸 후에 문을 열어놓았구나." 벨은 한숨을 쉬면서 문을 밀고 어두컴컴한 차고 안으로 들어갔다. 그는 손으로 벽에 있는 스위치를 눌렀다. 하지만 불은 들어오지 않았다. "망할!" 벨이 말했다. "전구의 수명이 다된 모양이군. 차고에서 나갈 때는 불을 끄라고 그렇게도 말했건만." 벨은 다시 한숨을 쉬며 귀여운 딸들을 원망했다.

벨은 이 곳에서 자주 새 모이를 꺼냈기 때문에 어둠 속에서도 새 모이가 있는 곳을 쉽게 찾을 수 있었다. 그는 눈을 감고도 차고 안에 무엇이 있는지 알 수가 있었다. 그래서 그는 차고 안에 누군가가 있음을 확실히 알 수 있었다. 벨은 보거나 만지지 않아도 그 사실을 알 수 있었다.

무언가가 벨을 세게 내리쳤다. 이윽고 차고에는 정적만이 흘렀다. 뒷마당의 모이통은 채워지지 않았고, 새들은 보는 이 없이 왔다가 갔다.

　　　　*　　*　　*

　　포스터 배렛은 양념 캐비닛의 문을 열고 마늘 분쇄기와 마늘 몇 개, 그리고 약간의 향료를 꺼냈다. 빨간 싱싱한 도미가 옆에 있는 요리대에 놓여 있었다. 일요일 밤에는 클럽이 문을 닫았고, 배렛은 여러 해 동안 집에서 혼자 저녁을 먹었다. 일요일 밤에 그는 친구들에게 종종 말하듯이 '삼위일체의 맛'을 보았다. 음식, 음악, 그리고 소설이었다. 오늘 밤의 맛은 도미 요리, 비발디, 그리고 그레이엄 그린이었다.

　　요리를 시작한 때는 저녁 7시였다. 앞으로 한 시간쯤 후에 요리가 마무리되면 해가 질 것이었다. 오늘 배렛이 식사에 맞춰 들을 음악은 비발디의 〈트럼펫과 관현악을 위한 협주곡 C장조〉였다. 식사를 마친 후에는 그레이엄 그린의 최신작을 읽을 것이었다.

　　배렛은 사교 생활도 자주 했다. 하지만 결혼은 하지 않고 독신으로 지냈다. 그는 오늘 저녁에 즐길 수 있는 것과 같은 이런 종류의 고독을 원했다. 배렛은 자신이 집에 혼자 있을 때도 혼자라는 기분을 거의 느끼지 않았다. 하지만 오늘 밤에는 왠지 달랐다. 오늘 저녁 배렛의 집에는 그가 좋아하는 축제의 분위기가 결여되어 있었다. 그리고 뉴잉글랜드의 저무는 해로는 설명할 수 없는 어둠이 깔려 있었다. 배렛은 부엌에서 나와 거실에 있는 오디오를 틀었다. 비발디의 음악을 들을 생각이었다. 그러면 분위기가 좀더 밝아질 것이었다. 하버드의 이 고전학자는 다시 부엌으로 들어가 식사를 준비했다. 음악을 들으면 기분이 좀 나아지겠지, 그는 생각했다.

오늘 일어난 고센 사건 때문일까? 배렛은 궁금하게 생각했다. "당연히 그 때문은 아니지! 포스터, 멍청한 생각 좀 하지 마." 그는 혼자서 중얼거렸다. "그 젊은 바보는 스스로 목숨을 끊었다구. 남들은 전혀 생각하지 않은 채, 학교 생각은 전혀 하지 않은 채. 그렇게 이기적이고 나약한 사람은 어쩔 수가 없는 거야." 다음에는 방송국의 그 카메라맨이 있었다. 그 작자는 배렛의 연구실로 쳐들어와 마이크를 들이대고 촬영을 하면서 고센에 대해 말도 안 되는 질문들을 했다. "정말로 웃기는 녀석이야. 남의 저녁 시간을 그렇게 망쳐놓다니." 배렛은 결단코 저녁 뉴스를 보지 않겠다고 다짐했다. 그리고 모교의 임용심사 과정에 관한 그 특집 프로도 보지 않을 생각이었다. 배렛은 자기 연구실에서 찍은 필름이 저녁 뉴스나 특집 프로에서 방영된다는 생각에 치를 떨었다. 그 모든 일은 너무나 무의미하고 천박한 것 같았다. "당연히 나로서는 창피하게 생각할 게 전혀 없어." 그는 혼자말을 하듯 중얼거렸다. "갑자기 당한 일이라 어쩔 수 없었다구."

그러나 비발디의 음악도 포스터 배럿의 기분을 바꿔놓지는 못했다. 그리고 요리에서도 예전처럼 즐거움을 느끼지 못했다. 심지어 그는 샐러드를 준비하면서 한기를 느끼기 시작했다. 마치 우울한 분위기가 으스스함을 만들어내는 것만 같았다. 배럿은 잠시 친구에게 전화해 함께 저녁을 먹자는 초대를 할까, 생각했다. 도미는 두 사람이 먹을 만큼 충분히 컸다. 샐러드는 더 만들면 될 것이었다. 일요일 밤의 관례에도 불구하고 배럿은 잠시 유혹에 빠졌다. "아냐, 그건 멍청한 짓이야." 그는 다시 마음을 추슬렀다. "그레이엄 그린의 책은 한 권밖에 없어. 식사는 같이할 수 있어도 소설은 같이 읽을 수 없어."

"어디서 외풍(外風)이 들어오나? 왜 집 안이 이렇게 썰렁하지?" 배럿은 짜증스런 목소리로 말했다. 그는 하던 요리를 멈추고 이제는 어두워진 거실 쪽으로 걸어갔다. 그리고 불도 켜지 않은 채 불만스럽게 중얼거렸다. "망할 놈의 앞문이 열려 있네. 왜 내가 문을 잠그지 않았지?" 배럿은 집 안의 냉기가 어디에서 비롯되었는지 알고나서야 비로소 안심했다.

포스터 배렛은 다시 부엌으로 돌아왔다. 그는 이제 식사 준비를 마무리하기 시작했다. 선반에서 작은 칼을 꺼낸 배렛은 파슬리를 좀 썰어 막 오븐에서 꺼낸 빨간 도미 위에 얹었다. 요리의 마지막 의식을 마친 후 배렛은 칼을 요리대에 놓고 도미 요리와 샐러드를 식탁으로 옮겼다. 식탁으로 음식을 나르는 동안 비발디의 음악이 더욱 분명하게 들렸다. 배렛은 처음으로 비발디의 음악을 듣기만 한 것이 아니라 온몸으로 받아들였다. 이제는 기분이 훨씬 더 나아졌다. 조금 전 느꼈던 한기는 사라졌고 외로움도 사라졌다. 아름다운 음악과 요리, 그리고 곧 읽을 소설에 대한 기대가 그의 우울함을 말끔히 씻어냈다. 그 날 있었던 일들, 젊은 경제학자의 자살과 언론의 요란스런 보도 등은 곧 지나간 일이 될 것이었다. 우아한 도자기와 은수저가 빛을 발하는 가운데 배렛은 의자에 앉았다. 그는 부엌을 뒤로하고 탁자의 끝에 자리를 잡았다. 그렇게 하면 거실에서 나오는 음악을 더 잘 감상할 수 있었다.

하지만 그런 자세는 앞문을 통해 이미 집 안에 들어와 있던 '그 사람'에게도 유리한 것이었다. 그리고 배렛은 그 점을 곧 알게 될 것이었다. 그가 그렇게도 공을 들여 만든 그 음식은 먹는 사람이 없게 될 것이었다. 그레이엄 그린의 소설을 읽는 사람 또한 없을 것이었다. 포스터 배럿은 빨간 도미를 한입 맛보았다. 순간 그는 뒤에서 누군가가 다가오는 듯한 느낌을 받았다. 배럿은 깜짝 놀라 의자에서 부엌 쪽으로 몸을 돌렸다. 하지만 이미 때는 늦었다. 그가 부엌에 두고 온 칼이 벌써 배럿의 가슴을 깊이 찔렀다. 이번에도 생각할 시간은 거의 없었다.

＊　　＊　　＊

처음에 모리슨 벨의 죽음은 경찰을 당혹스럽게 만들었다. 살인의 분명한 동기가 없는 것 같았다. 이 경우에는 살인사건의 흔한 동기인 강도의 목적도 없는 것 같았다. 사라진 귀중품은 전혀 없었다. 그 사실은 조앤 벨과 경찰이 집안을 샅샅이 뒤졌을 때 분명하게 밝혀졌다. 그리고 차고에서도 없어진 물건은 전혀 없었다. 게다가 검시관은 벨의 사망 시간이 가족이 집에 돌아와 시신을 발견하기 한 시간 전이었음을 알아냈다. 따라서 집 안을 뒤지려 했다면 시간은 충분했을 것이었다.

이 하버드 수학자의 죽음은 케임브리지 전역에 충격

을 던져주었다. 마을 사람들은 즉시 그 영향을 받았다. 벨의 이웃 사람들은 자신들의 안전에 한층 더 신경을 썼다. 그리고 당연히 벨 가족과 가까이 지낸 많은 이웃 사람들은 그들에게 닥친 비극에 애도의 뜻을 표했다. 주말에 그의 살해 소식은 수학과의 동료들과 학생들에게 전해지면서 관심과 의혹의 대상이 되었다. 벨과 함께 일한 몇몇 학생들에게 그것은 이중적인 손실이었다. 먼저 그들은 자신들을 가르치는 교수를 잃었다. 뿐만아니라 그들은 연구 과제와 논문 준비에서도 막대한 지장을 받았다. 벨의 가족과 경찰, 그리고 그 밖에 많은 사람들에게 가장 중요한 질문은 "누가 왜 죽었는가?"였다.

살해 동기에 대해서는 여러 가지 가능한 설명들이 있었다. 모리슨 벨은 비록 많은 사람의 존경을 받고 있었지만, 모두가 그를 좋아한 것은 아니었다. 그는 자신뿐 아니라 남들에게도 일과 관련해 높은 기준을 요구했다. 그리고 벨의 기준에 부합하지 않은 사람들은 종종 냉혹한 비판을 받아야만 했다. 그가 남긴 상처는 깊은 것으로 쉽게 아물지 않았다. 어떤 경우에는 그것이 아주 오래가기도 했는데, 경찰은 탐문 수사를 통해 그 점을 알게 되었다.

그래서 벨의 주위에는 그의 죽음을 바라는 사람들이

많을 수도 있었다. 하지만 그 모든 동기에도 불구하고, 경찰은 포스터 배럿의 참혹한 죽음을 접했을 때 그 사실들을 거의 다 무시했다. 청소부가 월요일 아침에 그의 시신을 발견한 후 그 소식이 알려졌을 때, 케임브리지에 사는 주민들은 두려움에 휩싸였다. 이틀 만에 두 명의 하버드 교수가 살해당했다는 것은 살인자가 아직도 어딘가에 숨어 있다는 뜻이었다. 그 지역의 자물쇠 제조업자들은 보안 장치에 관한 질문들에 시달렸고, 경보 장치를 파는 회사들은 갑작스런 매출 증가에 대비했다.

스피어맨 부부는 포스터 배럿이 죽었다는 소식을 라디오 방송을 통해 들었다. 그때 헨리는 점심을 먹기 위해 앉아 있었고, 집에서 점심을 먹을 때 늘 그렇듯이 2시 뉴스를 듣고 있었다. 뉴스 진행자가 배럿의 시신을 발견했다고 얘기했을 때, 헨리는 처음에 그가 잘못 발표한 것으로 오해했다. 헨리는 아나운서가 모리슨 벨의 사망 소식을 전하면서 이름을 착각한 것으로 생각했다. 하지만 그런 오해는 세부사항이 발표되면서 끔찍한 현실로 변했다.

"헨리, 당신도 위험에 처해 있는 것 같아. 당신도 그 두 사람과 함께 위원회에 있었잖아." 피지가 겁에 질린 얼굴로 식탁에서 헨리를 바라보았다.

"피지, 내가 볼 땐 그렇지 않아. 배럿과 벨의 유일한 공통점은 두 사람 모두 데니스 고센에게 반대표를 던졌다는 거야. 그 정보는 연유가 무엇이든 대중에게 알려지게 되었어. 하지만 나는 규정에 따라 투표를 할 수가 없었어. 그리고 그 사실도 신문을 읽는 사람들에게 다 알려져 있어. 게다가 내가 고센을 강력하게 지지했다는 것은 모두가 아는 사실이야. 내가 볼 때 이번의 살인사건들은 복수일 가능성이 높아. 그리고 실제로 그렇다면 우리는 위험하지 않아. 겁을 먹어야 할 사람들은 발레리 단치히와 덴턴 클레그야. 경찰이 그 점을 이해하고 두 사람을 보호했으면 좋겠어."

"하지만 왜 누군가가 데니스 고센의 자살에 복수를 한다는 거야?"

"나도 고센을 그렇게 잘 알지는 못하기 때문에 그게 누군지는 알 수가 없어. 그를 너무나도 좋아하는 사람일 수도 있지. 이를테면 친척이나 친구 같은 사람 말이야. 누가 알겠어? 이런 경우에는 '왜'라는 질문보다 '무엇'이라는 질문이 더 적절할 거야."

헨리 스피어맨은 식탁에서 일어나 부엌에 있는 전화기로 다가갔다. 그는 친구에게 전화를 걸어 미리 대비책을 마련하라고 조언할 생각이었다. 하지만 그가 수화기를 들기 전에 전화기에서 벨소리가 울렸다. "여보세요, 헨리?" 친숙한 목소리가 말했다.

"덴턴, 정말로 우연의 일치군요. 나도 막 당신에게 전화를 하려던 참인데……. 포스터 배럿에 대한 소식은 들었겠죠? 나는 당신에게 전화해 가능한 모든 대비책을 준비하라고 얘기하려 했어요. 내가 볼 때는 누군가 복수를 하는 것 같은데, 정말로 그렇다면 발레리와 당신이……."

"헨리, 사실은 나도 그 때문에 전화를 하는 거요. 당신은 더 최근의 소식은 듣지 못한 것 같군요. 발레리와 나는 안전합니다. 나는 아침 일찍부터 경찰과 접촉하고 있었소. 바로 10분 전에 경찰이 멜리사 섀넌을 체포했소. 모리슨 벨과 포스터 배럿을 살해한 혐의로 말이오."

배심원의 유죄 평결

매닝 백스터 판사는 그 동안의 판사 생활에서 가장 유명한 사건 중 한 사건을 다루게 되었다. 그가 맡은 사건은 바로 멜리사 섀넌의 살인사건이었다. 그는 배심원 선발 과정이 끝난 데 안도감을 느꼈다. 벌써 재판 날짜를 이틀이나 늦추었다. 이제 마침내 피고에 대한 재판을 시작하게 되었다. 백스터가 법의(法衣)를 걸치고 법정에 들어갈 준비를 했다. 그는 오늘 이 곳에 모인 사람들이 평범한 원고와 피고, 그리고 변호사들과 그밖에 일반적인 방청객이 아님을 알고 있었다.

살인사건의 재판에서는 사회의 어두운 측면이 드러

나곤 했다. 그리고 사람들은 살인자들과 그들의 범행에 커다란 관심을 나타냈다. 오늘 이 법정에서는 사건을 둘러싼 인간의 욕망과 파국이 처절하게 드러날 것이었다. 백스터는 그런 생각을 하면서 법의 밑의 타이를 좀더 편안하게 고쳐 맸다. 오늘 이 재판은 연인의 자살에 살인으로 복수한 여자를 직접 보려는 방청객들로 붐빌 것이었다. 또 백스터 판사는 동료들로부터 하버드의 학자들도 이 재판을 방청할 것이라는 얘기를 들었다. 희생자의 동료 교수들과 친구들, 그리고 대학 당국의 관계자들이 참석할 것이었다. 그들은 피의자가 유죄 평결을 받음으로써 정의가 구현되고 더 이상의 희생자가 생기지 않기를 바랄 것이었다.

멜리샤 섀넌을 기소한 검사는 미들섹스 카운티 지청의 도로시 놀런이었다. 그녀는 3년 전에 법과대학원을 졸업하고 연방 판사 밑에서 사무관으로 일한 후, 그곳의 검사보로 임명되었다. 지청에서 근무하는 대부분의 검사들처럼 그녀 역시 더 높은 정치적 야망을 갖고 있었다. 이번 사건에서 이기면 검사로서 그녀의 명성은 높아질 것이고, 그렇게 되면 그런 목표를 달성하는 데 한 걸음 더 다가서게 될 것이었다. 그러니까 이번 사건은 그녀의 성공을 위한 디딤돌이었다. 그것만으로도 도로시 놀런은 멜리사 섀넌의 재판을 빈틈없이 준비해야만 했다.

게다가 그녀는 또 섀넌의 유죄를 굳게 믿고 있었다. 물론 증거는 정황적인 것이었고, 그것은 놀런의 기소에서 가장 큰 약점이었다. 하지만 그녀는 섀넌이 모리슨 벨을 죽였다는 것을 전혀 의심하지 않았다. 오늘의 재판은 바로 모리슨 벨에 관한 것이었다. 도로시 놀런은 포스터 배럿보다 모리슨 벨의 경우에 범행 동기가 더 강력하다고 생각했다. 그래서 그녀는 그 사건을 먼저 다루기로 결정했다.

케임브리지 법정에서 놀런과 맞서 싸울 적수는 제임스 라일리였다. 그는 형사사건이 전문인 케임브리지의 작은 법률회사에서 변호사로 일하고 있었다. 라일리는 지역의 변호사협회에서 크게 인정받고 있었다. 유명한 사건에는 좋은 변호사들이 따라붙게 마련이라서 섀넌의 보잘것없는 재산에도 불구하고 그가 변호인으로 선임되었다.

라일리는 동료들에게 재판에서 이길 가능성이 크다고 얘기했다. 그는 멜리사 섀넌이 곧 풀려날 것이라고 거의 장담했다. 그녀가 석방되면 라일리는 경찰과 벨 가족으로부터 미움을 받겠지만, 그렇게 되면 자신의 명성에는 큰 도움이 될 것이었다. 그것은 어떤 광고보다도 더 그의 능력을 홍보해줄 것이었다. 게다가 라일리는 섀넌과 많은 시간을 보내고나서 그녀의 무죄를 확신했다.

헨리 스피어맨은 처음에 재판에 가지 않을 생각이었다. 학기 중간의 학무(學務)가 무척 많았고, 그는 UCLA와 스탠퍼드에 논문을 제출하기 위해 캘리포니아에 갈 준비를 하고 있었다. 그리고 돌아오는 길에는 의회의 합동경제위원회에서 증언하기로 되어 있었다. 게다가 매월 쓰는 칼럼도 아직 마무리를 짓지 못했다. 하지만 캘빈 웨버가 적어도 덴턴 클레그가 증인으로 출석하는 재판에는 참석할 것을 종용했다.

미들섹스 카운티 법원은 케임브리지에서 가장 크고 현대적인 건물 가운데 하나였다. 이 건물은 1970년대 건축 과정에서의 불법적 자금 운용과 관련, 여러 논란과 의혹이 제기되는 가운데 문을 열었다. 하지만 그 문제는 시간이 지나면서 언론의 관심에서 멀어졌고, 이제 그 우아한 건물은 지역 주민들의 감탄을 자아냈다. 이 건물의 법정들은 반원형의 모양이었는데 사법적인 전통보다 방음 효과를 고려한 것이었다. 미들섹스 카운티의 법조인들은 그런 시설에 나름대로 자부심을 느꼈고 강 건너 보스턴의 법정들보다 더 현대적이라고 믿었다.

재판에 참석하는 사람들 가운데 오직 한 사람만이 법원 건물까지 이동할 필요가 없었다. 바로 멜리사 섀넌이었다. 죄수들에 대한 보안을 강화시키기 위해 감옥은 법원 건물의 제일 위층에 마련되었다. 멜리사 섀넌은 철저하게 보안 장치가 되어 있는 복도와 전용 엘리베이터를 통해 감방에서 법정까지 올 수 있었다. 외부에서의 이동은 전혀 필요하지 않았다.

"헨리, 법정에 와본 적이 있나?" 캘빈 웨버가 스피어맨에게 물었다. 두 사람은 다른 방청객들과 함께 법정 밖에서 입장을 기다리고 있었다. 검사측 증인으로 출석한 덴턴 클레그가 그들과 합류했다.

"딱 한 번 와본 적이 있지. 몇 년 전에 내가 조교수로 일할 때. 그런데 솔직히 말해서, 당시 내 증언은 대단한 성공을 거두지 못했어."

"그건 왜였지?" 클레그가 곧 증인석에 서게 될 사람의 호기심에서 물었다.

"내 증언은 너무 경제학적이었고 너무 시대를 앞서 갔거든." 스피어맨이 말했다. "지금은 그런 증언이 더 잘 받아들여질 것이라고 하던데."

"당연하지. 자네는 이제 전보다 더 잘 알려져 있으니까." 클레그가 조심스럽게 얘기했다.

"아냐. 내가 아니라 '경제학'이 더 잘 알려져 있기 때문이지. 자네도 알겠지만, 그 동안 법학 교육에서 혁명적인 변화가 있었지. 그리고 경제학 이론이 그런 변화를 촉발시켰지. 이제는 거의 모든 법과대학원의 교수진에 경제학자가 포함되어 있지. 이 모든 것은 경제학자에 대한 수요를 엄청나게 높였지. 이제 경제학 전공의 우수한 대학원생들 가운데 일부는 법과대학원에서의 일자리를 진지하게 고려한다네. 그리고 하버드 법대와 그 밖에 많은 법대에 진학하는 학부생들은 거시경제를 모르면 고생길이 훤하지. 전에는 법조인들이 수사학을 배웠지만, 이제는 비용곡선을 배우는 것이 훨씬 더 낫지." 스피어맨은 그렇게 말하면서 굳이 즐거운 표정을 감추려 하지 않았다.

"헨리, 자네는 전에 법정에서 증언할 때 비용곡선에 대해 모르는 것이 없었겠지. 하지만 자네는 증인으로서 성공하지 못했다고 말했어. 그렇다면 반대 심문에서 실수를 한 건가? 나도 그것을 조심해야 한다고 사람들이 그러던데……." 클레그가 말했다.

"반대 심문에서 실수를 했다기보다 내 증언을 이해시키지 못했던 거지. 내가 증언하게 된 사건은 음주 운전자가 어떤 여자를 들이받은 개인 치상사건이었는데,

그 여자는 부상으로 인해 거의 1년 동안 주부로서 역할을 하지 못했어. 그녀의 남편은 할 수 없이 가정부를 고용해 5천 달러가 넘는 보수를 지급했지. 그것은 당시만해도 상당한 금액이었어. 그 운전자의 보험회사는 가정부에게 지급한 5천 달러를 배상하겠다고 했지. 5천 달러가 그 여자가 주부로서 1년 동안 제공하는 서비스의 가치라는 주장이었지. 나는 전문가 증인으로서 그런 금액이 맞는 것인지 평가하도록 요구받았지."

"그럼, 그 금액이 적당하지 않았다는 건가?" 웨버가 스피어맨을 내려다보면서 물었다. "그러니까 남편이 지급한 금액이 그것이라면……."

"나는 5천 달러가 적당했는지 어땠는지는 말할 수 없네. 하지만 그것은 그 여자가 주부로서 제공하는 서비스의 가치와 일치하지 않았지. 그 재판에서 분명하게 말했던 것은 그 여자가 CPA, 그러니까 공인중개사라는 사실이었지. 다만 사고가 났던 그 당시에는 일을 하지 않았을 뿐이지. 내가 볼 때 그 여자의 훈련과 경험에 맞는 CPA의 보수는 1년에 1만 달러 정도였어. 따라서 그 여자가 주부로서 자기 가족에게 제공하는 서비스의 가치는 5천 달러가 아닌 1만 달러인 거지. 그것은 초보적인 경제학에 불과해. 하지만 당시 법정에서는 그 사실을 이해하지 못했지."

스피어맨은 두 친구를 바라보았다. 그들도 이해가 안 간다는 표정을 짓고 있었다. 그래서 스피어맨은 설명을 계속했다. "재판부는 회계사와 같은 방식으로 비용을 파악했어. 그들은 그냥 이렇게만 물었지. 그 남편은 얼마를 지불해야만 했나? 하지만 경제학에서 말하는 비용은 포기한 최대한의 기회비용이야. 무언가를 하기 위해 다른 무언가를 하지 않음으로써 발생하는 비용이지. 이 여자의 경우에는 1만 달러에 해당되지. 주부로서 그 여자는 1만 달러를 포기하기로 가족과 합의한 셈이야. 그러니까 그 여자가 CPA로서 벌어들일 수 있는 소득이지. 바로 이 금액이 그 여자가 가족에게 제공하는 가치인 거야. 그리고 바로 이 금액을 그들은 받았어야 하는 거야. 하지만 판사는 내 말을 이해할 수 없다고 얘기했어. 나는 아무리 애를 써도 재판부를 설득할 수 없었어. 그리고 그 가족은 보상금으로 5천 달러만을 받았어." 스피어맨은 잠시 말을 멈추었다. "그 후 나는 한 번도 전문가 증인으로 증언하지 못했어. 물론 경제학과의 많은 동료 교수들은 여러 다른 사건들에서 했을 수도 있지만. 솔직히 말하면, 변화에 적응하지 못한 일부 전통적인 변호사들은 경제학자들이 자신들의 밥그릇을 빼앗는다고 불만이 많은 모양이야."

"그래도 나는 눈물 한 방울 흘리지 않아." 캘빈 웨버가 말했다. "내가 아는 사람 중에 변호사를 좋아하는 사람은 별로 없어. 나는 새뮤얼 존슨 박사가 그들에 대해 한 얘기를 늘 기억하곤 해."

"그 분이 뭐라고 했습니까? 무지를 드러내는 수밖에……." 클레그가 미소를 지으며 물었다.

"존슨 박사는 서로 잘 모르는 사람들과 함께 있었죠. 그 중에서 한 사람이 자리를 떴습니다. 그러자 남아 있던 어떤 사람이 존슨 박사에게 물었습니다. 저 사람이 누구인지 아십니까? 존슨 박사는 이렇게 대답했죠. '나는 뒤에서 남을 헐뜯고 싶은 생각이 추호도 없소. 하지만 내가 볼 때 저 신사는 틀림없이 변호사일 거요." 스피어맨과 클레그 모두 웨버의 농담에 소리내어 웃었다. 그것은 증언을 앞두고 클레그가 느끼는 긴장감을 덜어주는 농담이었다.

"하지만 경제학 강의도 이젠 끝낼 시간이 된 것 같구려." 클레그가 말했다. 마침내 사람들이 법정 안으로 들어가고 있었기 때문이었다. "나에게 조언해줄 무언가가 더 있소?"

"진실만을 말하세요. 오직 진실만을, 오로지 진실만

을 말하세요." 웨버가 짤막하게 얘기했다.

　　사람들이 모두 일어선 가운데 백스터 판사가 입장했고 마침내 재판이 시작되었다. 스피어맨은 무심한 표정으로 검사와 피고측 변호인의 진술을 지켜보았다. 먼저 도로시 놀런은 그 모든 온당한 의심에도 불구하고 검찰이 멜리사 섀넌의 유죄를 입증하기 위해 얼마나 애를 썼는지 강조했다. 그녀는 날카로운 목소리로 멜리사 섀넌의 유죄를 추궁했다. 배심원들은 긴장된 표정으로 그녀의 기소를 듣고 있었다. 특히 놀런은 대부분의 형사사건이 정황 증거에 의해 해결되었음을 지적했다. 그러면서 그녀는 배심원들에게 그런 전통을 무시하지 말라고 경고했다.

　　이어서 제임스 라일리가 피고를 위한 변론을 시작했다. 그는 간단하게 진술하겠다고 말하면서 검찰이 자신의 진술을 대신해주었다고 지적했다. 즉, 멜리사 섀넌은 그 모든 온당한 의심에도 불구하고 유죄 혐의를 받고 있으며, 배심원들은 재판이 끝날 때 도대체 왜 자신의 의뢰인, 이미 약혼자의 죽음으로 한없는 슬픔에 빠져 있는 그녀가 그렇게도 빈약한 증거에 기초해 재판에 회부되었는지 의심하게 될 것이었다. 라일리는 의뢰인의 가장 약한 부분을 솔직하게 지적하는 것이 재판에 유리하다고 판단했다. 그래서 그는 벨이 죽었을 당시 자신의 의뢰인은 완전히 혼자였음을 강조했다. 곧 증언하게 되겠지만 그녀는 혼자 사는 여자로서 그 날 아침 출근할 계획도 없었고 그전 이틀 밤 동안 제대로 잠을 자지 못했기 때문에 잠을 자고 있었다.

이어서 도로시 놀런이 본격적인 변론을 시작했다. 갈색 머리카락과 잘 어울리는 베이지색 정장 차림으로 서류와 증거물들이 놓인 탁자 옆에 선 채, 담당 검사인 그녀는 최초의 증인들을 불러냈다. 미들섹스 카운티의 검시관과 멜리사 섀넌을 체포한 경찰관이 차례로 증언대에 올랐다. 웨버는 놀런을 지켜보면서 모리슨 벨의 살해사건을 기소한 검사가 벨만큼이나 복장에 까다로운 사람인 것은 적절하다고 생각했다.

재판의 이 부분은 대부분의 관객들에게 연극이나 TV 드라마와 비슷한 것이었다. 검시관의 생생한 증언이 시작되었다. 검시관은 벨의 머리에 가해진 충격과 그의 가슴을 찌른 날카로운 흉기에 대해 직설적이고 해부학적으로 묘사했다. 검시관의 설명을 들은 방청객들은 비통함과 동정의 감정을 숨기지 않았다. 동석한 법률가들만이 검시관의 증언에 덤덤한 표정을 지었다.

"당신이 벨 교수를 죽였다고 증언한 그 칼이 어떤 것

인지 얘기할 수 있습니까?" 라일리가 검시관에 대한 반대 심문에서 질문했다.

"조금 전의 증언에서도 말했듯이 그 칼이 어떤 것인지는 얘기할 수 없습니다. 우리는 범행에 사용된 칼을 찾지 못했습니다."

"죽은 사람의 몸에 칼이 박혀 있지 않았단 말입니까?"

"그렇습니다."

"그리고 당신이 아는 한 그 살인 무기가 발견되지 않았단 말입니까?"

"그렇습니다. 우리는 그 칼을 발견하지 못했습니다."

"그럼, 범행에 사용되었다고 당신이 주장하는 그 칼의 종류는 얘기할 수 있습니까?"

"글쎄요, 그것이 어떤 브랜드의 칼인지는 알지 못합니다. 아마도 일반적으로 부엌에서 사용되는 그런 칼인 것 같습니다."

"그럼, 멜리사 섀넌의 부엌에 있는 칼들을 조사해보았습니까?"

"내가 직접 하지는 않았지만, 부검실에 칼들이 도착해 내가 보는 앞에서 검사를 했습니다."

"그럼, 그 검사에서 무엇을 알아냈습니까?"

"그것들이 범행에 사용된 무기라는 증거는 찾지 못했습니다. 하지만 피고의 부엌에서 가져온 칼들은 내가 묘사한 그 치명적 타격을 줄 수 있는 것들입니다."

"내가 묻는 것은 그것이 아닙니다." 라일리가 날카롭게 다그쳤다. "하지만 이왕 얘기가 나왔으니 묻겠는데, 증인의 부엌에도 그런 치명적 타격을 줄 수 있는 칼들이 있지 않습니까?"

"그렇습니다." 검시관이 대답했다. "그리고 변호사님의 부엌에도 그런 칼들이 있을 것입니다."

"하지만 당신은 벨 교수를 죽였다고 증언한 칼을 찾지도 못했고 그것이 어떤 칼인지 알아내지도 못했죠?"

"그렇습니다."

판사석을 보면서 라일리가 짤막하게 얘기했다. "존경하는 재판장님, 이상으로 증인 심문을 마칩니다."

다음에는 멜리사 섀넌을 체포한 경찰관이 증언대에 올라섰다. 먼저 놀런 검사가 그에게 질문했다. "피고에게 미란다 권리(피의자가 묵비권을 행사할 수 있는 권리−옮긴이)를 통보했습니까?" 경찰관은 당연히 그랬다고 대답했다. "그러면 증인은 섀넌 양을 체포했을 때 그녀가 무슨 말을 했는지 얘기할 수 있습니까?"

"재판장님, 이의 있습니다." 라일리가 자리에서 일어

서며 말했다. "그 질문은 이 사건과 관련이 없습니다."

"기각합니다." 백스터가 말했다. "피고의 정신적 혹은 육체적 상태를 아는 것은 이 사건과 관련이 있습니다. 자리에 앉아주시기 바랍니다."

경찰관이 대답했다. "섀넌 양은 다른 두 사람도 빨리 죽기를 바란다고 말했습니다."

"다른 두 사람도 빨리 죽기를 바란다……. 그 밖에 또 어떤 말을 했습니까?"

"그 밖에는 별로 말한 것이 없습니다. 다만 두 교수가 죽어서 기분이 좋다는 말을 몇 차례 반복했고, 다른 두 사람도 같은 꼴을 당했으면 좋겠다고 말했습니다."

"그 '다른 두 사람'이 누구인지 피고가 얘기했습니까?"

"아닙니다. 이름은 얘기하지 않았습니다."

"하지만 피고는 분명히 그렇게 얘기했죠? 맞습니까?"

"맞습니다. 그 얘기는 분명히 기억합니다. 섀넌 양은 그렇게 얘기했습니다."

"체포 당시 피고의 정신적 상태가 어땠는지 설명할 수 있습니까?"

"예, 섀넌 양은 아주 혼란스런 상태에 있었습니다."

"술을 마셨던가요?"

"내가 보기에는 그랬습니다."

라일리가 일어나 증인에게 반대 심문을 했다. 이제 방청객들은 라일리 변호사와 놀런 검사의 뚜렷한 외적 차이를 분명히 구분하게 되었다. 다만 복장과 외모에 무관심한 사람들만이 그런 차이를 모를 뿐이었다. 라일리는 그 날 비 올 확률이 거의 없었음에도 두터운 장화 구두를 신고 있었고, 법정의 열기에도 불구하고 상의 밑으로 얇은 목도리를 착용하고 있었다. 그런 그의 복장은 매사추세츠의 전설적인 형사사건 담당 변호사인 루퍼스 초트를 흉내낸 것이었다. 초트는 복장에는 무심했지만 눈살을 찌푸리게 할 정도로 입지는 않았다. 라일리도 초트처럼 일부러 엉성하게 옷을 입고 나왔다. 그가 노린 것은 배심원들에게 또라이라는 인상을 주지 않으면서도, 의뢰인을 변호하느라 너무 열심이어서 복장 같은 데는 신경 쓰지 않는다는 느낌을 주는 것이었다. 그의 복장은 마치 무언가를 증언하는 것만 같았다. '나에게는 관심을 갖지 말라. 중요한 것은 내가 아니다. 중요한 것은 내 의뢰인이다.'

경찰관의 증언은 라일리가 그에게서 다음과 같은 진술을 끌어냄으로써 다소 신빙성이 약화되었다. 즉, 그 경찰관도 경험에 의해 적어도 한 번 이상은 사람들이 혼란에 빠져 있을 때 제정신으로 말하는 것이 아님을 알고 있었다.

경찰관이 증인석에서 내려오는 동안, 스피어맨과 웨버는 우연히도 자신들이 발레리 단치히와 덴턴 클레그를 바라보고 있음을 알게 되었다. 그들 모두 벨과 배렛의 죽음을 야기시킨 상황에 대해 자주 생각해보았겠지만 다행히도 아직까지는 목숨이 붙어 있는 데 안도하고 있을 것이었다.

이어서 덴턴 클레그가 증인석에 올라가 하버드의 임용과정이 어떤 특성과 단계들을 밟는지에 대해 증언했다. 그는 정교수 임용이 하버드 대학에서 왜 그렇게도 중요한 문제인지, 그리고 그와 관련된 결정이 임용대상 후보들에게 얼마나 큰 영향을 끼치는지 설명했다.

클레그의 침착한 태도는 참석한 교수들과 행정가들에게 만족스런 것이었다. 클레그는 느긋한 자세로 하버드 대학의 임용심사 과정을 조목조목 설명하면서 기회가 닿는 대로 그것의 정당성을 지적했다. 라일리는 클레그의 증언이 사건과 무관하다며 이의를 제기했다. 그는 여러 차례 이렇게 얘기했다. "존경하는 재판장님, 이것이 내 의뢰인의 유·무죄를 입증하는 데 무슨 상관이 있습니까? 지금 우리는 젊은 남자의 자살을 따지고 있는 것이 아닙니다. 우리가 이 곳에 있는 것은 내 의뢰인이 살인 혐의로 기소되었기 때문입니다!"

반대 심문에서 라일리는 고센에 관한 투표 결과의 유출에 대해 클레그 학장을 물고늘어졌다. 놀런은 이것이 클레그의 직접적인 책임을 벗어나는 일이라고 주장하면서 이의를 제기했다. 하지만 그녀는 관례에 따라 백스터가 간접적인 문제에 대해서도 반대 심문을 인정할 것이라고 예상했다. 백스터는 실제로 그렇게 했다. 놀런은 이것이 나중에 자신에게 유리하게 작용할 수도 있음을 알고 있었다. 라일리는 클레그에게 이렇게 추궁했다. "임용심사위원회의 투표 결과는 대개 비밀에 부쳐지지 않습니까? 그러던 것이 왜 금년에는 외부에 유출되었습니까? 투표 결과의 비밀 유지는 당신에게 중요한 것입니까? 그렇다면 투표 결과의 유출을 어떻게 설명하시겠습니까? 당신이 볼 때 그것은 중요한 규정 위반입니까? 하버드의 학생들은 고센에게 반대표를 던진 사람들이 누구인지 알 수 있었습니까? 마을 사람들은 그것을 알 수 있었습니까? 언론의 보도를 본 사람들 중에서 그것을 알 수 없는 사람이 있겠습니까? 그렇다면 새넌 양이 그런 정보를 알고 있다고 인정한 것은 특이한 경우입니까?"

클레그는 그 모든 질문들을 조리 있게 다루었다. 그는 하버드의 교수들이 그를 좋아하게 만드는 특성들 중 하나를 보여주면서 라일리에게 단도직입적으로 대답했다. "이 보시오, 대외비 정보의 유출은 내가 맡고 있는 위원회에서 나왔소. 나는 위원회의 어떤 위원이 그런 신뢰를 위반했다고 생각하지 않소. 내가 볼 때 그것은 내 사무실에 있는 누군가에게서 나온 것 같소. 그 사람은 데니스 고센의 자살 소식을 듣고 흥분해서 투표 결과를 유출시켰을 거요. 그 정보를 알 수 있는 사람은 여럿 있소. 하지만 라일리 씨, 설사 그렇다 해도 그것은 어디까지나 내 책임이오. 그러니 더 이상 책임 소재를 따지지 말았으면 좋겠소!"

"학장님, 끝으로 한 가지 더 묻고 싶은 것이 있습니다." 라일리가 탁자 위에 놓인 메모들을 한동안 보고나서 그렇게 물었다. "나는 하버드 출신이 아닙니다. 그리고 판사님도 하버드 출신이 아닙니다. 그러므로 내가 모르는 것이 있다 해도 인내심을 갖고 답변하시기 바랍니다. 학장님이 보시기에 하버드에서 교수들간의 관계는 늘 조화롭습니까?"

그 질문에 클레그가 다소 당혹스러운 표정을 지었

다. 그는 잠시 생각한 후에 대답했다. "내가 볼 때 조화는 적절한 단어가 아닌 것 같소. 때로 교수들은 한 팀이 되어 함께 일합니다. 임용심사위원회는 그런 예의 하나일 것입니다. 그러나 강의와 연구의 속성상 그들은 종종 혼자서 일합니다. 그렇기 때문에 반드시 조화를 이룰 필요는 없습니다."

"제 질문의 핵심을 놓치신 것 같군요. 내가 묻고 싶은 것은 하버드의 고명하신 교수님들간에 갈등, 불신, 혹은 질투 같은 것은 없습니까?"

"물론 때로는 치열한 토론이 벌어지곤 합니다. 그것은 지적 활동의 자연스런 현상입니다."

"학장님, 내가 질문한 것은 치열한 토론이 아닙니다. 내가 물은 것은 갈등이나 질투입니다. 더 쉽게 얘기하면 미움 혹은 증오 같은 것입니다. 모리슨 벨이나 포스터 배렛 같은 교수들이 학교에서 적을 만들 가능성은 없습니까? 그 분들을 너무나도 싫어하는 동료 교수분은 없습니까?"

"글쎄, 그럴 수도 있겠죠. 하지만 '적'이라는 단어는 적절하지 않은 것 같군요. 성격상의 마찰은 있을 수도 있겠죠. 학자들도 감정이 있는 사람들이니까. 당신도 그건 알고 있을 겁니다. 그래요, 교수들간에도 이견이나 차이는 있죠. 하지만 그렇다고 누구를 죽일 정도는 아니겠죠. 묻고자 하는 것이 그것이라면……."

"학장님, 제가 보기에는 아직도 상아탑에서 벗어나지 못하신 것 같군요. 하지만 밖에서는 사람들이 주차 공간을 놓고 서로 죽이는 일도 일어납니다! 벨 교수가 하버드의 교수로서 겪을 수도 있는 갈등이나 오해는 그보다도 작습니까?"

"라일리 씨, 당신의 말은 우연히도 정곡을 찌른 것 같군요. 사실 대부분의 대학교에서 주차 공간은 너무나도 중요한 것이어서 교수들이 서로를 죽일 수도 있죠." 클레그가 고개를 약간 돌리면서 백스터 판사에게 미소를 지어 보였다. "재판장님, 이건 어디까지나 농담입니다. 내가 말하고자 하는 것은 교육기관들의 기본적인 원칙은 폭력이 아닌 토론과 대화로 이견을 극복한다는 것입니다."

클레그가 증언을 마쳤을 때 백스터 판사가 휴정을 선언했다. 웨버와 스피어맨은 복도에 나와 발레리 단치히 및 올리버 우와 얘기를 나누었다. 스피어맨은 법정에서 올리버 우를 보지 못했기 때문에 그가 법원에 있다는 사실을 알고 다소 놀랐다. 스피어맨은 1월의 그 사건이 있은 후, 벨과 우가 서먹한 관계임을 알게 되었다.

"어때요? 여러분은 멜리사 섀넌이 범인이라고 생각합니까?" 우가 다른 세 사람에게 물었다.

"내가 아는 것은 경찰이 그 여자를 체포했기 때문에 내가 아직도 살아 있다는 것뿐이에요." 발레리 단치히가 대답했다. "그 후로는 더 이상 끔찍한 일이 일어나지 않았어요."

"그것만으로는 배심원들이 유죄 평결을 내릴 수가 없을 거요." 우가 말했다. "더 이상 끔찍한 일이 일어나지 않았다는 사실은 배심원들에게 확증이 될 수 없죠. 따라서 유죄 평결에는 전혀 영향을 끼치지 못할 거요. 그리고 그들은 하버드의 배심원들이 아닙니다. 케임브리지의 주민들 가운데서 무작위로 12명을 뽑으면, 그 중에는 하버드 교수들의 죽음이 계속되기를 바라는 사람들이 있을 수도 있죠."

"글쎄요, 내가 볼 때는 섀넌 양이 무죄로 풀려날 것 같은데요." 웨버가 그렇게 말해 사람들을 놀라게 했다.

"캘빈, 어떻게 그렇게 단정지을 수 있지?" 스피어맨이 물었다. 하버드의 이 작은 경제학자는 자신이 아직 결론을 내릴 입장에 있지 않다고 느꼈다.

"섀넌 양에게는 두 가지 유리한 점이 있어요. 그리고 그것만 있으면 되죠. 하나는 여성이라는 점입니다. 우리 미국인들은 여성이 살인자가 되는 것을 허락하지 않아요. 우리의 소설, 영화, 그리고 연극을 보세요. 여자가 범인인 경우는 거의 없죠."

"그러면 두 번째로 유리한 점은?" 올리버 우가 물었다.

"유능한 변호사가 있다는 거죠. 미국에서는 유능한 변호사가 있으면 무죄로 풀려날 확률이 아주 높죠. 〈배심원 재판〉이란 영화를 기억합니까? 그 영화에서처럼 섀넌 양도 무죄로 풀려날 겁니다. 두고 보세요."

"흠……." 스피어맨이 중얼거렸다. "하지만 캘빈, 그 영화는 가택 침입자들에 관한 얘기야. 그러니 살인사건과는 다를 수 있다구."

스피어맨은 처음에 클레그의 증언이 끝나면 집으로 가려고 생각했다. 그러나 검찰이 오후에 크리스톨프 부르크하르트를 증인으로 소환했다는 얘기를 듣고 몇몇 교수들과 함께 시내에서 점심을 먹었다. 클레그가 증언을 마치고 점심 시간의 휴정이 있기 전에 도로시 놀런은 세 사람의 증인을 소환했다. 그들 모두 멜리사 섀넌의 가까운 지인들로서, 섀넌과 고센의 관계에 대해 증언하도록 요구받았다. 세 사람 모두 두 남녀의 결혼 계획을 증언했다. 놀런은 그들에게 질문을 퍼부어 고센의 임용이 멜리사 섀넌에게 갖는 중요성을 시인하도록 만들었다. 증인들 가운데 한 사람은 고센이 임용되어 임금이 오르면 두 사람이 유럽을 여행할 계획이었음을 암시했다. 또다른 증인은 고센이 임용되면 새 집을 살 계획도 있었다고 얘기했다. 그들 모두 고센의 임용은 멜리사 섀넌에게도 새로운 삶의 시작이었음을 분명히 했다. 증인들은 한결같이 섀넌이 고센의 죽음으로 큰 타격을 받았다고 증언했다.

이 증인들에 대한 라일리의 반대 심문은 간략했다. 요컨대 그는 약혼자의 죽음으로 큰 타격을 받는 것은 결코 이상한 일이 아님을 증인들이 인정하도록 만들었다. "당신도 똑같은 충격을 받지 않았을까요?" 라일리가 물었다. 그리고 각각의 증인들은 약혼자의 성공에 큰 기대를 거는 것은 전혀 이상한 일이 아님을 인정했다.

*   *   *

검사나 변호사는 증인 심문을 준비하면서 늘 한 가지를 애타게 바란다. 즉, 의외의 결과가 나오지 않기를 바란다. 지금까지는 특별하게 놀랄 만한 증언이 나오지 않았다. 그래서 양측은 모두 재판 과정에 만족해하고 있었다. 점심 시간 휴정이 끝난 직후인 오후 2시에 놀런 검사가 마지막 증인을 소환했다.

"크리스톨프 부르크하르트는 증인석에 오르시기 바랍니다."

스피어맨은 그 우표 거래인이 평상시보다 더 늙어 보인다고 생각했다. 그리고 얼굴도 여느 때와 달리 창백했다. 그는 떨리는 목소리로 증인 선서를 했다. 스피어맨과 웨버 사이에 자리를 잡은 발레리 단치히가 부르크하르트의 초췌한 모습, 앞에 나온 증인들에 비해 불편하고 불안해 보이는 그의 표정에 대해 두 사람에게 말했다.

"증인," 놀런 검사가 심문을 시작했다. 부르크하르트의 선서가 끝나고 신분이 확인된 후였다. "증인에게 이 재판의 피고인 멜리사 섀넌에 관해 몇 가지를 묻고자 합니다. 당신은 피고를 개인적으로 알고 있습니까?"

"예."

"이 법정에서 피고를 확인할 수 있습니까?"

"예, 저쪽에 앉아 있는 저 여성입니다." 부르크하르트는 그렇게 말하면서 집게손가락으로 멜리사 섀넌을 가리켰다.

"증인은 피고를 어떻게 압니까?"

"내 가게에서 일하는 직원입니다."

"그뿐입니까?" 놀런이 다그쳤다.

"친구이기도 합니다."

"어떤 친구입니까? 다시 말해서 두 사람의 관계는 그냥 친구 사이입니까? 아니면 더 친밀한 어떤 관계입니까?"

부르크하르트는 잠시 망설이면서 한동안 대답하지 않았다. 도로시 놀런은 무심하게 선 자세로 증인의 대답을 기다렸다. 부르크하르트는 굳은 표정으로 자신의 감정을 숨기려고 애를 썼다. 창백한 얼굴은 이제 붉게 물들었다. 그는 손가락으로 증인석 의자의 팔걸이를 불안하게 만지작거렸다. 백스터 판사가 의아한 표정으로 그를 내려다보았다. "우리는 그냥 친구 사이입니다. 우리는 좋은 친구입니다. 그뿐입니다." 마침내 부르크하르트가 대답했다.

라일리는 증인의 대답과 태도에 놀라움을 감추기 위해 노란색 메모지에 낙서를 했다. 부르크하르트의 그런 감정 표현은 완전히 뜻밖의 일이었다.

"그러면 친구로서, 증인은 피고의 복장에서 어떤 변화를 감지한 적이 있습니까?"

"때로 그런 적이 있습니다."

"존경하는 재판장님, 앞서 비커스 경사가 증언대에 섰을 때 제출한 증거물을 제시하고 싶습니다."

"허락합니다." 백스터는 그렇게 말하면서 탁자에 놓인 증거물을 바라보았다.

"증인, 여기 있는 이것은 모리슨 벨이 죽던 날 그의 집 밖에 있는 울타리에서 발견된 것입니다. 증인은 이것이 무엇인지 알 수 있습니까?"

"여자들이 끼는 장갑 같군요."

"그러면 이 장갑을 전에 본 적이 있습니까?"

부르크하르트는 다시 망설였다. 그는 1분이 넘도록 대답하지 않았다. 방청객들에게 그 시간은 한 시간처럼 길게 느껴졌다. 부르크하르트가 미안하다는 표정으로 피고를 바라보며 말했다. "섀넌 양이 낀 것을 본 적이 있습니다. 그것은 섀넌의 장갑입니다."

발레리 단치히가 캘빈에게 몸을 돌리며 말했다. "당신의 예언은 빗나갈 것 같군요. 삶이 늘 영화처럼 되는 건 아니죠."

캘빈 역시 다른 사람들처럼 장갑의 주인과 관련된 증언을 듣고 놀랐다.

"증인, 증인은 섀넌 양과 친구 사이라고 말했습니다. 그러니까 직원 이상의 관계라고 말입니다. 증인은 피고를 개인적으로 만난 적이 있습니까?"

"예."

"한 번 이상입니까?"

"예."

"두 번 이상입니까?"

"예, 두 번 이상입니다."

"그러면 '자주'라고 말해도 되겠습니까?" 놀런이 물었다.

"정기적으로 만났습니다." 부르크하르트가 대답했다.

"그러면 그렇게 만날 때, 증인은 친구이자 직원인 피고가 다른 남자와 약혼했다는 점을 알고 있었습니까?"

"이의 있습니다." 라일리가 큰소리로 외쳤다.

"기각합니다." 백스터 판사가 말했다.

"증인, 증인은 개인적으로 피고와 마지막으로 함께 보낸 시간을 얘기할 수 있습니까?"

"그러니까… 아마 1월 7일이었을 겁니다. 그때 멜리사와 함께 클레그 박사를 기념하기 위한 한 파티에 갔습니다."

"그러면 파티 장소는 어디였습니까? 클레그 박사의 집이었습니까?"

"아닙니다. 그 파티는 스피어맨 박사의 집에서 열렸

습니다." 헨리 스피어맨은 법정에서 자신의 이름이 언급되는 것을 듣고 몸을 움찔했다. "나는 그 곳에서 클레그 박사에게 증정할 우표에 대해 얘기하기로 되어 있었습니다. 그래서 자연스럽게 섀넌도 함께 가게 되었습니다."

"증인은 당시 섀넌 양이 약혼한 상태임을 알고 있었습니까? 아니, 다시 질문하겠습니다. 섀넌 양의 약혼자인 데니스 고센도 그 파티에 참석했습니까?"

"그렇지는 않았습니다." 부르크하르트가 말했다. "그곳에 있을 이유가 없었습니다."

"증인, 질문에 답변해주시기 바랍니다." 놀런이 부드럽게 읊조렸다. "아마 아니라고 답변할 것입니다. 어쨌든 증인은 파티에 누가 참석했는지 말할 수 있습니까?"

"아닙니다. 나는 파티에 참석한 모두를 알지 못합니다."

"그러면 이렇게 묻겠습니다." 놀런이 말했다. "덴턴 클레그 학장은 참석했겠죠?"

"그렇습니다. 그것은 분명합니다." 부르크하르트가 메마르게 대답했다.

"그러면 모리슨 벨은 파티에 참석했습니까?"

"그렇습니다."

266

"파티에서 멜리사 섀넌은 벨 교수과 인사를 했습니까?"

"그렇습니다."

"분명합니까?"

"그렇습니다. 나도 함께 있었습니다. 그리고 나도 처음으로 벨 교수와 인사를 나누었습니다. 멜리사는 내가 그랬던 것보다 벨 교수와 더 많은 얘기를 나누었습니다. 지금 생각해보니, 두 사람은 새에 대해 얘기했습니다. 벨 교수는 사실상 집에서 새를 기르는 셈이라고 말했습니다. 지금 생각나는데, 뒷마당에서 기른다고 했습니다. 나는 두 사람의 대화에 특별하게 신경 쓰지 않았습니다. 나는 그냥 옆에 서서 듣기만 했습니다. 솔직히 말해서 우표나 접시에 새겨진 새가 아니라면 나로서는 별 관심이 없습니다."

"섀넌 양은 파티에서 포스터 배렛과도 인사를 했습니까?"

제임스 라일리가 재빨리 자리에서 일어났다. "이의 있습니다, 재판장님. 본 재판과 무관한 질문입니다." 하지만 백스터 판사는 기각했고 증인은 계속해서 질문에 답변했다.

"그렇습니다. 두 사람은 인사를 나누고 꽤 오랫동안

267

얘기했습니다."

"당신도 같이 얘기했습니까?"

"그렇습니다. 우리의 클럽에 대해 얘기했습니다. 배렛과 나는 보스턴에 있는 같은 클럽의 회원입니다. 그렇지만 그 사람을 잘 알지는 못합니다. 그리고 참, 우리는 각자 올 봄에 같은 배를 타고 영국으로 갈 계획인 것도 알게 되었습니다. 결국 그렇게 되지는 않았지만……. 그래서 우리는 항해에 대해 얘기했습니다. 그냥 가벼운 얘기를 나누면서 잠시 즐거운 시간을 보냈습니다."

"그러면 섀넌 양은 당신들의 클럽에 관한 그 대화에 동참했습니까? 당신은 그 클럽의 만찬 스케줄에 대해 얘기했습니까?"

"그렇습니다. 같은 독신자로서 우리는 그 클럽이 토요일 밤에는 문을 닫는다고 불평했습니다. 내가 볼 때 그렇게 해서는 안 되는 것입니다. 나는 주말에 혼자 요리하는 것을 싫어합니다. 하지만 배렛 교수는 차라리 혼자서 시간을 보내는 것이 더 낫다고 얘기했습니다."

"그 대화에 동참한 다른 사람이 있었습니까?

"또다른 사람이 함께 있었습니다. 이름이 우라고 했습니다. 나는 그 사람을 알지 못했습니다. 그 사람은 우표 수집가가 아니니까요. 그 사람은 우리가 벨과 대화할 때도 옆에 없었습니다."

"그 밖에 또 누가 있었습니까?"

"내가 아는 한, 없었습니다."

"증인. 이제 마지막 질문을 하겠습니다. 증인은 그 1월 7일 저녁 이후 섀넌 양을 보았거나 함께 만난 적이 있습니까?"

"지난 주에 가게에서 섀넌을 보았습니다. 여러 차례 보았습니다. 하지만 그녀는 금요일에 자살 소식을 듣자마자 가게를 떠났습니다. 당연히 그녀는 큰 혼란에 빠졌습니다. 충격을 받았다고 해야겠죠. 섀넌은 누구도 만나려 하지 않았습니다. 가족이든 친구이든 나도 주말에 전화를 해보았지만 연결이 되지 않았습니다. 당신의 질문에 답하면, 나는 11일 아침 이후 섀넌을 본 적이 없습니다. 그러다 오늘 이 곳에서 보게 되었습니다."

"존경하는 재판장님, 이상으로 질문을 마칩니다." 놀런은 검찰측의 심문을 모두 마친다고 선언했다.

백스터 판사가 라일리 변호사의 정회 요구를 받아들였고, 배심원들은 법정에서 나갔다. 백스터는 판사석에 앉아 증거를 분석하며, 검찰측의 주장에 설득력이 있다고 판단했다. 그는 라일리에게 다음날 속개되는 재판에서 변호인측 주장을 듣겠다고 얘기했다. 오후 4시 반에 재판은 휴회되었다.

*　　*　　*

다음날 헨리 스피어맨은 속개된 재판을 보기 위해 법원에 가지 않았다. 하지만 언론이 재판 과정의 주요 내용을 보도했고, 하버드의 경제학자는 피지가 들려주는 언론의 보도 내용에 세심하게 귀를 기울였다.

"조간신문의 기사에 따르면, 섀넌 양은 벨 교수가 죽었던 그 날 아침에 집에 있었고 누구도 만나고 싶은 생각이 없었다고 주장했대. 하지만 헨리, 이 부분을 잘 들어봐. 그녀는 그 날 아침 누구를 본 적도, 전화를 받은 기억도, TV에 무엇이 나왔는지도 알지 못한다고 시인했어."

"장갑에 대해서는 뭐라고 얘기했어?" 헨리 스피어맨이 물었다.

"장갑은 자기 것이 맞지만 전에 잃어버렸다고 얘기했어. 섀넌 양은 그것이 어떻게 벨 교수 집에 있게 되었는지 전혀 모른다고 대답했어. 그리고 그녀는 경찰에게 말한 것도 그런 뜻은 아니라고 부인했어. 하지만 그런 얘기를 한 것만은 분명하다고 고백했어." 피지 스피어맨은 자신의 찻잔을 집어들고 신문의 나머지 부분을 훑어보았다.

"그러면 결과는 어떻게 나왔는데?" 스피어맨이 물었다.

"결과는 좀더 있어야 나올 모양이야. 검찰과 변호사가 각각 배심원들에게 최후 변론을 했고, 배심원들이 심의에 들어갔나봐. 나라면 금방 결론을 내릴 텐데."

* * *

월요일에 배심원들은 두 시간도 못 돼 결론을 내리고 법정으로 돌아왔다. 백스터 판사는 그들에게 평결에 합의했는지 물었다. 이제 법정 안의 모든 사람은 수석 배심원인 중년 남자에게 시선을 집중시켰다. 그 사람은 케임브리지에서 빵가게를 운영하는 사람이었다.

"그렇습니다. 우리는 평결에 합의했습니다." 그가 말했다.

배심원들은 멜리사 섀넌에게 2급 살인죄의 유죄를 선언했다. 그리고 그녀에게는 법이 정한 형벌이 내려졌다. 멜리사 섀넌이 모리슨 벨의 살인 혐의로 무기징역을 선고받았다는 소식이 하버드에 전해졌을 때, 그 곳의 구성원들은 안도의 한숨을 내쉬었다. 특히 발레리 단치히 와 덴턴 클레그의 친구들이 기뻐했는데, 그들은 이제 자신들의 친구가 위험에서 벗어났다고 안심할 수 있었다.

'한계효용>0' 이면 소비한다

"**가**만히 계세요! 웃으시고!" 찰칵. "됐습니다. 이제 가셔도 됩니다." 사진사는 스피어맨 부부를 화들짝 놀라게 했다. 헨리는 위를 쳐다보며, 엉뚱한 곳에 와 있다는 얘기를 들을 것이라고 예상했다. 피지는 가방의 어깨끈을 조정하고 있었다.

"내일 아침에 사진관에 들르셔서 QE 2호에 승선하는 장면의 사진을 찾으세요." 스피어맨 부부는 막 '퀸 엘리자베스(Queen Elizabeth, QE) 2호'(QE 2호는 실제로 존재하는 여객선이다. 나는 그 배가 오랫동안 항해하기를 기원한다. 하지만 이 책에서 그 배에서 일어난 것으로 묘사된 사건들은 결코 일어나지 않았다. 아울러 하버드 대학의 어떤 교수나 당국자도 이 책에 실린 사건들에 개입되지 않았음을 밝힌다. 그 모든 것은 상상력의 산물일 뿐이다—저자)의 배다리를 올라가고 있었다.

"사진이 잘 나올까?" 헨리 스피어맨이 물었다.

"생긴 대로 나오겠지, 뭐." 피지 스피어맨이 대답했다. "그리고 어떤 사람도 우리를 윈저 공 부부로 착각하지는 않을 거야."

영화에서 보는 것과 달리, 배를 탈 때는 그냥 타는 것이 아니다. 첫째, 복잡한 짐 싣기 과정이 있다. 화물 담당자들이 대충대충 가방들을 받아서 커다란 도르래에 제멋대로 쌓아놓는다. 그런 다음 어떤 설명이나 영수증도 없이 화물은 어디론가 사라지고, 승객들은 자신들의 가방과 세심하게 선정한 내용물을 다시는 보지 못할 것이라는 불안감을 느낀다.

둘째, 길게 줄을 서서 승선을 기다려야 한다. QE 2호처럼 큰 배는 단 한 번의 대서양 횡단에 수백 명의 승객을 싣기 때문에 당연히 줄을 서야만 한다. 승객들은 그렇게 긴 줄 속에서 검표, 보안 검사, 그리고 여권 확인을 받아야 한다.

그리고 셋째, 사람들이 바글대는 혼잡함이 있다. 미

국 시민들은 어떤 곳에 가야 하고, 영국 사람들은 다른 곳에 가야 한다. 그 밖의 외국인들은 별도의 과정을 거쳐야 한다. 84번 부두의 좁고 혼잡한 공간에서 자신만의 공간을 찾는 것은 노련한 여행객에게도 결코 쉬운 일이 아니었다.

"손님은 4번 갑판으로 가셔야겠군요." 흰색 제복의 선원이 피지 스피어맨의 질문에 그렇게 대답했다.

"곧장 올라가시면 됩니다."

"여기로군." 헨리 스피어맨이 문에 적힌 번호와 좌석표의 번호를 대조하면서 안도하는 표정으로 말했다. 이윽고 두 사람은 선실로 들어갔다. 헨리가 아내의 어깨를 가볍게 두드렸다. 그리고 미소를 지으며 자신들의 짐이 놓여 있는 구석을 가리켰다. 두 사람은 재빨리 방을 훑어본 후, 짐은 나중에 풀어도 된다고 생각했다. 배가 항구를 막 떠나려 했기에 스피어맨 부부는 QE 2호가 뉴욕 항을 출발해 대서양으로 나아갈 때 갑판에서 그 장면을 구경하고 싶었다.

허드슨 강의 동쪽과 서쪽 연안은 지킬 박사와 하이드만큼이나 서로 달랐다. QE 2호가 물위를 미끄러지며 베라자노 해협을 향해 갈 때, 좌현쪽의 승객들은 맨해튼의 빛나는 고층 빌딩을 보았다. 고층 빌딩들은 세계무역

센터의 쌍둥이 건물을 중심으로 남쪽에 위치하고 있었다. 느긋한 일요일 오후에도 맨해튼에서는 금융의 역동성을 느낄 수 있었다. 우현쪽의 승객들은 미국 산업의 한 단면을 목격했다. 많은 공장들과 창고 같은 건물들이 종종 낡은 모습으로 뉴저지의 해안에 늘어서 있었다. 그 산업 단지의 중심에 있는 것은 호보컨에 위치한 맥스웰 하우스 커피 공장이었다. 그 공장 위에 높이 솟은 대형 커피잔은 맨해튼을 방문하는 킹콩의 휴식을 위한 것인지도 몰랐다.

여행객들은 뉴욕에 더 큰 매력을 느꼈다. 수백 명의 승객들이 우현쪽의 갑판 난간에 줄을 지어 사진을 찍고, 경치를 감상하고, 곧 있을 대서양 횡단을 화제로 얘기를 꽃피웠다. 스피어맨 부부는 일찌감치 선수(船首)가 내려다보이는 위층 갑판에 자리를 잡고 양쪽 모두를 구경했다.

그러면서 헨리 스피어맨은 금융과 산업을 구분한 소스타인 베블런을 생각했다. 베블런에게 산업은 상품을 만들기 때문에 인간 복지의 원천이었다. 반면에 금융은 돈을 만들기 때문에 그보다 몇 배의 돈을 거둬들였다. 베블런이 볼 때 금융은 아무것도 생산하지 않을 뿐 아니라 경제 발전에 장애가 되는 것이었다. 그러나 스피어맨은 그런 이분법을 유용한 것으로 보지 않았다. 그는 금융이든 산업이든 생산의 요소들은 똑같이 생산적인 것이라고 믿었다. 그렇지만 뉴저지와 뉴욕의 뚜렷한 대조는 베블런의 구분에도 일리가 있음을 암시했다.

"아, 스피어맨 교수님과 여사님! 두 분이 승선하실 것은 알고 있었지만, 항구를 떠나자마자 이렇게 만나게 될 줄은 정말 몰랐습니다." 크리스톨프 부르크하르트가 허리를 졸라맨 검은색 레인코트와 깨끗한 밀짚모자 차림으로 스피어맨 부부의 앞에 나타났다. "사실은 이 순간이 내가 이번 항해에서 가장 좋아하는 부분입니다. 나는 사업상 유럽을 수도 없이 왕래했지만, 장엄한 뉴욕시의 스카이라인을 직접 눈으로 목격하는 흥분을 한 번도 놓친 적이 없습니다. 대서양 횡단은 처음이십니까?"

"사실 우리는 배로 유럽에 간 적이 없습니다. 전에는 늘 비행기로 다녔습니다." 피지 스피어맨이 대답했다.

"그렇다면 정말로 좋은 구경을 하실 겁니다. 나는 비행기를 타지 않습니다. 대서양을 건너는 정기선은 양대륙을 연결하는 가장 고상한 방식입니다."

"배로 여행할 만큼 시간적으로 여유가 있다니 놀랍군요." 헨리 스피어맨이 말했다.

"사실 내 경우에는 그것이 문제가 되지 않습니다. 우

표 경매는 늘 미리 발표되기 때문에, 나는 배에서 보내는 시간 동안 경매 전략을 짭니다."

"당신이 그 모든 비밀을 책에서 밝힌 것으로 간주해도 되겠습니까? 나는 배에서 읽기 위해 당신이 쓴 책을 갖고 왔습니다. 사실은 이미 그 책에 푹 빠졌습니다."

부르크하르트가 당황하는 표정을 지었다. "아, 스피어맨 교수님, 당신이 내 책을 읽는다니 몸둘 바를 모르겠군요. 하지만 그 책은 다소 지루할 겁니다. 기껏해야 늙은이의 우표에 관한 회상에 불과하니 말입니다. 아마 당신은 유명한 우표들의 가격에 대한 연대기적 기술에 실망할 것입니다."

"전혀 그렇지 않습니다. 나는 그 책에서 재미있는 일화를 많이 읽고 있습니다. 그리고 가격에 대해서는, 나는 가격에 대해서 절대로 지루함을 느끼지 않습니다. 가격은 늘 저변에 깔린 경제 현실의 반영입니다. 당신의 책을 읽는 것은 절대로 시간 낭비가 아닙니다."

그렇게 말하는 스피어맨의 어깨를 누군가가 감싸 안았다. 고개를 돌려보니 붙임성 좋은 캘빈 웨버가 서 있었다. "캘빈! 결국에는 성공했군. 정말로 반갑네." 하버드의 경제학자가 위를 쳐다보며 자신의 친구를 환영했다. "여기 부르크하르트 씨를 기억하지? 지난 겨울에 우리 집에서 아주 멋지게 얘기했던 분 말이야. 클레그 학장에게 우표에 대해 설명했었지.”

“아, 그렇군. 당연히 기억하지.” 웨버가 그렇게 말하면서 크리스톨프 부르크하르트의 손을 힘차게 잡았다. “당신도 헨리와 나처럼 이 배에서 열린 ‘하버드 모임’에 참석하고 있습니까?”

“글쎄요, 그랬으면 참 좋겠지만, 나는 하버드의 교수도 아니고 졸업생도 아니기 때문에 그냥 사업차 이 배를 탔습니다. 런던과 파리에서 열리는 우표 경매에 참가할 생각입니다. 그 곳에서 일부 희귀품들이 경매에 부쳐질 것입니다. 따라서 어느 면에서는 우리 셋 모두 일을 하러 이 배에 탄 것 아닙니까?”

“맞아요, 그렇다고 할 수 있죠. 그리고 이왕이면 즐겁게 일을 해야죠.” 웨버가 껄껄대고 웃었다. “나는 일등석 표를 받은 대신 영문학에 관해 세 차례 강의를 해야 합니다. 하버드 동문들을 대상으로 말입니다. 남는 시간에는 갑판 의자에서 나를 찾을 수 있을 겁니다.”

“캘빈, 그렇게 겸손해할 필요 없어요.” 피지 스피어맨이 말했다. “당신도 헨리처럼 꼼꼼하게 강의를 준비했을 거예요. 나는 남편이 그 일을 하는 3일 동안이나 남편을 만날 수 없었어요.”

279

"설사 그렇다 해도 일등석 표는 절대로 싼 것이 아닙니다." 웨버가 대답했다.

"그렇다면 다른 교수들도 모두 그런 일을 맡고 싶어 했겠군요." 부르크하르트가 말했다. "따라서 여기 두 분은 아주 특별한 손님으로 초대를 받았겠군요."

"사실 동창회는 강사 선정과 별 상관이 없습니다." 헨리 스피어맨이 말했다. "간접적으로만 그랬을 뿐이죠. 동창회는 그 일을 당신의 친구인 덴턴 클레그에게 맡겼습니다. 다만 가능한 한 골고루 교수들을 선정해달라고 부탁했을 뿐이죠. 덴턴은 그렇게 하기 위해 지난 1월 당신이 우리 집에서 만난 그 멤버들이 적절하다고 생각했습니다. 그래서 곧 친숙한 얼굴들을 볼 수 있을 것입니다. 심리학자인 발레리 단치히, 사회학과의 올리버 우, 그리고 화학과 교수인 소피아 우스티노프 등이죠. 그리고 덴턴도 강의를 할 것입니다. 당신은 이미 어느 학생보다 하버드의 교수들을 더 많이 알고 있습니다."

"그건 사실입니다. 하지만 나로서는 고통스런 상황 속에서 알게 되었습니다. 나는 이미 죽은 두 교수와도 인사를 나눈 적이 있습니다. 그리고 아직도 믿기 어렵기는 하지만, 나는 그 분들을 그 날 밤 살인자에게 소개했습니다."

"이제는 그런 생각에서 벗어나야 합니다." 헨리 스피어맨이 말했다. "누구도 당신이 그 일에 책임이 있다고 생각하지 않습니다."

"말을 끊어서 미안하지만, 이 배가 어떤 다리와 곧 충돌할 모양이야." 캘빈 웨버가 팔을 들어 베라자노 해협에 걸쳐져 있는 긴 다리를 가리켰다. 이들이 서 있는 위층 갑판에서 볼 때, 바야흐로 세상에서 제일 큰 정기선이 세상에서 제일 큰 현수교(懸垂橋 ; 양쪽 언덕에 줄·쇠사슬 등을 건너질러 거기에 의지하여 매달아놓은 다리-옮긴이)와 충돌할 것만 같았다.

"겁먹을 필요는 전혀 없죠. 충분히 지나가고도 남습니다." 부르크하르트가 말했다. 그의 말은 다리에서 나오는 방송으로 즉시 확인되었다. 스피커에서 누군가가 이렇게 말했다. "이제 곧 베라자노내로스 다리에 접근하게 되는데, 승객 여러분은 시각적인 착각을 경험하게 됩니다. 이 배가 다리와 충돌할 것 같은 착각말입니다. 하지만 그런 일은 절대로 일어나지 않습니다. 이 배는 다리를 무사히 통과할 것입니다."

그리고 실제로 그랬다.

"이제는 춥게 느껴지기 시작하네. 한 시간 전과 완전히 다르네." 피지 스피어맨이 배 위를 휩쓰는 강한 바람을 맞으며 몸을 감싸 안았다. 그 동안 배의 선수가 다리의 다른쪽 편에서 모습을 드러냈다. "우리가 입은 옷은 바다보다 항구에 맞는 것 같아." 헨리 스피어맨이 아내에게 얘기했다. "이제는 밑에 내려가서 잠시 구경할 때가 된 것 같군. 그리고 테이블 번호도 확인하고……. 여러분, 이따가 저녁 때 다시 보기로 합시다."

배로 들어간 스피어맨 부부는 길고 좁은 복도를 지나 식당과 칵테일 라운지, 그리고 극장 등을 구경했다. 칵테일 라운지에는 슬롯머신들이 있었고, 배 뒤쪽에는 카지노까지 있어서 무료한 시간을 달랠 수 있었다. 그곳에서 나온 스피어맨 부부는 좌현쪽의 사진관을 지나 복도 끝에 있는 나이트클럽으로 들어갔다. 그리고 댄스홀을 한 바퀴 돌아 나와 QE 2호의 도서관들 중 한 곳을 지나갔다.

이윽고 두 사람은 다른 사람들과 함께 승강기 앞에 섰다. "한 층만 더 올라가면 가게들이 있는 아케이드가 나와." 누군가가 그렇게 얘기했다. 잠시 후 두 사람은 바로 위층에서 내려 짧은 복도를 걸어갔다. 복도 끝에는 한 쌍의 프랑스식 문이 있었다. 유리문으로 들여다보니, 실내에 깔린 고급 양탄자 위에 의자 10개와 책상 몇 개가 놓여 있었다. "나는 종종 이 곳에서 시간을 보

낼 거야. 책 읽기에는 그만인 곳이지." 헨리 스피어맨이
말했다.

"그렇다면 당신이 필요할 때 어디 가서 찾아야 할지
는 알 수 있겠네." 피지가 미소 지었다.

두 사람은 배의 선미(船尾)쪽으로 방향을 틀었다. 긴
복도를 따라 걸어가니 쇼핑가가 나왔다.

쇼핑가에 있는 대부분의 가게들은 QE 2호의 내부를
따라 두 줄로 늘어서 있었다. 쇼핑가의 양쪽 끝 중앙에
는 두 가게가 마주보고 있었다. 승객들은 마치 육지에서
그러듯이 이 곳의 가게들을 둘러보며 구경할 수 있었다.
하지만 한쪽의 가게에서 다른쪽의 가게로 넘어갈 수는
없었다. 양쪽의 쇼핑가를 사이에 두고 긴 공간이 있었
다. 저녁에 승객들은 이 타원형 공간 주위의 난간에 모
여 아래층에 있는 나이트클럽의 댄스 홀을 내려다볼 수
있었다.

"저기 발레리 단치히 아닌가?" 헨리 스피어맨이 안
경 너머로 바라보며 피지에게 물었다. "그래, 그런 것 같
아." 두 사람은 승객들을 지나치며 그 유명한 심리학자
에게 다가갔다. 발레리 단치히는 보석가게에 진열된 시
계들을 구경하고 있었다. 그녀는 가게 창문에 비친 스피
어맨 부부의 모습을 보았다. "안녕하세요?" 그녀가 몸을

돌려 두 사람에게 인사했다. "뭐 새로운 것 좀 있나요?"

"뭐 새로운 것 좀 있나요?" 헨리 스피어맨이 반문했다. "글쎄요, 우리는 조금 전에 뉴욕과 뉴저지를 보았죠. 그 정도면 하루치의 새로운 경험으로 충분하지 않나요?" 피지 스피어맨이 당혹스런 표정을 지었다. "가게 안에 들어가 구경한 적은 있나요? 흥미로운 것들이 있었나요?"

"글쎄요, 나는 보스턴에는 없고 뉴욕에서도 구경할 수 없는 무언가를 찾고 있었죠. 혹시라도 내가 수집하는 유리 세공품에 보탤 것이 있나 알아보려 했죠. 나는 매년 수집품이 하나씩 늘어나는 재미에 푹 빠져 있어요. 하지만 지금은 그냥 구경만 하는 중이고 그마저도 그만두려 했어요. 만찬 테이블 배정에 늦어서는 안 된다고 하더군요. 당신들은 이미 배정을 받았나요?"

"아뇨, 우리는 배 안을 둘러보고 있었어요. 하지만 일깨워줘서 고맙군요." 헨리 스피어맨이 말했다. "이제는 그 작은 문제를 해결할 때인 것 같군요."

*　　*　　*

"여러분, 좋은 아침입니다. 당직 사관이 안내 말씀드

립니다. 바다의 물결은 비교적 잔잔합니다. 날씨는 구름이 조금 꼈고 맑고 화창합니다." 헨리 스피어맨은 잠에서 깼지만 아직도 침대 속에서 귀를 쫑긋 세우며 선실 밖의 스피커에서 들리는 일기예보를 듣고 있었다. 그는 자리에서 일어나 옷을 입기 시작했다. "오늘 항해는 순조로울 것 같군." 스피어맨은 그렇게 말하면서 잠에서 깨어나는 아내를 바라보았다.

선실 문 앞에서 몸을 구부리며, 헨리 스피어맨은 이른 아침 시간에 문 밑으로 배달된 작은 두 정간물을 집어들었다. 그 중에서 하나는 이 배의 일간신문인 『QE2 익스프레스』였다. 그 곳에는 선상에서 일어나는 흥미로운 이야기들과 전세계의 소식을 요약한 기사들이 실려 있었다. 다른 하나는 'QE 2호에서의 축제적인 삶' 을 매일 소개하는 것이었는데, 이 소식지에는 선상 활동의 다양한 시간표와 장소가 게재되어 있었다. 영화 · 브리지 · 운동 · 피아노 콘서트 · 미술과 공예 · 빙고 · 골프 클리닉 혹은 꽃꽂이 강좌 등이었다.

헨리 스피어맨은 하버드 동창회를 위한 강연으로 아침 시간을 보낼 것이었지만, 그는 아내와 함께 강연이 끝난 후에 즐길 활동들을 미리 체크했다. 두 사람은 일등석 승객들을 위한 로렌스 코벳 선장의 칵테일 파티에 꼭 참석하기로 합의했다. 칵테일 파티에서 즐거운 시간을 보낸 후에 만찬에 참석하면 더 맛이 있을 것이었다.

＊　＊　＊

헨리 스피어맨은 '스포츠 덱(갑판)'에서 오후의 햇살을 즐기고 있었다. 배에서 제공하는 파란색 모직 담요로 몸을 덮은 채, 그는 갑판 의자에 몸을 묻고 있었다. 오늘 해야 할 동창회 강연은 순조롭게 끝났고, 한가롭게 좋은 날씨를 즐기다가 오늘 밤의 활동에 참석할 일만 남았다. 스피어맨은 자신의 강연이 그런 대로 잘되었다고 생각했다. 대개 졸업생들은 학생 시절에 그랬던 것보다 교수들을 더 존경하는 경향이 있었다. 그들은 너무나도 정중했고, 강연이 끝나자 박수를 치면서 감사의 뜻을 전하기 위해 연단으로 다가왔다.

"이 의자에 주인이 있습니까?" 은발의 깔끔한 노신사가 스피어맨이 앉은 의자 옆의 빈 의자를 가리키며 물었다. "아뇨, 그렇지는 않을 겁니다." 스피어맨이 대답했다. "그리고 이쪽 의자에 여분의 담요가 있습니다. 필요하시다면 드릴까요?"

"아뇨, 괜찮습니다. 나는 이대로가 좋습니다. 이 머플러만 있으면 충분합니다."

헨리 스피어맨은 눈을 돌려 노신사의 목에 걸린 넓은 베이지색 머플러를 바라보았다. "그렇게 멋진 머플러는 본 적이 없는 것 같습니다. 참, 제 이름은 헨리 스피어맨입니다."

"하버드의 그 경제학자 말입니까? 당신이 쓴 칼럼을 읽은 적이 있습니다. 내 이름은 시드니 매디슨입니다. 나는 블레인-매디슨 백화점에서 일합니다. 내 머플러에 대해서 물었는데… 정말로 멋지지 않습니까?" 노신사는 몸을 기울여 스피어맨이 천을 만져보도록 했다. "사실 이것은 히말라야 염소의 목털로 만든 것입니다. 그 곳의 염소들이 먹이를 찾아 헤맬 때 목털이 나뭇가지에 달라붙죠. 사람들은 그것을 샤투스라고 부릅니다. 경제학자인 당신은 이것이 아주 귀한 것임을 알 수 있겠죠?"

"그래서 내가 볼 때 꽤 비싼 물건인 것 같았군요. 실례되는 질문일지도 모르겠습니다만, 가격이 얼마인지 물어도 되겠습니까?"

"이런 것은 일반적인 옷가게에서는 볼 수 없는 것입니다. 샤투스의 가격은 한 자에 1천5백 달러입니다. 세상에서 가장 비싼 옷감이라고 하더군요. 그런데 비용 얘기가 나왔으니 묻는 건데, 당신은 경제학자로서 이 배가 어떻게 운영되는지 설명할 수 있습니까? 나는 이 배를 탄 후로 그 점이 궁금했습니다. 그래서 대략적인 계산까지 해보았습니다. 그냥 봉투 뒷면에 하는 어설픈 계산 말입니다. 하지만 계산 결과는 그런 대로 맞을 것입니다. 그런데 배의 비용은 차치하고 그 모든 연료, 물품, 그리고 직원들을 감안할 때, 큐나드가 어떻게 이 배를 운항할 수 있는지 이해가 가질 않습니다."

"배의 비용을 무시하면 가능한 일입니다."

"무슨 말씀이신지……."

"배의 비용을 무시하면 가능한 일입니다. 그러니까 고정비용을 무시하는 것입니다. 이를테면 선박의 감가상각, 채권자들에게 지불하는 이자, 큐나드의 중역들에게 지급하는 임금 등등입니다. 큐나드는 QE 2호가 이번 주에 영국으로 가든 안 가든 그것들을 지불해야만 합니다. 승객들이 사우샘프턴에 가기 위해 지불하는 금액, 그러니까 승선 요금과 그 밖에 배에서 지출하는 비용이 이번 항해의 운항 비용을 충당하기만 하면, 큐나드는 배를 띄웁니다."

"어떻게 그럴 수 있죠? 그래도 여전히 채권자들에게 이자를 지불해야 하지 않습니까?"

"하지만 어찌 되었든 채권자들에게는 이자를 지불해야 합니다. 부도를 내지 않는 한 말입니다. 따라서 이번 항해에서 나오는 수입이 '단 1달러만이라도' 연료비와 음식비, 그리고 인건비를 초과하면, 큐나드는 배를 띄우는 것이 유리합니다. 가령 댈러스에 있는 당신의 백화점을 생각해봅시다. 당신들은 어떤 상황에서 가게문을 닫습니까? 채권자들에게 이자를 지불하지 못한다고 해서 가게문을 닫지는 않을 것입니다. 이자 지불조차 어렵다고 문을 닫아봐야 무슨 소용이 있습니까? 문을 닫아도 이자를 지불하지 못하기는 마찬가지입니다. 하지만 매상이 직원들의 임금이나 재고 유지의 비용을 충당하지 못한다면, 그때는 가게문을 닫아야 합니다. 가게문을 닫으면 그런 비용은 발생하지 않으니 말입니다. 그래서 그런 비용은 변동비용(variable cost)이라고 합니다. 이자는 고정비용(fixed cost)입니다. 가게문을 닫아도 이자는 지불해야 하기 때문입니다. 물론 그런 상태를 언제까지나 지속할 수는 없습니다. 결국에는 모든 비용을 충당할 수 있어야 합니다. 하지만 단기적으로는 가게를 운영하는 것이 더 유리합니다."

　그 후 한 시간 동안 스피어맨과 매디슨은 미국 경제에 관한 의견들을 교환했다. 그리고 스피어맨은 배 안의 체육관에서 하는 오후의 운동을 하러 가지 않았다. "교수님, 정말로 유익한 토론이었습니다. 다시 꼭 만나뵙기를 바랍니다. 부인과 함께 댈러스에 오실 기회가 있다면, 기꺼이 백화점을 구경시켜드리겠습니다."

＊　＊　＊

　"좋은 저녁입니다. 스피어맨 교수님과 여사님, 이 곳에 오신 것을 환영합니다." 코벳 선장의 측근은 그렇게 말하면서 두 사람을 QE 2호의 주인에게 소개했다. 일등석 승객들은 모두 정장 차림으로 줄을 선 채 선장과 악수하는 바로 그 순간에 사진을 찍기 위해 대기하고 있었다. 칵테일 파티장의 코벳 선장은 흰색 제복과 매끄럽게 빗어 넘긴 검은색 머리, 그리고 영국인 선장의 귀족적인 풍채를 보여주는 단정한 모습으로 승객들과 사진을 찍었다. 스피어맨 부부도 다른 사람들과 함께 줄 속에서 재빨리 이동하며 코벳 선장에게 다가갔다. QE 2호의 영국인 선장은 일등석 승객들과 일일이 악수를 나누면서 그들의 질문에 친절하게 대답했다.
　헨리와 피지 스피어맨은 몇몇 다른 손님들과 인사했고 전채(前菜) 테이블에 혼자 앉아 있는 올리버 우와 조우했다. 스피어맨 교수와 올리버 우가 자신들의 아침 강연에 관한 얘기를 나누고 있을 때, 선장이 배의 주요 선원들을 소개했다. 소개가 끝난 후 코벳 선장이 파티장에 모인 손님들에게 얘기했다. "여러분, 고맙습니다. 큐나드 라인스와 전체 직원들을 대신해, 저희 배에 승선하신 여러분에게 감사의 뜻을 전합니다. 날씨는 순조로울 것이고 목적지까지 무사히 운항할 것입니다. 다시 한 번 감사의 말씀을 드립니다."

칵테일 파티가 끝난 후, 스피어맨 부부는 손님들과 함께 컬럼비아 룸으로 들어갔다. 그 곳은 일등석 승객들을 위한 세 식당 중 하나였다. 그 방은 셋 중에서 가장 컸고 화려한 실내 장식에 커다란 창문들이 있어서 바다가 한눈에 들어왔다.

대양 정기선의 승객들은 선상 식사에 관해 세 가지를 배우게 된다. 첫째, 식사는 아주 중요한 것이며, 그것은 단지 영양 섭취의 이유에서만 그런 것이 아니다. 선상 생활은 많은 사람들에게 단조롭고 지루한 패턴의 반복일 수 있다. 그래서 다양한 메뉴의 훌륭한 음식은 그런 단조로움을 극복하는 데 도움이 된다.

둘째, 시중을 드는 종업원들의 중요성이다. 종업원들은 승객이 좋아하는 특정한 음식을 더 많이 갖다줄 수도 있고, 오늘의 메뉴 중에서 무엇이 좋은 것이고 무엇이 나쁜 것인지 알려줄 수도 있다.

셋째, 같은 자리에서 식사하는 식탁 동료의 중요성이다. 식탁 동료는 항해 내내 같은 사람으로 배정된다. 그래서 함께 식사하는 사람이 까다롭거나 지겹거나 혹은 그냥 마음에 들지 않으면, 항해 기간 내내 곤욕을 치를 수 있다. 이런 곤경을 피하는 가장 좋은 방법은 함께 식사를 원하는 승객들만 수용할 수 있을 만큼 적당한 크기의 식탁을 배정받는 것이다.

스피어맨 부부는 둘이서만 식사를 하기로 결정했다. 두 사람은 우현쪽의 창문들이 바라보이는 작은 탁자를 배정받았다. 헨리와 피지는 탁자에 앉아 메뉴를 살펴보았다. 어떤 승객도 한 자리에서 먹을 수 없을 만큼 많은 양의 11코스 정식도 준비되어 있었다. "어느것을 먹어야 할지 잘 모르겠네." 피지 스피어맨이 말했다. "하지만 이제는 주문할 때가 된 것 같아." 피지는 그 모든 성찬을 무시하고 간단한 해물 수프와 샐러드, 그리고 전복죽을 주문했다. 헨리도 같은 메뉴에 치즈 케이크와 커피를 추가로 주문했다. 주문을 마친 후 두 사람은 느긋하게 앉아 QE 2호에서의 두 번째 저녁 식사를 기다렸다.

즐겁게 식사를 마치고 후식을 기다리고 있을 때, 소피아 우스티노프가 근처의 식탁에서 빈 의자를 끌고 두 사람에게 다가왔다. "안녕하세요, 두 분을 뵈니 정말로 좋군요! 웨이터에게 후식은 이 곳에서 먹겠다고 얘기했어요. 그래도 실례가 되지 않겠죠? 저쪽 탁자에서는 더 이상 앉아 있을 수가 없어요. 그 곳에 있는 어떤 남자는, 정말이지 한순간도 쉬지 않고 얘기를 떠벌려요. 숨도 쉬지 않고 얘기를 한다니까요. 그렇게 얘기를 해도 무슨 말인지는 하나도 모르겠어요. 게다가 큰 시가를 피우면서 연기를 뿜어대는데… 예, 바로 여기에다 놓으세요, 고마워요… 시가를 필 때만 얘기를 멈추고, 내가 핀잔을 주자 그제서야 시가는 껐는데, 이제는 전보다 더 빠르게 얘기를 하는 거예요. 정말 도저히 참기 어려운 사람이었어요."

스피어맨 부부가 동정한다는 표정으로 소피아 우스티노프를 바라보았다. "소피아, 정말로 끔찍한 일이군요. 지배인에게 다른 탁자로 옮겨달라고 부탁하세요."

"나도 그렇게 말할 생각이에요. 하지만 그런다고 탁자를 바꿔줄까요? 이미 사람들이 꽉 차 있는데."

"지배인이 알아서 해줄 거예요. 일등석 식당은 또 있으니까요. 어쨌든 얘기나 해보세요." 피지 스피어맨이 말했다.

소피아 우스티노프는 탁자에 놓인 접시에서 딸기 크림 파이의 마지막 조각을 숟가락으로 떠먹었다. "맛있군요. 하지만 너무 달아요. 먹을 게 수도 없이 많은데, 왜 내가 이걸 먹고 있는지 알 수가 없네요. 정말이지, 좋은 음식이 너무나도 많네요. 이걸 다 먹어보려면 한 달은 걸릴 거예요. 케임브리지에서는 보지도 못한 음식들이 가득해요. 그 곳에서는 파스타가 일종의 식사인데, 이 곳에서는 그냥 간식에 불과하군요. 혹시 파스타를 드셨나요? 나는 바보처럼 그걸 먹고 말았죠."

"소피아, 당신은 바보가 아닙니다. 당신은 아주 합리적으로 행동하고 있습니다. 케임브리지에서보다 여기에서 더 많이 먹는 건 완전히 이치에 닿는 일입니다." 헨리 스피어맨이 말했다.

"물론이죠, 음식이 너무 좋으니까요."

"아뇨, 그것은 질의 문제가 아닙니다. 우리가 사는 곳에도 좋은 식당은 무척 많습니다. 하지만 음식의 질이 같다 해도 당신은 여전히 이 곳에서 더 많이 먹으려 할 겁니다. 상대적인 가격 때문이죠. 여기서는 모든 음식의 가격이 영(zero)입니다."

"물론이죠, 하버드 동창회가 돈을 내니까요." 소피아

우스티노프가 말했다.

"아뇨, 하버드 동창회가 돈을 내기 때문이 아닙니다. 그 모든 돈을 당신이 낸다 해도, 이 곳에서 제공되는 음식은 어느것이나 추가 비용이 영(zero)입니다. 물론 대부분의 식당에서는 그렇지가 않죠. 그런 곳에서는 파스타를 주문하기 전에 가격을 봅니다. 당신이 파스타에서 얻는 만족이 그것을 얻기 위해 포기하는 돈에서 얻어지는 만족보다 크다면, 당신은 주문을 합니다. 당신은 이곳에서도 그렇게 하지만, 여기서는 가격이 영(zero)인 점만 다를 뿐입니다.

그래서 당신은 파스타가 주는 즐거움이 그 가격보다 클 동안에는 파스타를 주문합니다. 다시 말해, 당신은 파스타가 약간의 만족만 더 주어도 그것을 주문합니다. 그러니까 영(zero)보다 크기만 하면 되는 것입니다. 이것을 경제학의 용어로 설명하면, 당신은 파스타가 주는 한계효용이 영(zero)에 달할 때까지 계속해서 그것을 먹습니다. 그때가 되면 당신은 균형(equilibrium)에 도달하게 됩니다."

"그리고 나는 4kg의 몸무게를 얻겠죠." 소피아 우스티노프가 말했다.

"그렇게 된다면," 헨리 스피어맨은 눈을 반짝이며 애

기했다. "당신은 상당한 소비자 잉여를 얻게 될 뿐 아니라, 그것이 밖으로 삐져나온 것을 모두가 볼 수 있을 것입니다."

조작된 연구 논문

저녁 식사는 끝났다. 네 곳의 식당은 모두 비었고, 승객들은 QE 2호의 이곳저곳으로 흩어졌다. 그들의 우선순위는 저마다 달랐다. 많은 이들은 극장에서 상영되는 새 할리우드 영화를 선호했다. 다른 이들은 카지노에서 룰렛, 블랙잭, 혹은 슬롯머신 등을 즐겼다. 몇몇 사람들은 대서양 가운데서 친구들과 전화로 얘기하는 스릴을 원했다. 그리고 또 어떤 사람들은 쇼핑가의 예쁜 가게들을 구경했다. 나이트클럽은 사람들이 가장 많이 가는 곳이었다. 매일매일의 행사를 알리는 소식지 「QE 2호에서의 축제적인 삶」은 일반실 승객들을 위한

1920년대식 밤을 예고했다. 일등석 승객들은 '여왕실'에서 늦은 밤의 춤과 부드러운 조명을 즐길 수 있었다.

하지만 헨리 스피어맨은 그 어느것에도 관심을 느끼지 못했다. 저녁 식사 후의 시간은 그가 가장 좋아하는 시간이었다. '컬럼비아 룸'에서의 저녁 식사는 매력적인 것이었고, 점심도 양껏 먹은 하버드의 경제학자는 운동을 별로 하지 못했다. 매일 하는 바닷물 풀장에서의 수영, 위층 갑판을 한가로이 걷는 산책, 그리고 헬스클럽에서 보내는 시간으로는 QE 2호의 성찬에서 흡수하는 칼로리를 충분히 소모할 수 없었다. 저녁 이 시간이 되면 헨리 스피어맨은 '독서실'의 편안한 의자에 앉아 책을 읽고 싶은 생각밖에 없었다. 그는 항해를 시작할 때부터 밤마다 치르는 의식을 정해놓고 있었다. 즉, 늦은 저녁을 오랫동안 즐기고, 갑판에서 잠시 산책을 하고, 그런 다음 새벽이 될 때까지 책을 읽는 것이었다.

스피어맨은 읽을거리를 세심하게 선정해놓았다. 그는 함께 여행하는 지인들의 책들 가운데 일부를 읽기로 마음 먹었다. 바로 가까이에 저자들이 있을 때 책을 읽는 것은 경제적인 선택이었다. 그러면 관심이 있거나 이견이 있는 일부 논점을 저자들에게 바로 질문할 수 있었기 때문이었다.

하지만 먼저 갑판에서 산책을 할 것이었다. 한쪽 손으로 철제 난간을 잡으면서, 헨리 스피어맨은 컬럼비아룸 입구 밖의 큰 계단들을 올라갔다. 그 곳에는 고상한 파란색의 푹신한 양탄자가 깔려 있어서 발자국 소리를 조용히 흡수했다. 이윽고 그는 갑판으로 이어지는 육중한 문을 열고 어두운 안개 속으로 걸어 들어갔다. 처음에는 거의 아무것도 볼 수 없었다. 조금 지나자 몇몇 승객들이 난간에 기대 서 있는 것이 눈에 들어왔다. 몇 걸음 걸었을 때, 또다른 승객이 담요를 덮고 갑판 의자에서 자는 듯한 모습이 보였다. 스피어맨은 서둘러서 사람들을 지나갔다.

뜻밖에도 선상 생활의 리듬은 스피어맨이 무척 좋아하는 것이었다. 일상의 번잡한 전화, 메시지, 그리고 우편물에서 벗어나는 느긋함은 오랜만의 여유로움을 제공했다. 지난 학기의 끔찍한 사건들을 겪고나서 완전히 새로운 환경에서 시간을 보내며 헨리 스피어맨은 편안함을 느꼈다. 사실 그는 이번 항해가 더 오래 지속되기를 원했다.

하지만 일부에서는 다르게 생각하는 사람들도 있었다. 웨버 부부는 선상 생활에 다소 갑갑함을 느꼈다. 올리버 우도 같은 의견이었다. 그는 배에서만 보내는 시간이 지루하다고 얘기했다. 클레그 부부 역시 비슷한 생각을 갖고 있었다. 소피아 우스티노프와 크리스톨프 부르크하르트도 너무 단조로운 생활이라고 불평했다. 발레리 단치히는 일부 흥미로운 사람들을 발견했다고 말하면서, 스피어맨 부부처럼 이번 항해에 별다른 불만이 없다고 주장했다.

다시 갑판 위를 걸으면서 스피어맨은 안개비가 내리는 것을 알게 되었다. 바람이 더 강하게 부는 가운데 바다에서 물보라가 쳤다. 갑자기 한기를 느끼면서 스피어맨은 몸을 웅크려 차가운 밤 공기를 피하려 했다. 배의 움직임은 더 분명해졌고, 주위의 불빛 속에서 검은 바다가 흰 포말을 일으키는 모습이 눈에 들어왔다. 갑판이 좌우로 출렁거리기 시작했으며, 이제는 사람들이 가고 없는 갑판 위에서 강한 바람에 맞서 걷는 것이 쉽지 않았다. 스피어맨은 빨리 출입문을 찾아 배의 내부로 들어가야겠다고 생각했다.

그는 제일 먼저 발견한 문의 손잡이를 당겼다. 하지만 강한 바람 때문에 문은 쉽게 열리지 않았다. 마침내 문이 열렸고, 스피어맨은 물보라와 바람을 맞으며 계단을 내려갔다. 뒤쪽에서 문이 빠르게 제자리로 돌아오는 소리가 들렸다. 이제 그는 배의 따뜻한 내부에서 복도를 따라 걷고 있었다. 양탄자가 깔린 복도를 한참 따라가니 4층 갑판으로 내려가는 계단이 보였다. 계단을 내려가 선실로 들어온 스피어맨은 침대 머리맡에 놓인 메모를 발견했다. 피지가 남긴 것이었다. 아내와 제시카 클레그는 크리스톨프 부르크하르트와 함께 극장에 영화를 보러 간 모양이었다.

하버드의 경제학자는 욕실로 들어가 욕조에 물을 채웠다. 하얀 욕조 안에 물이 가득 찬 후 밖으로 흘러내렸다. 항구를 떠나온 후 처음으로 맞는 강풍 속에서 QE 2호는 심하게 흔들렸다. 스피어맨은 몸에서 염분 찌꺼기를 씻어낸 후 다시 선실로 향했다. 그리고 오늘 저녁에 읽을 서적들의 목록을 훑어보았다. 그 곳에는 발레리 단치히, 소피아 우스티노프, 덴턴 클레그, 캘빈 웨버, 올리버 우, 그리고 크리스톨프 부르크하르트의 작품들이 적혀 있었다. 스피어맨은 그 책들을 가방에 담고나서 레인코트, 챙 모자, 그리고 스카프를 옷장에서 꺼냈다. 어쩌면 잠시 갑판에서 신선한 공기를 쐬고 싶을지도 모르기 때문이었다.

배가 심하게 흔들리는 가운데, 스피어맨은 4층 갑판의 복도를 따라 가장 가까운 계단으로 걸어갔다. 그는 주기적으로 걸음을 멈추면서 계단의 난간을 붙잡고 몸의 균형을 유지했다. 멀리 '여왕실'에서 흘러나오는 피아노 소리와 플루트 소리가 들렸다. 스피어맨은 다시 계단을 올라 위층 갑판으로 나아갔다. 호기심에서 그는 오락실 입구로 다가가 안을 들여다보았다. 그 곳은 사람들로 꽉 차 있었다.

소피아 우스티노프가 슬롯머신에 앉아 있었다. 그녀는 한쪽 손에 동전을 한움큼 쥔 채 다른쪽 손으로는 열심히 핸들을 잡아당겼다. 배출구로 쏟아지는 동전 소리는 그녀가 한동안 더 놀 수 있음을 알려주었다. 하버드의 경제학자는 그 곳을 지나 옆에 있는 카지노의 입구에서 걸음을 멈추었다. 그리고 안을 훑어보았다. 올리버 우가 룰렛 테이블에 무심하게 앉아 있었다. 그는 딜러가 자신이 베팅한 숫자들에서 한 더미의 칩을 쓸어가자, 별로 실망하는 표정도 없이 다시 같은 숫자들에 칩을 놓았다. 카지노에는 담배 연기가 자욱했고, 방 안의 공기에는 축축한 알코올 냄새가 배어 있었다.

스피어맨은 이제 갈 때가 되었다고 생각했다. 그는 사진관을 지나 위에 있는 발코니로 나아갔다. 아래쪽의 나이트클럽에서는 사람들이 왁자지껄 떠들고 있었다. 승객들이 요란한 복장을 뽐내며 축제 분위기에 들떠 있었다. 브라스 밴드가 트럼펫을 시작으로 거슈윈의 재즈 음악을 연주했다.

대서양 횡단의 이 정기선이 폭풍우 속을 항해하고 있음은 배의 내부에서도 분명했다. 하지만 승객들은 즐거운 시간을 보내면서 그런 사실에는 아랑곳하지 않았다. 배가 크게 흔들렸다가 다시 기울면서 선수가 바다 속에 꽂히는 요동이 느껴졌다. QE 2호가 심하게 요동치는 가운데 스피어맨은 다시 계단을 올라 위층으로 향했다. 점점 더 멀어지는 음악 소리를 뒤로한 채 스피어맨은 어두운 복도를 걸어갔다. 복도 끝의 큰 두 유리문을 지나면 독서실로 사용하는 방이 있었다. 스피어맨은 천천히 그쪽으로 걸어가 자신의 성소로 들어가는 문을 열었다.

그 곳에 앉아 있는 사람은 한 사람뿐이었다. 덴턴 클레그가 부드러운 가죽 의자에 몸을 묻고 있었다. 그는 독서실로 들어오는 친구를 보고 손을 들어 인사했다. 클레그는 아직도 만찬 복장을 하고 있었다.

스피어맨은 미소로 답하다가 약간 몸이 흔들리는 것을 느꼈다. 배의 선수가 다시 큰 파도와 충돌한 모양이었다. 그는 의자 뒤를 붙잡으며 균형을 유지했다. "아, 헨리, 당신을 기다리고 있었소. 날씨가 나쁘다고 당신이 이 곳을 찾지 않으리라고는 조금도 생각하지 않았소."

"당연하지." 스피어맨은 그렇게 대답하며 큰 팔걸이 의자들 가운데 하나에 몸을 실었다. "비가 오든 눈이 오든, 날씨가 덥든 춥든, 이 경제학 교수는 동료들의 가장 최근 작품을 읽지 않을 수가 없습니다."

클레그가 읽고 있던 잡지로 눈길을 돌렸다. 스피어맨은 잠시 의자에 앉아 있다가 가방 속에서 책 한 권을 꺼냈다. 그리고 전에 읽던 그 책의 접힌 부분을 펼쳤다. 처음에 그는 정신을 집중할 수 없었다. 게다가 배가 흔들리는 바람에 전에 그랬던 것보다 집중하기가 한층 더 어려웠다.

그리고 또다른 문제도 있었다. 스피어맨은 여유롭게 이번 항해를 즐기고 있었지만, 지난 몇 달 간의 불쾌한 사건들은 그의 의식에서 쉽게 지워지지 않았다. 그는 계속해서 멜리사 섀넌을 생각하고 있었다. 부드럽고 명랑한 젊은 여자가 자신의 두 동료 교수를 상대로 끔찍한 복수극을 벌인 것이었다. 경제학은 사람들이 늘 합리적이라고 얘기하지 않는다. 하지만 그녀의 행동은 '너무나도' 비합리적이었다. 멜리사 섀넌이 약혼자의 임용에 반대한 두 사람을 죽임으로써 자신의 효용을 극대화할 수 있다고 믿었다고 보기는 어려웠다. 데니스 고센이 한 일도 스피어맨이 볼 때는 멍청한 짓이었다. 거기에다 멜리사까지 복수를 했다는 것은 상황의 비합리성을 더했다. 그녀는 잡히지 않으리라고 예상하지 않았을 것이었다. 하지만 한편으론 너무 충격을 받아 앞뒤를 가리지 못했을 수도 있었다. 비합리적인 행동은 스피어맨이 경제학의 틀 안에서 다루기에 어려운 것이었다. 경제학에서는 합리성이 하나의 기본적인 명제였다. 멜리사 섀년의 행동은 미친 사람의 행동이나 다름없었다. 그것은 현실 속에서 다른 대안이 전혀 없는 사람의 행동이었다. 그리고 그것은 비용과 효용을 전혀 고려하지 않은 행동이었다. 그것은 제정신으로 하는 행동이 아니었다. 그래서 스피어맨은 멜리사의 행동을 충격으로 받아들였다.

QE 2호가 다시 흔들리면서 스피어맨은 속이 메스꺼운 것을 느꼈다. 독서실 안의 나무제품이 성난 파도 때문에 삐걱거렸다. 하버드의 경제학자는 잠시 일어나서 방안을 걸으면 기분이 좀 나아질 것이라고 생각했다.

스피어맨은 사방에 늘어선 의자들과 탁자들을 잡으며 균형을 유지하면서, 그 닫힌 공간의 주위를 맴돌았다. 그리고 벽으로 걸어가 커튼을 걷고 배의 우현쪽을 내다보았다. 하지만 비가 내려치는 창문에서 보이는 것은 아무것도 없었다. 우울한 생각과 메스꺼움을 떨치기 위해, 스피어맨은 벽에 걸려 있는 그림들을 살펴보았다.

그 곳에는 큐나드 정기선의 역사적인 배 그림들이 걸려 있었다.

한동안 그 그림들을 감상한 후에, 스피어맨은 다시 팔걸이 의자에 몸을 묻었다. 그는 자신의 손목시계를 쳐다보았다. 저녁 11시였다. 아직도 책을 읽을 시간은 충분했다. 이윽고 스피어맨은 의자에서 몸을 젖히며 옆 테이블에 놓아두었던 책을 집어들었다. 그리고 또다시 읽기 시작했다.

클레그는 읽던 잡지를 무릎에 내려놓고 고개를 떨군 채 졸고 있었다. 덴턴 클레그는 멜리사 섀넌의 재판이 끝난 후로 긴장감에서 완전히 벗어났다. 그리고 다른 사람들도 그랬다. 스피어맨은 자신도 지난 봄 학기의 끔찍한 사건들에서 벗어나기를 바랐다. 하지만 웬일인지 그렇게 되지 않았다. 그는 마음 깊은 곳에서 섀넌과 고센의 그 모든 일에는 무언가 잘못된 것이 있다고 느꼈다. 동료 교수 둘이 죽었기 때문만은 아니었다. 사실은 그것만으로도 너무나 깊은 상처를 받았다. 하지만 이제는 시간도 지났고 정의도 구현되었으므로 그런 상처는 치유되어야만 했다.

하지만 바로 그 점이 문제였다. 스피어맨은 동료 교수들보다 훨씬 더 당혹감을 느꼈다. 그는 동료 교수들과 달리 정의가 구현되지 않았다고 느꼈다. 재판 결과는 그에게 만족스럽지 않았다. 하지만 왜 그런지는 자신도 알 수가 없었다. 아무리 애를 써도 그는 왜 불편함을 느끼는 것인지 알아낼 수가 없었다. 다만 무언가가 정황이 잘 들어맞지 않는다는 느낌을 준 희미한 기억만 갖고 있었다. 그것이 무엇일까? 스피어맨은 안정을 찾으려고 애썼다. 그는 마음 속에서 일련의 끔찍한 사건들을 다시 검토해보았다. 하지만 아무리 논리적으로 생각해봐도 문제를 해결할 수 없었다. 하버드의 경제학자는 평상시와 달리 자신의 무능을 자책했다. 그는 조용히 자리에 앉아 생각에 잠겼다. 밖에서 부는 바람은 잦아든 것 같았다. 배가 파도에 흔들려 나무제품에서 나는 무거운 파열음만이 방 안의 정적을 깨뜨렸다.

헨리 스피어맨은 불편한 감정에서 벗어나기 위해 다시 책을 읽기 시작했다. 그가 오늘 밤 읽으려 했던 책은 개인적으로 별 관심이 없는 것이었다. 그래서 그 책을 다시 가방에 넣고 다른 책을 찾아보았다. 이윽고 새 책의 접힌 부분을 펼쳤을 때, 헨리 스피어맨은 경제학자로서 관심을 느끼기 시작했다. 그는 오랜만에 전에 읽었던 부분을 다시 읽기 시작했다.

그 부분을 읽으면서 스피어맨은 왠지 짜증이 났다.

무언가가 논리적인 그의 사고방식에 들어맞지 않았다. 스피어맨은 잠시 접힌 부분의 앞쪽으로 돌아가 논지의 단서를 찾아볼까 생각했다. 그는 한 쪽을 다시 읽고, 또 한 쪽을 다시 읽었다. 이렇게 될 수 있을까? 그는 다시 그 부분을 읽으면서 빠르게 생각하기 시작했다. 그리고 는 그 부분을 읽고 또 읽었다.

마침내 서서히 감이 잡혔다.

마치 전에는 손도 댈 수 없었던 거대한 그림 맞추기 퍼즐이 비로소 하나의 그림으로 맞춰지는 것만 같았다. 모든 조각들이 들어맞았다. 이윽고 그는 멜리사 섀넌이 벨과 배렛을 죽인 범인이 아님을 확신하게 되었다. 아울 러 그는 데니스 고센이 스스로 목숨을 끊은 것도 아님을 확신하게 되었다. 고센은 벨과 배렛처럼 잔인하게 살해 당한 것이었다. 그리고 스피어맨은 누가 살인자인지 알 수 있었다.

살인자를 알아낸 것은 일종의 본능적인 깨달음이 아 니었다. 그것은 순전히 논리의 산물이었다. 그리고 그 논리는 경제학의 가장 기본적인 원칙 가운데 하나에서 비롯된 것이었다. 즉, 소비자들은 자신들의 효용을 극대 화시킨다. 그 명제의 신뢰성과 그 놀라운 예측력은 그 동안 수많은 방식으로 입증된 것이었다. 그래서 그것은 경제학자인 스피어맨의 가장 기본적인 사고방식을 이루었다. 하지만 그가 방금 읽은 책의 내용은 사실이 아닌 진술로서, 그 강력한 경제학의 논리에 완전히 어긋나는 것이었다.

그가 오늘 밤에 발견한 그 새로운 사실의 의미는 너무나도 분명했다. 하지만 그가 취한 행동은 그렇지 않았다. 나는 이제 어떻게 해야 하나? 스피어맨은 생각에 잠겼다. 갑자기 방 안이 덥고 갑갑하게 느껴졌다. 게다가 배까지 흔들려서 스피어맨은 한층 더 어지럽고 불편했다. 갑판에 나가 산책을 하면 머리가 맑아질 것 같았다. 그런 후에 피지에게 자신의 결론을 알릴 생각이었다. 그리고 둘이서 함께 해결책을 찾아낼 것이었다. 그는 졸고 있는 자신의 친구를 내려다보았다. 클레그 학장은 이제 졸고 있지 않았다.

"헨리, 괜찮소?"

"왜요?"

"당신이 독서에 열중하고 있을 때 잠시 쳐다보았더니 갑자기 자리에서 일어나길래 말이오. 마치 깜짝 놀란 사람 같았소. 그리고는 다시 생각에 빠져드는 것 같았소."

"잠시 바람을 쐬면서 생각을 정리해야겠습니다. 그

런 후에 당신과 상의할 문제가 좀 있습니다. 그때까지 이 곳에 계실 건가요?"

클레그는 스피어맨을 뚫어지게 바라보았다. "원한다면 그렇게 하지. 당신을 돕는 일이라면 무엇이든 할 생각이오. 나는 당신을 잘 알기 때문에, 그것이 중요한 문제임을 알 수 있소."

스피어맨은 무언가를 말하려다가 바로 옆의 탁자에 책을 놓고 스카프를 목에 둘렀다. 그리고 무거운 레인코트를 걸친 후에 커다란 챙 모자를 눌러썼다. "금방 돌아오겠습니다." 그렇게 말한 후에 스피어맨은 방에서 황급히 빠져 나갔다.

갑판으로 나가는 문을 열었을 때 엄청난 바닷바람이 스피어맨을 맞았다. 갑자기 밀려드는 바람과 함께 물보라가 휘날리면서 스피어맨을 화들짝 놀라게 했다. 비에 젖은 갑판 위로 올라서는 스피어맨의 뒤에서 육중한 문이 거세게 닫혔다. 스피어맨은 바람에 넘어지지 않기 위해 난간을 꼭 붙잡았다. 길고 좁은 갑판에는 불빛만 희미한 채 아무것도 보이지 않았다. 황량한 갑판이 배와 함께 위로 솟았다가 마치 승강기처럼 다시 아래로 떨어졌다. 스피어맨은 어둠 속에서 바다를 바라보았다. 배의 내부에서 나오는 불빛들이 검은 파도 위의 성난 물거품을 드러내고 있었다. 스피어맨은 숨을 깊이 쉬었다. 얼굴에 부딪치는 안개 같은 물보라가 너무나도 시원했다. 바닷바람과 짭짤한 공기는 독서실에서 막 나온 스피어맨에게 반가운 것이었다. 스피어맨은 갑판의 요동에도 불구하고 머리를 식힌 후 힘든 결정을 내리기로 마음 먹었다.

그는 천천히 조심스럽게 난간을 따라 걸어갔다. 이제는 어느 정도 어둠에 익숙해져 난간을 잡지 않고도 걸을 수가 있었다. 거의 30분이나 걸려 선수에 도착해 그곳을 돌고, 선미쪽으로 가기 위해 우현쪽으로 방향을 틀었다. 사나운 갑판 위를 힘겹게 걷는 스피어맨의 등 뒤로 스카프가 휘날렸다. 거센 파도 속에서 들리는 것이라곤 거의 없었다. 스피어맨은 효용 극대화와 살인에 대한 생각으로 머리가 꽉 차 있어 시간의 흐름을 알지 못했다. 그는 아직도 어떻게 일을 처리해야 할지 결심이 서질 않았다. 여러 가지 계획이 머리 속에서 빙빙 돌았다. 바로 이 배에 살인자가 타고 있었다. 그리고 그 사람이 누구인지는 너무나도 분명했다. 빨리 행동을 취해야만 했다. 무고한 젊은 여자가 감옥에서 고생하고 있었다. 그리고 살인자는 또다시 사람을 죽일 수도 있었다. 스피어맨은 깊은 생각에 잠긴 채 갑판을 한 바퀴 돌고나서 다시 돌기 시작했다. 배의 선수 부분이 파도와 부딪쳤고 바람이 휘몰아쳤다.

갑판으로 나오는 문이 열려 있음을 그는 알지 못했다. 그리고 닫히는 소리도 듣지 못했다. 자기 앞에서 걷는 발자국 소리도 듣지 못했다. 하지만 그러다가 무언가를 본 것 같았다. 길고 좁은 갑판 위로 희미한 불빛이 보였다. 그리고 밑으로 내려가는 경사로에서 어떤 사람이 급히 선미쪽으로 가는 것이 어렴풋이 보였다. 갑자기 거대한 파도가 갑판 위를 덮쳤고 스피어맨은 흠뻑 젖었다. 몸 전체에서 한기가 느껴졌다. 눈에 들어간 물보라가 잠시 그의 시야를 흐렸다. 스피어맨은 눈을 닦고 다시 갑판 아래쪽을 보았다. 그 자리에서 몸이 굳은 채, 스피어맨은 친숙한 사람이 난간을 넘는 것을 지켜보았다. 그 사람은 일순 망설였다가 날카로운 비명을 지르면서 칠흑같이 검은 바다로 몸을 던졌다. 스피어맨은 황급히 그 사람이 뛰어내린 난간으로 달려갔다. 하지만 뛰어내린 사람은 이미 보이지 않았다. 그 요동치는 바다에서 보이는 것은 칠흑 같은 어둠뿐이었다.

헨리 스피어맨은 터벅터벅 걸어와 힘겹게 문을 열었다. 그리고 구불구불한 복도를 지나 독서실로 향했다. 유리문을 열어젖히고 방 안을 둘러보았다. 그 곳은 비어 있었다. 덴턴 클레그가 앉아 있던 곳 옆의 탁자 위에 봉투가 둘 있었다. 하나는 제시카 클레그에게 보내는 것이었고, 다른 하나는 헨리 스피어맨에게 보내는 것이었다. 하버드의 경제학자는 흠뻑 젖은 챙 모자와 스카프와 레인코트를 벗었다. 지칠 대로 지친 그는 가죽 의자에 털썩 앉았다. 그러고는 봉투 속에서 편지를 꺼내 떨리는 손으로 읽어보았다.

친구 헨리에게

당신도 이미 알고 있듯이, 나는 데니스 고센과 모리슨 벨, 그리고 포스터 배럿을 죽였소. 나는 이 글을 쓰면서도 그것을 거의 믿을 수가 없소. 나는 마치 누군가가 불러주는 편지를 대신 받아 적는 것만 같소. 내가 아는 그 모든 사람들 중에서, 헨리 당신만은 내 행동을 (비록 인정하지는 않더라도) 이해할 거요. 사기꾼임이 드러나는 공포는 그것을 숨기기 위해 사람들을 죽이는 공포보다 더 큰 것이었소. 일단 내 자신과 경력, 그리고 나에게 의미 있는 그 모든 것을 보호하겠다는 결심이 서자, 나는 가장 체계적이고 절제된 방식으로 살인을 저지르기 시작했소.

사람을 죽이는 것은 즐거운 일이 아니었소. 그것은 단지 필요했을 뿐이오. 그때도 그랬고 지금도 그렇지만, 나로서는 다른 선택의 여지가 없었소. 물론 나는 데니스 고센의 죽음으로 모든 것이 끝나기를 바랐소. 몇 달 전에 그 사람이 흥분한 모습으로 나를 찾아왔소. 고센은 멜라네시아에 관한 내 책의 일부 숫자에 혼란을 느끼고 있었소. 그는 우연히 그 통계를 보고서 자신의 연구에도 활용하려 했었소. 하지만 그 숫자들은 그에게 이해가 가질 않았고, 그 분야의 거의 모든 경제학자들의 연구 결과와 어긋나는 것이었소. 처음에 나를 찾아왔을 때 고센은 명확한 설명을 원했소. 혹시라도 자신이 오해한 부분이 있거나, 혹은 내가 실수를 했는지 알고 싶어했소. 하지만 그가 학자로서 나에게 기념비적인 작품이 될 그 책에 의문을 표시했을 때, 나는 그만 이성을 잃고 말았소. 누구보다 나는 그 모든 것이 조작된 것임을 알고 있었기 때문이오.

　　헨리, 당신도 알고 있듯이 초창기의 내 인류학 연구는 나름대로 인정은 받았어도 불멸의 업적을 남기지는 못했소. 나는 죽어서도 이름이 남는 인류학자가 되고 싶었소. 나는 정말로 위대한 작품, 후세들이 두고두고 인용할 그런 걸작을 남기고 싶었소. 그러나 학장으로 근무하면서 나는 세계적인 수준의 업적을 남길 만큼 시간이 충분치 않았소. 그렇지만 학장이라는 자리는 힘이 있는 자리요. 그리고 나는 힘을 즐기는 사람이오. 나는 학장으로서 성공적인 평가를 받았소. 하지만 학자로서 진정한 명예는 쉽지 않았고 나는 계속해서 그것을 탐냈소.

나는 3년 전 산타 크루즈 제도에 대한 현장 조사를 계속하기 위해 휴가를 떠났을 때, 인류학의 고전이 될 수 있는 책을 쓰겠다고 다짐했소. 그렇지만 얼마 안 가 나는 그렇게 힘든 조사를 할 만큼의 열성이 남아 있지 않음을 알게 되었소. 나는 그 동안 인류학의 주류에서 너무 오래 떨어져 있었고, 이제는 나이도 든 데다가 그런 작업에 필요한 열정마저 잃게 되었소. 그래서 나는 결국 자료를 조작하고, 적당한 전문 용어와 이미 알려진 명성을 빌어 그것을 무마시키기로 결심했소. 하버드의 교수라는 직함도 그 일에 도움이 되었소.

오랫동안 나는 누군가 내 속임수를 발견할지도 모른다고 두려워했소. 하지만 그런 일은 일어날 것 같지 않았고, 그래서 나는 그런 생각에서 벗어날 수 있었소. 그러다가 당신의 젊은 동료가 내 조사 결과에 의문을 표시했을 때, 내가 어떤 충격을 받았는지는 당신도 상상할 수 있을 거요. 나는 뜻밖의 상황에 당황했고, 그 사람의 질문에 답을 할 수 없어 이성을 잃고 말았소. 고센은 내가 거짓말을 하고 있다고 확신했소.

나중에 그가 다시 와서 거래를 제의했소. 내가 그 사람이 임용되는 것을 도와주면 내 비밀을 누설하지 않겠다는 거였소. 물론 그것은 협박이었소. 하지만 나는 기꺼이 제의를 받아들였소. 혹은 내가 그랬던 것처럼 믿게 했소. 나로서는 그 사람을 달래서 어떻게든 비밀이 새 나가지 않도록 하는 것이 급선무였소. 물론 나는 그런 거래가 오래갈 수 없음을 알고 있었소. 협박은 거의 언제나 한 번으로 끝나지 않으니까. 고센은 계속해서 나를 괴롭힐 거였소. 그래서 나에게는 죽이는 것 외에 다른 대안이 없었소.

나는 즉시 자살처럼 보이게 한다는 계획을 세웠소. 임용에서 탈락한 모욕감 때문에 스스로 목숨을 끊은 것처럼 말이오. 당신도 아다시피, 나는 학장으로서 원한다면 심사위원회의 결정을 뒤집을 수 있소. 사실 그런 일은 좀처럼 일어나지 않지만, 나는 고센이 임용되더라도 그것을 막을 생각이었소. 결국에는 그렇게 할 필요가 없었소. 나는 그냥 가부 동수의 거부권만 행사했을 뿐이오.

위원회의 심사가 끝난 다음날, 나는 타자기로 고센에게 임용되었음을 알리는 편지를 작성했소. 가장 중요한 것은 시간이었소. 고센은 임용에서 탈락했음을 당신이나 위원회의 누구에게서도 듣지 않아야만 했소. 그래서 나는 저녁 늦게 그 편지를 인편으로 전달했소. 그래야만 진짜 결과가 누설될 가능성이 줄어들기 때문이었소.

한편 나는 고센에게 개인적으로 만나 임용을 축하하고 우리의 약속을 다짐하자고 얘기했소. 고센으로서는 그런 제의를 거절할 이유가 없었소. 나는 주사기에 독약을 넣었소. 그리고 케타민이란 그 독약으로 고센을 혼수상태에 빠뜨렸소. 그 약은 내가 섬에서 일할 때 어떤 의사가 마취제로 사용하던 거였소. 고센은 즉시 쓰러졌소. 나는 그를 자동차로 데려가 배기관에서 호스를 연결시킨 후 자살인 것처럼 보이게 만들었소. 케타민은 호흡기에 작용하지 않기 때문에 고센은 정상적으로 숨을 쉬었소. 그래서 그는 배기가스를 마셨고, 부검 결과 그의 사인은 일산화탄소 중독으로 밝혀졌소. 나는 이미 보냈던 편지를 회수하고(고센은 봉투를 뜯지도 않았소) 그 자리에 진짜 통지서를 갖다놓았소. 그런 후에 고센의 타자기로 유서를 작성했소.

이 모든 일을 하면서 일말의 후회나 양심의 가책을 받지 않았음을 알면 당신은 놀랄 거요. 나 역시 내가 그렇게 무정했다는 사실에 스스로도 놀랐소. 해야 할 일이 있었고 나는 그 일을 했을 뿐이오. 그렇지 않고 내 학문에 대한 신뢰가 망가지는 것은 생각할 수도 없는 대안이었소.

하지만 나는 여전히 안전하지 못했소. 당신 집에서 나는 고센이 포스터 배럿과 접촉을 시도했다는 사실을 알게 되었소. 고센은 나와 거래를 하기 전에 이미 그렇게 했소. 그리고 나는 심사위원회에서 고센이 벨 교수와도 접촉했음을 알게 되었소. 나는 그들이 자신들의 주장처럼 정말로 고센의 얘기를 듣지 않았는지 확신할 수 없었소. 벨은 그에게서 꾸러미를 받았다고 시인했소. 그 꾸러미에는 분명히 내 속임수에 관한 정보가 들어 있었을 것이었소. 그래서 나는 벨 교수도 제거할 수밖에 없었소. 비록 그는 고센이 보낸 것을 읽을 생각이 없다고 말했지만 말이오. 당연히 배럿도 제거 대상이었소.

나로서는 다행히도, 그 두 사람은 모두 고센의 임용에 반대표를 던졌소. 그래서 경찰은 그들의 죽음이 임용에 반대표를 던져 고센을 자살로 몰고간 데 대한 누군가의 복수라고 쉽게 믿었소. 그렇게 하기 위해 나는 위원회의 내부 정보를 유출시켰소. 당신의 파티는 내가 멜리사 섀넌의 장갑을 훔쳐 그녀에게 죄를 뒤집어씌울 기회를 제공했소. 두 사람을 죽이는 일은 별로 어렵지 않았소.

나는 배렛이 클럽이 아닌 집에서 식사한다는 점을 알고 있었소. 나는 또 벨 가족의 생활방식과 활동에 대해서도 알고 있었소. 그리고 벨의 침실에서 고센의 편지를 갖고 오기는 쉬운 일이었소.

멜리사 섀넌이 유죄 평결을 받은 후에, 나는 이제 위험이 끝났다고 생각했소. 이번 항해는 여러 달 동안 누리지 못한 편안함을 나에게 주었소. 나는 당신이 책을 읽다가 갑자기 벌떡 일어서는 것을 보았소. 당신이 이 방에서 나갔을 때, 나는 당신이 두고 간 책을 보고 당신이 고센의 의심을 산 바로 그 부분을 읽고 있었음을 알았소.

나는 아직도 경제학이 어떻게 내 속임수를 알아낼 수 있는지 이해할 수가 없소. 하지만 나는 당신이 나를 범인으로 지목하고 있음은 알 수 있었소. 나로서는 사기 행각이 드러나는 것을 도저히 참을 수가 없소. 그것은 내 살인행위가 드러나는 것보다 더 참기 힘든 일이오.

헨리, 나는 잠시 내 명성을 유지하기 위해 당신을 죽일까 생각했었소. 하지만 결국에는 또다른 스피어맨이나 데니스 고센이 우연히 내 책을 읽다가 내 이중성을 알아내게 될 거요. 그래서 나는 막다른 길에 다다랐소. 이번에도 분명한 대안은 한 가지뿐이었소.

나는 아내인 제시카에게 보내는 별도의 편지를 써놓

있소. 나는 당신과 피지가 제시카에게 힘이 되어줄 것임
을 알고 있소.

친구인 덴턴 클레그가.

효용 극대화의 진실

헨리 스피어맨은 배가 가고 있음을 알고 있었다. 하지만 엔진 소리도 들리지 않았고 프로펠러의 진동도 느껴지지 않았다. 오늘 태양은 광활한 푸른 바다를 밝게 비추고 있었다. QE 2호는 시속 5백km 이상의 속력으로 항해하고 있었으며 내일이면 사우샘프턴에 도착할 것이었다.

"하지만 나는 아직도 당신이 어떻게 빨간 깃털과 돼지·카누·얌 같은 것들에서 클레그가 사기꾼이었음을 알 수 있었는지 이해가 안 갑니다." 소피아 우스티노프가 말했다. "그러니까 카누의 가격이 빨간 깃털 3백 개이든 1백만 개이든 무슨 차이가 있습니까? 나는 이해가 안 갑니다. 나라면 그런 것들을 보고 이렇게 얘기할 것입니다. '그래? 클레그가 그렇게 말한다면 사실이겠지. 어쨌든 그 사람은 인류학자니까.' 그리고 가격이란 얼마든지 될 수 있는 것 아닙니까?"

작은 체구의 하버드 경제학자는 그녀의 질문에 미소로 답했다. 그는 지금 QE 2호의 내부에 있는 한 방의 작은 연단 위에 서 있었다. 그 방은 저녁 때 일등석 승객들을 위한 소규모 나이트클럽으로 사용되었다. 그리고 낮에는 브리지나 백개먼(서양의 주사위놀이-옮긴이)을 위한 장소로 사용되었다. 그 방은 작은 세미나를 여는 데 안성맞춤이었고, 헨리 스피어맨은 바로 그 일을 하는 중이었다. 그는 덴턴 클레그의 고백과 자살에 관한 얘기가 퍼지면 항해 내내 질문에 시달릴 것임을 깨달았다. 그래서 그는 시간을 절약하기 위해 친구들을 모아놓고 그 모든 일에 대해 설명하기로 결심했다. 그리고 QE 2호의 선장으로부터 이 방을 그런 목적으로 사용해도 좋다는 허락을 받아냈다. 그런 연유로 인해 소피아 우스티노프, 발레리 단치히, 올리버 우, 크리스톨프 부르크하르트, 그리고 캘빈 웨버가 연단 바로 앞의 의자들에 앉아 있는 것이었다.

"하지만 소피아, 바로 그것이 요점입니다. 가격이란 얼마든지 될 수 있는 것이 아닙니다. 서로 다른 물건의 상대적인 가격은 경제적인 요인들에 의해 결정됩니다. 가격은 경제 이론으로 예측할 수 있는 방식으로 여러 요인들에 반응합니다."

"하지만 헨리," 올리버 우는 다시 대학생이 된 것 같은 기분으로 오른손을 들고 스피어맨의 관심을 촉구했다. "소비자들의 효용 극대화 행위가 어떻게 서로 다른 물건들의 상대적인 가격에 영향을 끼친다는 겁니까? 나는 당신이 신문 자판기의 예를 들며 효용이론을 설명했을 때 그것을 이해했다고 생각합니다. 하지만 그것이 여기서 어떤 관련이 있는지는 잘 모르겠습니다."

"나 역시 그렇습니다." 발레리 단치히가 말했다. "왜 데니스 고센은 클레그의 책에서 그 숫자들을 읽은 후 그가 사기꾼이라고 의심했습니까?"

스피어맨이 어깨를 으쓱해 보였다. "아마 고센은 다음과 같은 점에 주목했을 겁니다. 즉, 클레그가 주장한 산타 크루즈 제도의 상품가격들은 고센이 알고 있는 경제학 지식과 어긋나는 것이었습니다. 나는 그런 불일치의 중요성을 즉시 깨닫지 못했습니다. 그러나 나는 레너드 코스트가 고센의 죽음을 알린 바로 그 순간에 그것을 알아야만 했습니다."

이번에는 캘빈 웨버가 어리둥절한 표정을 지었다. "헨리, 왜 바로 그 순간이라는 거요?"

"왜냐하면 바로 그때 나는 산타 크루즈 제도의 다양한 상품가격을 보여주는 클레그의 도표를 보고 있었기 때문이죠. 하지만 나는 그 당시 정신이 너무 산만해서 그 도표의 숫자들을 제대로 읽지 못했습니다. 그렇지만 그것들은 내 무의식 속에 이미 박혀 있었습니다. 왜냐하면 나는 거의 동시에 데니스 고센의 사건에 대해 무언가 불편함을 느꼈기 때문입니다. 예를 들어 나는 멜리사 섀넌이 범인이라고 믿은 적이 한 번도 없습니다. 그러다가 그 숫자들을 다시 보았을 때 나는 머리가 맑아지는 것을 느꼈습니다. 그것은 마치 어둠 속에서 빛을 찾은 것과 같았습니다. 바로 어젯밤에 독서실에서 그런 경험을 했습니다. 그러자 모든 것이 분명해졌습니다."

스피어맨은 잠시 멈추었다가 다시 말을 계속했다. "클레그는 얌이 섬 주민들의 식단에서 평범하고 값싼 것이라고 주장했습니다. 그리고 카누는 꽤 비싼 물건이었습니다. 카누를 사려면 가족의 수입 중에서 상당한 액수를 지출해야 합니다. 내가 클레그를 범인으로 지목한 이유는 얌의 가격이 카누의 가격보다 상대적으로 더 안정되어 있었기 때문입니다. 얌의 가격은 그 범위가 빨간 깃털 벨트 4개에서 5개까지로 겨우 벨트 하나 차이에 불과합니다. 반면에 카누의 가격은 빨간 깃털 벨트 7백80개에서 1천1백 개 사이로 3백20개의 차이가 납니다. 이것은 41%의 가격 차이로 얌의 가격 차이 25%와 비교됩니다. 하지만 소비자들이 효용을 극대화시킨다고 간주하면 그런 차이는 오히려 반대가 되어야 합니다. 얌의 가격은 카누의 가격보다 더 큰 차이를 보여야만 합니다. 효용 극대화 이론을 따르면 바로 그런 결과가 나와야 합니다."

"헨리, 사실 나는 효용 극대화 이론이 동어반복적인 이론으로서 어떤 결과도 예측하지 못한다고 주장했던 사람입니다. 그래서 당신의 설명을 듣고나니 부끄러움을 느낍니다." 발레리 단치히가 의자에서 몸을 젖히며 솔직하게 고백했다. "그렇지만 나는 아직도 가격 편차와 효용 극대화 행위 사이에 어떤 관련이 있는지 이해가 안 갑니다. 아마 다른 사람들도 같은 생각일 것입니다." 그러면서 그녀는 주위를 둘러보았다. 사람들이 모두 고개를 끄덕였다.

"그러면 그 부분을 설명하겠습니다." 스피어맨은 이제 강의에 몰두하는 하버드 경제학자의 표정을 짓기 시작했다. "산타 크루즈 제도의 어떤 섬 주민이 효용 극대화를 꾀하는 자라면, 그 사람은 상품에 대해 한 번 더 알아보는 효용이 또다른 판매자를 방문하는 데 들어가는 비용보다 더 큰 동안에는 계속해서 더 낮은 가격을 알아보려 할 겁니다. 그러다가 그 사람은 혹은 그 밖에 어떤 사람이든지, 그런 효용과 비용이 같아질 때 더 이상 판매자를 찾지 않고 이미 최저 가격을 제시한 사람에게서 물건을 살 겁니다. 논리적으로 그래야만 합니다. 일반적으로 말해서, 그 섬 주민은 다른 마을에 찾아가 또다른 판매자를 방문할 때의 비용을 제하고도 더 유리한 가격을 알아낼 수 있다면 그렇게 할 겁니다. 그러나 유리한 가격이 비용을 충당할 정도가 되지 못하면 굳이 다른 판매자를 찾아보려 하지 않을 겁니다."

"거기까지는 이해가 갑니다." 발레리 단치히가 말했다. 방 안의 다른 사람들도 고개를 끄덕였다.

"또 하나 예측할 수 있는 것은," 스피어맨은 강의를 계속했다. "그 곳의 섬 주민들은 얌 같은 작은 물건보다 카누 같은 큰 물건을 구매할 때 더 낮은 가격을 찾으려는 노력을 더 많이 할 겁니다. 카누의 경우에는 1%의 절약이 빨간 깃털 벨트 10개를 의미합니다. 반면에 얌의 경우에는 10%를 절약해봐야 빨간 깃털 벨트 1개에 해

당됩니다. 따라서 일반적인 섬 주민이라면 얌을 구매할 때보다 카누를 구매할 때 낮은 가격을 알아볼 가능성이 더 크다고 할 수 있습니다. 카누는 일반적인 섬 주민의 수입에서 얌보다 더 큰 지출을 수반하기 때문에, 경쟁자들보다 더 높은 가격을 받으려는 카누 판매자는 고객을 잃을 수밖에 없을 것입니다. 그러나 얌의 경우에는 그렇지가 않습니다. 고객들은 또다른 얌 상인을 찾아서 절약을 하더라도 그것은 상대적으로 이익이 작기 때문에 더 이상 알아보려 하지 않을 것입니다."

"좀더 현실적인 예를 들겠습니다." 다시 스피어맨은 얘기했다. "지난 연말에 나는 새 차를 사는 데 거의 하루를 보냈습니다. 그것이 작은 부엌 도구라면 그렇게 많은 시간을 보내지는 않았을 것입니다. 어떤 판매자가 조금이라도 더 낮은 가격으로 차를 팔고 있다면, 그 사람을 찾아보는 것은 충분한 의미가 있습니다. 하지만 껍질 벗기기 칼 같은 작은 물건을 살 때는 그렇지가 않습니다. 설사 그것을 반값에 파는 사람이 있더라도 나는 굳이 차를 몰고 거기까지 가지는 않을 것입니다. 하지만 자동차의 경우에는 1%만 절약해도 상당한 금액이 됩니다. 지금 수많은 소비자들이 바로 그런 식으로 행동하고 있습니다. 그렇기 때문에 그들의 구매 행위는 자동차의 가격을 상당히 비슷하게 유지시킵니다. 하지만 껍질 벗기기 칼은 그렇지가 않습니다. 이런 현상은 보스턴뿐 아니라 산타 크루즈 제도에서도 같습니다. 그 곳에서도 소비자들의 효용 극대화 행위는 얌 가격이 카누 가격보다 더욱 다양한 가격대를 형성하도록 만듭니다. 그런데 클레그의 자료는 어떻게 되어 있습니까? 그것은 정반대의 상황을 보여주고 있습니다. 그렇다면 효용 극대화 이론이 틀렸거나 클레그가 자료를 조작한 것인데, 이 경우에 경제학자들의 선택은 너무나도 분명합니다." 스피어맨은 잠시 질문을 기다렸다. 누구도 질문하지 않자 그는 다시 계속했다.

"나는 클레그가 속였다는 결론에 도달했을 때 고센이 찾아온 그 날 밤을 떠올렸습니다. 그때 고센이 나를 만나려 기를 쓴 데는 분명한 이유가 있었던 것입니다. 나는 또 클레그가 고센을 제거하고 싶어하는 강력한 동기가 있음도 인식했습니다. 그런 후에 나는 클레그가 벨과 배럿을 만나려 한 고센의 시도를 알고 있었다는 점을 떠올렸습니다. 그런 일련의 생각 속에서 나는 그 고통스런 사건들의 전체적인 맥락을 알게 되었습니다. 클레그는 나에게 쓴 편지에서 그 이야기를 하고 있습니다. 따라서 남은 일은 그 편지를 경찰에게 보여주는 것뿐입니다."

시간의 한계효용

헨리 스피어맨은 연구실 창가에서 잔디 밭과 인도에 떨어지는 세찬 빗줄기를 바라보고 있었다. 그는 한동안 미동도 하지 않고 그렇게 서 있었다. 이윽고 그는 책상 쪽으로 몸을 움직였다. 그 곳에는 작성하다 만 강의 계획서가 놓여 있었다.

스피어맨은 가을 학기에 새 강의를 맡겠다고 약속했다. 지난 20여 년 동안 맡은 적이 없던 강의였다. 그 동안 스피어맨은 거의 전적으로 대학원에서 최신 분야만을 가르쳤다. 이제 그는 학부생들에게 경제학의 기본 원리를 가르치는 것도 재미있을 것이라고 생각했다. 그래서 레너드 코스트에게 경제학 원론의 한 분야를 맡겨달라고 부탁했다. 학생수는 30명으로 제한할 것이었고 그가 전적으로 책임지고 가르칠 것이었다. 레너드 코스트도 스피어맨의 그런 요청을 환영했다. 그 동안 경제학과는 하버드의 일부 다른 학과들처럼, 스타 교수들을 좀더 원하는 학부생들의 비판을 받아왔다.

스피어맨 교수는 다시 책상에 앉아 리포트 용지에 적어놓은 것을 훑어보았다. 경제학의 고전들과 일반적인 입문서들이 잘 어우러진 강의 계획서였다. 그런 결합을 통해 학생들은 경제학이 어떻게 발전해 지금에 이르게 되었는지, 그리고 모든 사상은 반드시 그 뿌리가 있음을 이해하게 될 것이었다.

작은 체구의 하버드 경제학자는 강의 계획서 작성에 너무 몰두해서 노크 소리를 듣지 못했다. 다시 더 큰 소리가 들렸을 때, 그는 마침내 고개를 들면서 약간 높은 목소리로 들어오라고 얘기했다. 학과의 여직원이 안으로 들어왔다. "스피어맨 교수님, 방해해서 죄송합니다만, 이 편지를 빨리 전해드려야 할 것 같아서요. 방금 학장 사무실에서 도착한 것인데 '대외비'라고 적혀 있군요."

"괜찮아요, 힐다. 고맙소." 스피어맨은 팔을 뻗어 봉

330

투를 받았다. 여직원이 나갔을 때 그는 내용물을 꺼냈는데, 편지를 채 읽기도 전에 전화벨이 울렸다. 아내인 피지였다.

"헨리, 패티가 한 시간쯤 후에 필라델피아에서 이 곳으로 오겠다고 얘기했어. 동물원에 채용되었기 때문에 샴페인을 갖고 자축하러 오겠다고 말이야."

"하지만 나는 갈 수가 없을 것 같은데…강의 계획서를 반밖에 작성하지 못했거든. 내일 아침까지 타자수에게 넘겨야만 강의 시작 전에 맞출 수가 있어."

"하지만 여보, 패티가 실망할 텐데."

"내 입장을 이해할 거야." 헨리 스피어맨이 말했다. "집에는 늦게나 도착할 것 같아. 그러니까 패티에게 내일 만나서 자축의 시간을 갖자고 얘기해줘." 그는 수화기를 내려놓고 학장의 편지를 읽었다. 발레리 단치히와 헨리 스피어맨, 소피아 우스티노프, 그리고 캘빈 웨버에게 동시에 보내는 편지였다.

제목: 임용심사위원회
작년에 이어 금년에도 임용심사를 계속하기 위해, 여러분에게 다시 한 번 위원으로 참여해줄 것을 부탁하는 바입니다. 그리고 위원회의 정족수를 채우기 위해 새로 세 분

을 모실 생각입니다. 하지만 거절하신다고 해도 불평할 생각은 전혀 없습니다. 열흘 안으로 확답을 주시기 바랍니다.

편지의 맨 밑에는 '학장, 올리버 우'라는 서명이 적혀 있었다.

헨리 스피어맨은 그 편지를 한동안 들고 있었다. 갑자기 아픈 기억들이 되살아나며 우울한 감정에 휩싸였다. 그는 다시 책상에서 일어나 창문 쪽으로 걸어갔다. 그리고 세차게 내려치는 빗줄기를 바라보았다. 덴턴 클레그의 비극과 데니스 고센, 포스터 배럿, 그리고 모리슨 벨의 끔찍한 운명이 떠올랐다. 그런 생각을 하며 헨리 스피어맨은 나약한 인간인 자신도 언젠가는 죽을 존재임을 자각했다. 그는 자신에게 주어진 시간의 한계효용이 빠르게 늘어나고 있음을 깨달았다.

그리고 피지와 패티를 생각했다. 이어서 또다른 기억이 떠올랐다. 말년에 존 M. 케인스(영국의 경제학자. 1930년대 세계 대불황의 경험에 바탕을 둔 명저 『고용·이자 및 화폐의 일반 이론』에 의하여 재래의 경제학을 혁신하는 이론체계를 확립하여 케인스 학파를 낳게 함─옮긴이)는 삶에서 아쉬웠던 것이 무엇이냐는 질문을 받았다. "딱 하나가 있죠." 케인스 경은 그렇게 대답했다. "샴페인을 더 마시지 않은 겁니다."

헨리 스피어맨은 부드럽게 미소를 지었다. 그리고 옷걸이에서 레인코트와 우산을 집어들고 집으로 향했다.

소설로 읽는 경제학 ❷

효용함수의 치명적 유혹

개정판 1쇄 인쇄 | 2015년 5월 25일
개정판 1쇄 발행 | 2015년 5월 30일

지은이 | 마셜 제번스
옮긴이 | 형선호
펴낸이 | 신성모
펴낸곳 | 북&월드

등록 | 2000년 11월 23일 제10-2073
주소 | 경기도 양평군 용문면 덕촌길 211번길 121-9
전화 | (031) 772-9087
팩스 | (031) 771-9087
이메일 | gochr@hanmail.net

ISBN 978-89-90370-58-7 03320

철학 오디세이
– 초보자를 위한 지혜의 탐험

미하엘 비트쉬어 지음 / 서유석 옮김
값 13,000원

이 책을 읽고 나면 굳게 닫힌 철학의
비밀의 문이 열릴 것입니다!

철학의 101가지 딜레마

마틴 코헨 지음 / 최수민 옮김 / 값 18,000원

동서 고금의 역설, 도덕적 딜레마, 과학적 및
종교적 문제 등 철학 문제 101가지를 뽑아내어
그것을 풀어가는 과정에서
논리력과 상상력을 키워주는 길잡이.

참을 수 없이 무거운 철학
가볍게 하기

도널드 파머 지음

파머의 이 두 권의 책을
길라잡이로 삼아
철학의 문제를 풀어보라!

1 철학 들여다보기 (철학사)　**2 중심은 유지되는가** (철학 개론)